徐亞湘

臺灣史研究名家論集

（初編）

蘭臺出版社

作者簡介（依姓氏筆劃排序）

王志宇　1965 年出生於臺灣彰化縣田中鎮，1988 年移居臺中。現為逢甲大學歷史與文物研究所專任教授，曾任逢甲大學歷史與文物研究所所長、臺灣古文書學會理事長、臺灣口述歷史學會理事等職。專攻臺灣史、臺灣宗教及民俗、方志學，並對近代中國史頗有涉略，著有《臺灣的恩主公信仰》、《苑裡慈和宮志》、《儒家思想的實踐者－廖英鳴先生口述歷史》、《寺廟與村落－臺灣漢人社會的歷史文化觀察》等書，編有《片雲天共遠》、《傳承與創新－逢甲大學近十年的發展，1998-2007》、《閩臺神靈與社會》、《大里市史》等書，並著有相關論文三十餘篇，也參與《集集鎮志》、《竹山鎮志》、《苑裡鎮志》、《外埔鄉志》、《臺中市志》、《南投縣志》、《新修彰化縣志》、《大村鄉志》、《續修南投縣志》等方志的寫作，論述豐碩。

汪毅夫　男，1950 年 3 月生，臺灣省臺南市人。曾任福建社會科學院研究員，現任中華全國臺灣同胞聯誼會會長，福建師範大學社會歷史學院兼職教授、博士生導師，享受國務院特殊津貼專家。撰有學術著作《中國文化與閩臺社會》、《閩臺區域社會研究》、《閩臺緣與閩南風》、《閩臺地方史研究》、《閩臺地方史論稿》、《閩臺婦女史研究》等 15 種，200 餘萬字。曾獲福建省社會科學優秀成果獎 7 項。

卓克華　文化大學史學碩士，廈門大學歷史博士。曾先後兼任過中山、空中、新竹師範、中原、中國醫藥、中國技術、文化等等大學教職，現在佛光大學歷史系所為專職教授。先後擔任過臺灣眾多縣市的古蹟審查委員，現為文化部古蹟勞務主持人之一。早年專攻臺灣經濟史，近二十年轉向古蹟史、宗教史、社會史，撰寫古蹟調查研究報告書超過八十本，已出版學術著作有《清代臺灣行郊研究》、《從寺廟發現歷史》、《寺廟與臺灣開發史》、《古蹟・歷史・金門人》、《竹塹媽祖與寺廟》、《民間文書與媽祖廟之研究》、《臺灣古道與交通研究—從古蹟發現歷史卷之二》，著作等身，為臺灣知名學者。

周宗賢　臺灣臺南市人，生於 1943 年。文化大學史學碩士。曾任淡江大學歷史系教授、系主任、主任、所長，內政部暨文建會古蹟評鑑委員。現任淡江大學歷史系榮譽教授，臺北市、新北市文化資產審議委員。學術專長為臺灣史、臺灣民間組織、臺灣文化資產研究、淡水學等，著有《逆子孤軍——鄭成功》、《清代臺灣海防經營的研究》、《黃朝琴傳》、《臺南縣噍吧哖事件的調查研究》、《淡水輝煌的歲月》等。是臺灣知名的臺灣史、臺灣文化資產研究的學者。

林仁川 1941年10月出生於龍岩市。1964年復旦大學歷史系本科畢業，1967 年研究生畢業。教育部文科百所重點研究基地——廈門大學臺灣研究中心首任主任、教授、博士生導師，享受國務院特殊津貼專家。曾兼任福建省人大常委會常委、廈門市政協副主席。現任兩岸關係和平發展協同創新中心教授，廈門市炎黃文化研究會會長。主要著作有《大陸與臺灣歷史淵源》、《閩台文化交融史》、《臺灣社會經濟史研究》、《明末清初私人海上貿易》、《閩台緣》等多部專著。編寫十三集大型電視專題片《海峽兩岸歷史淵源》劇本和國家級博物館《中國閩台緣博物館》、《客家族譜博物館》展覽文本。在國內外各種刊物上發表學術論文近百篇。多次承擔國家文化出版重點工程、國家哲學社會科學重大項目、教育部文科重點項目，均任課題組長。主持編寫《現代臺灣研究叢書》、《圖文臺灣》、《中國地域文化通覽——臺灣卷》、《臺灣大百科全書——文化分冊》。曾多次榮獲全國及省部級哲學社會科學優秀成果獎。

林國平 歷史學博士，兩岸協創新中心福建師範大學文化研究中心首席專家，福建師範大學社會歷史學院教授、博士生導師，福建省高等院校教學名師，享受國務院特殊津貼的專家。主要從事閩臺民間宗教信仰研究，代表作有《林兆恩與三一教》、《福建民間信仰》、《閩臺民間信仰源流》、《籤占與中國社會文化》等。

韋煙灶 學歷：國立臺灣師範大學文學博士【地理學】（2003）
現職：國立臺灣師範大學地理學系教授
學術專長：鄉土地理、水文學（地下水學）、土壤地理學、地理教育
主要著作（專書）：《鄉土教學與教學資源調查》（2002）、《臺灣全志：卷二土地志（土壤篇）》【與郭鴻裕合著】（2010）、《與海相遇之地：新竹沿海的人地變遷》（2013）
研究領域：早期的研究偏向於自然地理學，奠定後來地理研究之厚實知能。2004 年以後的研究重心逐漸轉向鄉土地理、歷史

地理（閩客族群關係）與地名學研究，已發表相關學術期刊論文約 40 篇。

徐亞湘 臺北藝術大學戲劇系教授、中國文化大學戲劇系兼任教授、《戲劇學刊》主編、中華戲劇學會理事、華岡藝校董事。學術專長為臺灣戲劇史、中國話劇史、中國戲劇 及劇場史。著有戲劇專書《日治時期中國戲班在臺灣》、《日治時期臺灣戲曲史論——現代化作用下的劇種與劇場》、《Sounds From the Other Side》、《臺灣劇史沉思》等十餘冊。

陳支平 1952 年出生，歷史學博士。現任廈門大學人文與藝術學部主任委員、國學研究院院長，兩岸關係和平發展協同創新中心首席專家，兼任中國西南民族學會會長、中國明史學會常務副會長、中國朱子學會副會長、中國民族學與人類學研究會副會長等學術，職務。主要著作有《清代賦役制度演變新探》、《近 500 年來福建的家族社會與文化》、《明史新編》、《福建族譜》、《客家源流新論》、《民間文書與明清賦役史研究》、《歷史學的困惑》、《透視中國東南》、《民間文書與明清族商研究》、《臺灣文獻與史實鉤沉》、《史學水龍頭集》、《虛室止止集》等，編纂大型叢書《臺灣文獻彙刊》100 冊等。2006 年胡錦濤總書記訪問美國時，曾把《臺灣文獻彙刊》作為禮品之一贈送給耶魯大學。是書 2009 年入選「建國 60 周年教育成就展」。

陳哲三 1943 生，南投縣竹山鎮人，東海大學歷史系歷史研究所畢業，逢甲大學歷史與文物研究所教授，退休。先治中國現代史，著有：《中華民國大學院之研究》（臺北，商務印書館，1976）、《鄒魯研究初集》（臺北，華世出版社，1980）、《中國革命史論及史料》（臺北，商務印書館，1982）、《問學與師友》（臺中，大學圖書供應社，1985）等書。後治臺灣史，著有《竹山鹿谷發達史》（臺中，啟華出版社，1972）、《臺灣史論初集》（臺中，大學圖書供應社，1983）、《古文書與臺灣史研究》（臺北，文史哲出版社，2009）。教學研究之餘，又主修《逢甲大學校史》（未刊稿，1983）、《集集鎮志》（南投，集集鎮公所，1998）、《竹山鎮志》（南投，竹山鎮公所，2001）、《南投縣志》（南投縣政府，2010）、《南投農田水利會志》（南投，南投農田水利會，2008）等書。

陳進傳 1948 年生，台灣宜蘭人。淡江大學歷史系、歐洲研究所畢業，曾任宜蘭大學副教授、教授，嶺東科技大學教授，現為佛光大學文化資產與創意學系教授。早年先治明史，著有論文多篇，其後研究轉向宜蘭史，並曾擔任宜蘭縣文化、文獻、古蹟、藝術各種委員會委員及宜蘭縣政府顧問，撰述《清代噶瑪蘭古碑之研究》、《宜蘭傳統漢人家族之研究》、《宜蘭擺厘陳家發展史》（合著）、《宜蘭本地歌仔—陳旺欉生命紀實》（合著）、《宜蘭布馬陣—林榮春生命紀實》（合著）、《宜蘭的傳統碗盤》（合著）等及論文約 80 篇。

鄭喜夫　台南市籍澎湖人，民國三十一年生。財校財務科畢業、輿大歷史所碩士。高考會審人員考試及格。曾任臺灣省及北、高二市文獻會委員，內政部民政司專門 委員。編著有臺灣史管窺初輯、民國連雅堂先生橫年譜、民國邱倉海先生逢甲年譜、清鄭六亭先生兼才年譜、重修臺灣省通志財稅、文職表、武職表、武職表三篇、南投縣志商業篇、臺灣當代人瑞綜錄初稿等書十餘種。

鄧孔昭　1953 年生，福建省三明市人。1978 年廈門大學歷史系畢業。後留系任教。1982 年轉入臺灣研究所。先後任助理研究員、副研究員、研究員、教授。1996 年起，兼任臺灣研究所副所長，2004 年改為副院長。2012 年退休。現為兩岸關係和平發展協調創新中心成員。
已經出版的著作有：《臺灣通史辨誤》、《鄭成功與明鄭在臺灣》等。

戴文鋒　1961 年生，臺南人，國立臺灣大學歷史學學士、國立成功大學歷史語言研究所碩士、國立中正大學歷史研究所博士，日本國立一橋大學言語社會研究科客員研究員，國立臺南大學臺灣文化研究所教授兼所長。學術領域為臺灣史、臺灣民俗、臺灣民間信仰、臺灣文化資產，重要專著有《府城媽祖行腳》、《萬年傳香火、世代沐法華——萬華寺廟》（以上 2002）、《萬華觀光案內》（2004）、《走過・歷史・記憶——鏡頭下的永康》（2008）、《萬年縣治所考辨》（2009）、《東山鄉志》、《在地的瑰寶——永康民俗祭儀與文化資產》、《永康的歷史遺跡與民間信仰文化》（以上 2010）、《九如王爺奶回娘家傳統民俗活動之研究》（2013）、《重修屏東縣志・民間信仰》（2014）、《山谷長歌——噍吧哖事件在地繪影與歷史圖像》（2015）等十餘冊。

目　錄

臺灣史研究名家論集——總序

《臺灣史研究名家論集》（初編）即將印行，忝為這套叢刊的主編，依出書慣例不得不說幾句應景話兒。

這十幾年我個人習慣於每學期末，打完成績上網登錄後，抱著輕鬆心情前往探訪學長杜潔祥兄，一則敘敘舊，問問半年近況，二則聊聊兩岸出版情況，三則學界動態及學思心得。聊著聊著，不覺日沉西下，興盡而歸，期待半年後再見。大約三年前的見面閒聊，偶然談出了一個新企劃。潔祥兄自從離開佛光大學教職後，「我從江湖來，重回江湖去」（潔祥自況），創辦花木蘭出版社，專門將臺灣近六十年的博碩論文，有計畫的分類出版，洋洋灑灑已有數十套，近年出書量及速度，幾乎平均一日一本，全年高達三百本以上，煞是驚人。而其選書之嚴謹，校對之仔細，書刊之精美，更是博得學界、業界的稱讚，而海峽對岸也稱許他為「出版家」，而不是「出版商」。這一大套叢刊中有一套《臺灣歷史文化叢刊》，是我當初建議提出的構想，不料獲得彼首肯，出版以來，反映不惡。但是出書者均是時下的年輕一輩博、碩士生，而他們的老師，老一輩的名師呢？是否也該蒐集整理編輯出版？

看似偶然的想法，卻也是必然要去做的一件出版大事。臺灣史研究的發展過程，套句許雪姬教授的名言「由鮮學經顯學到險學」，她擔心的理由有三：一、大陸學界有關臺灣史的任務性研究，都有步步進逼本地臺灣史研究的趨勢，加上廈大培養一大批三年即可拿到博士學位的臺灣學生，人數眾多，會導致臺灣本土訓練的學生找工作更加雪上加霜；二、學門上歷史系有被社會科學、文學瓜分，入侵之虞；三、在研究上被跨界研究擠壓下，史家最重要的技藝——史料的考訂，最後受到影響，變成以理代証，被跨學科的專史研究壓迫的難以喘氣。中研院臺史所林玉茹也有同樣憂慮，提出五大問題：一、是臺灣史研究受到統獨思想的影響；二、學術成熟度仍不夠；一批缺乏專業性的人可以跨行教授臺灣史，或是隨時轉戰研究臺灣史；三、是研究人力不足，尤其地方文史工作者，大多學術訓練不足，基礎條件有限，甚至有偽造史料或創造歷史的情形，他們研究成果未受到學術檢驗，卻廣為流通；四、史料收集整理問題，文獻資料躍居成「市場商品」，竟成天價；五、方法問題，研究者對於田野訪查或口述歷史必需心存警覺和批判性。

十數年過去了，這些現象與憂慮仍然存在，臺灣史學界仍然充滿「焦慮與自信」，這些焦慮不是上文引用的表面問題，骨子裡頭真正怕的是生存危機、價值危機、信仰危機，除此外，還有一種「高平庸化」的危機。平心而論，臺灣史的研究，不論就主題、架構、觀點、書寫、理論、方法等等。整體而言，已達國際級高水準，整個研究已是爛熟，不免凝固形成一僵硬範式，很難創新突破而造成「高平庸化」的危機現象。而「高平庸化」的結果又導致格局小，瑣碎化、重複化的現象，君不見近十年博碩士論文題目多半類似，其中固然也有因不同學門有所創見者，也不乏有精闢的論述成果，但遺憾的是多數內容雷同，資料重複，學生作品如此；學者的著述也高明不到哪裡，調研案雖多，題材同，資料同，析論也大同小異。於是乎只有盡量挖掘更多史料，出版更多古文書，作為研究創新之新材料，不過似新實舊，對臺灣史學研究的深入化反而轉成格局小，理論重複，結論重疊，只是堆砌層累的套語陳腔，好友臺師大潘朝陽教授，曾諷喻地說：「早晚會出現一本研究羅斯福路水溝蓋的博士論文」，誠哉斯言，其言雖苛，卻是一句對這現象極佳註腳。至於受統獨意識形態影響下的著作，更不值得一提。這種種現狀，實在令人沮喪、悲觀，此即焦慮之由來。

職是之故，面對臺灣史這一「高平庸化」的瓶頸，要如何掙脫困境呢？個人的想法有二：一是嚴守學術規範予以審查評價，不必考慮史學之外的政治立場、意識形態、身份認同等，二是返回原點，重尋典範。於是個人動了念頭，很想將老一輩的著作重新整理，出版成套書，此一構想，獲得潔祥兄的支持，兩人初步商談，訂下幾條原則，一、收入此套叢書者以五十歲（含）以上為主；二、是史家、行家、專家，不必限制為學者，或在大專院校，研究機構者；三、論文集由個人自選代表作，求舊作不排除新作；四、此套書為長期計畫，篩選四、五十位名家代表作，分成數輯分年出版，每輯以二十位爲原則；五、每本書字數以二十萬字爲原則，書刊排列起來，也整齊美觀。商談一有結論，我迅即初步擬定名單，一一聯絡邀稿，卻不料潔祥兄卻因某些原因而放棄出版，變成我極尷尬之局面，已向人約稿了，卻不出版了。之後拿著企劃書向兩家出版社商談，均被婉拒，在已絕望之下，幸得蘭臺出版社盧瑞琴女史遞出橄欖枝，願意出版，才解決困局。但又因財力、人力、市場的考慮，只能每輯以十人爲主，這下又出現新困擾，已約的二十幾位名家如何交待如何篩選？兩人多次商討之下，盧女史不計盈虧，終於同意擴大爲十五位，並不篩選，以來稿先後及編排作業爲原則，後來者編入續輯。

我個人深信史學畢竟是一門成果和經驗累積的學科，只有不斷累積掌握前賢的著作，溫故知新，才可以引發更新的問題意識，拓展更新的方法、理論，才能使歷史有更寬宏更深入的研究。面對已成書的樣稿，我內心實有感發，充滿欣喜、熟悉、親切、遺憾、失落種種複雜感想。本叢刊初編自有遺珠之憾，也並非臺灣史名家只有這十四位，此乃初編，將有續編，我個人只是斗膽出面邀請同道之師長友朋，共襄盛舉，任憑諸位自行選擇其可傳世、可存者，編輯成書，公諸同好。總之，這套叢書是十四位名家半生著述精華所在，精采可期，將是臺灣史研究的一座豐功碑及里程碑，可以藏諸名山，垂範後世，開啓門徑，臺灣史的未來新方向即孕育在這套叢書中。展視書稿，披卷流連，略綴數語以說明叢刊的成書經過，及對臺灣史的一些想法，期待與焦慮。

卓克華

2016.2.22 元宵　於三書樓

臺灣史研究名家論集——推薦序

臺灣史研究的興盛，主要是從二十世紀八十年代開始的。臺灣史研究的興起與興盛，一開始便與政治有著密切的聯繫。從大陸方面講，「文化大革命」的結束與「改革開放」政策的實行，使得大陸各界，當然包括政界和學界，把較多的注意力放置在臺灣問題之上。而從臺灣方面講，隨著「本土意識」的增強，以及之後的「臺獨」運動的推進，學界也把較多的精力轉移到對於臺灣歷史文化及其現狀的研究之上。經過二三十年的摸索與磨練，臺灣歷史文化的學術研究，逐漸蔚爲大觀，成果喜人。以大陸的習慣性語言來定位，臺灣史研究，可以稱之爲「臺灣史研究學科」了。

由於二十世紀八十年代以來臺灣史研究的興起與興盛，大體上是由此而來，這就造成現今的中國臺灣史研究的隊伍，存在著兩個明顯的特徵。其一，大部分的所謂臺灣史研究學者，特別是大陸的學者，都是「半路出家」，跨行或轉行而來，並沒有受過比較系統而嚴格的臺灣史學科的基礎訓練，各自的學術參差不齊，惡補應景和現買現賣的現象頗爲不少。其二，無論是大陸的學者，還是臺灣的學者，對於臺灣史的研究，似乎都很難擺脫政治性的干擾。儘管眾多的研究者們，依然希望秉承嚴正客觀的歷史學之原則，但是由於各自政治立場的不同，大家對於臺灣歷史文化的關注點和解讀意趣，還是存在著諸多的差異，有些差異甚至是南轅北轍的。

儘管如此，從學術發展的立場出發，臺灣史研究的這兩個特徵，也未嘗不是一件好事。不同的政治立場、學術立場；不同的學術行當、學術素養，必然形成多視野、多層次、多思維的學術成果。即使是學術立場、觀點迥異的學術成果，也可以引起人們的不同思考與討論。借用大陸的一句套話，就是「百花齊放」，或者「毒草齊放」了。百花也好，毒草也罷，正是有了這般林林總總的百花和毒草，薈兮蔚兮，百草豐茂，在兩岸學者的共同努力之下，形成了臺灣史研究的熱潮。

蘭臺出版社有鑑於此，聯絡大陸和臺灣的數十位臺灣史研究學者，出版了這套《臺灣史研究名家論集》。在這部洋洋大觀的名家論集中，既有較早拓荒性從事臺灣史研究的鄭喜夫、周宗賢、林仁川等老先生的論著，也有諸如王志宇、戴文鋒等年富力強的中生代的力作。在這眾多的研究者中，各自的政治社會立場姑且不論，僅以學術出生及其素養而言，既有歷史學、語言文學的，也有宗教學、戲劇學、地理學等等。研究者們從各自不同的學術行當和研究意趣出發，專研各自不同的研究專題，多有發見，多有創新。因此可以毫不誇張地說，這套《臺灣史研究名家論集》，在一定程度上體現了當今海峽兩岸臺灣史學術研究的基本現狀與學術水平。這套論集的出版，相信對於推動今後臺灣史研究的進一步開拓與深入，無疑將產生良好積極的作用。

陳支平

2016 年 3 月于廈門大學國學研究院

自序

長期以來臺灣戲劇及劇場史研究一直冷落、邊緣，除邱坤良教授有開拓及大成之功外，學界中青輩繼行者因研究環境及關注焦點不同，近二十年來倒也點狀式地耕耘出一方園地。我想，我可算是其中一員吧！

我的研究一向隨興所至，一旦回顧卻總能看出隱隱然的路線，有感並能有效對話是原則，戲劇、戲曲並行是堅持，而研究斷代集中在日治時期及戰後初期則是避開當代紛雜的有意識選擇，至於我的外省第二代背景，則是我能持續關注兩岸戲劇（曲）交流史及本土京劇發展的主因。沒有宏圖使命，不停地寫及與時間對話而已！

這本書以上下兩編九篇論文呈現出我近十年對臺灣戲劇及劇場史的興趣、關懷及反省，上篇以日治時期臺灣戲曲史為主，涉及劇場史、戲班史、劇種史及戲曲美學，下篇則聚焦在戰後初期臺灣戲劇史，尤以中國話劇於戰後四年在臺灣的演出實踐、影響分析為主。

上編的〈現代化作用下的臺灣戲曲（1895-1945）〉一文，是我嘗試以較高的視野，探討殖民時期現代化進程對彼時臺灣戲曲發展的影響，現代化與殖民性、都市化、商業化及在地化間錯綜作用的結果，導致了臺灣戲曲在日治時期有關鍵性的重大轉變；而〈從廣東宜人園到宜人京班——一個本地京班的歷史考察兼論京劇在臺灣之在地化問題〉、〈從外江到國劇——論臺灣民間京劇傳統的形成與失落〉二文，則是我試圖從一本土京班史的建立，到從歷史脈絡中觀察有別於 1949 年之後「官方/外省/正統」印象的臺灣民間京劇發展實貌與進一步的反省，有了這個部分，臺灣京劇史及京劇傳播史也才相對地完整。

〈試論臺灣早期商業劇場——以日治時期臺北市淡水戲館（新舞臺）、艋舺戲園及永樂座為例〉一文，是我大量運用《臺灣日日新報》及《臺南新報》資料，嘗試建立日治時期臺北市劇場史，對於研究彼時商業劇場活動、劇場間的競合關係，以及觀察近代臺灣文娛品項發展變遷有所突破；最後，〈知識分子眼中的歌仔戲圖像——以日治時期知識分子對歌仔戲的接受史為中心〉一文，則是我針對日治時期快速崛起並成為劇壇主流的歌仔戲，探究彼時新舊知識分子對其之抗拒/接受態度，及背後潛藏因素的進一步分析，對「歌仔戲/民間性」與「知識人/現代性」間的磨合過程有深入的探討。

下編收錄論文四篇，〈省署時期臺灣戲劇史探微〉一文，針對僅運作一年半的臺灣省行政長官公署之戲劇發展進行梳理，在省署文化施政「去日本化」、「再中國化」的思維下，得出臺灣新劇傳統中斷、中國話劇形成主流、戲劇審查制度確立等三個影響至深的三個現象；其次，〈戰後初期中國劇作在臺演出實踐探析〉一文，是對戰後四年間超過四十位中國劇作家的六十個以上劇作，集中壓縮地在臺演出及影響進行分析，發現「時間壓縮」及「時局變化」是影響彼時中國劇作在臺灣演出實踐至為關鍵且相互作用的兩個因素，而「壓縮的文化重建」與「話劇的工具化」又是臺灣人缺乏觀賞中國劇作意願的主因；第三，〈一個戲劇的公共輿論空間——戰後初期臺灣報紙的戲劇特刊分析〉一文，透過戰後初期《和平日報》等四份報紙的戲劇特刊，一窺彼時中國劇作在臺搬演的輿論反應，並得出作者幾為外省文化人、內容為劇本/演出的介紹多於評論、反應及改造現實的主導原則等三個特色；最後，〈進步文藝的示範——戰後初期曹禺劇作於臺灣演出史探析〉一文，則是為紀念曹禺誕辰百年而作，論述集中於曹禺劇作《雷雨》、《原野》、《日出》及《北京人》在戰後初期臺灣的演出實踐分析，並得出《雷雨》是中國話劇藝術典範的有限展示，以及《日出》曾對臺語話劇的實踐有過關鍵刺激等觀察，此文更對曹禺劇作的演出史研究有所補白。

為使讀者明白每篇論文的修改情形及便利檢索，我於此有必要對於出處進行說明：

♦〈現代化作用下的臺灣戲曲（1895-1945）〉，先刊登於《戲劇學刊》第 3 期（2006 年 1 月），後收錄於拙著《日治時期臺灣戲曲史論——現代化作用下的劇種與劇場》第一章（2006 年）。

♦〈試論臺灣早期商業劇場——以日治時期臺北市淡水戲館（新舞臺）、艋舺戲園及永樂座為例〉，先刊登於《民俗曲藝》第 146 期（2004

年 12 月），後收錄於拙著《日治時期臺灣戲曲史論——現代化作用下的劇種與劇場》第五章（2006 年）。

♦〈從廣東宜人園到宜人京班——一個本地京班的歷史考察兼論京劇在臺灣之在地化問題〉，先刊登於《民俗曲藝》第 155 期（2007 年），後收錄於拙著《臺灣劇史沉思》第二章（2015 年）。

♦〈知識分子眼中的歌仔戲圖像——以日治時期知識分子對歌仔戲的接受史爲中心〉，先宣讀於 2004 年 8 月 25-31 日「海峽兩岸歌仔戲藝術節——歌仔戲學術研討會」，後收錄於拙著《日治時期臺灣戲曲史論——現代化作用下的劇種與劇場》第三章（2006 年）。

♦〈從外江到國劇——論臺灣民間京劇傳統的形成與失落〉，先於 2009 年 11 月發表於「從近現代到後冷戰——亞洲的政治記憶與歷史敘事國際學術研討會」，後刊登於《民俗曲藝》第 170 期（2010 年），再收錄於拙著《臺灣劇史沉思》第一章（2015 年）。

♦〈省署時期臺灣戲劇史探微〉，刊登於《戲劇學刊》第 21 期（2015 年 1 月）。

♦〈戰後初期中國劇作在臺演出實踐探析〉，先於 2012 年 10 月發表於「2012NTU 劇場國際學術研討會」，後刊登於《戲劇研究》第 12 期（2013 年 7 月），再收錄於拙著《臺灣劇史沉思》第九章（2015 年）。

♦〈一個戲劇的公共輿論空間——戰後初期臺灣報紙的戲劇特刊分析〉，刊登於《戲劇研究》第 14 期（2014 年 7 月）。

♦〈進步文藝的示範——戰後初期曹禺劇作於臺灣演出史探析〉，先於 2010 年 9 月發表於「紀念曹禺誕辰 100 週年國際學術研討會」，後刊登於《戲劇學刊》第 16 期（2012 年 7 月），再收錄於拙著《臺灣劇史沉思》第十章（2015 年）。

這本書得以順利出版首先要感謝佛光大學歷史系卓克華教授的邀約，戲劇及劇場史研究能爲臺灣歷史研究叢書收錄本身即有其意義，雖然我對於叢書之「名家」二字仍覺當之有愧，但一想到臺灣戲劇史研究成果能因此而有不同管道、面貌與讀者對話，也就釋然。最後，謹以此書獻給在田野及生活上惠我最多、惜於年初仙逝的本土京班前輩徐仁光老師。

2015年8月　徐亞湘
於臺北藝術大學

現代化作用下的臺灣戲曲（1895-1945）

一、前言

近年來，日治時期臺灣戲曲史越來越受到戲曲學界的關注。隨著史料文獻的大量增加，過去不得不仰賴訪談口述資料的情形及可能因此產生的侷限獲得了相當程度的改善，研究者不僅從中瞭解彼時更爲具體的戲曲發展形貌，同時，也對戰後臺灣的戲曲生態發展及藝術風格形塑找到了理解的脈絡。

日治時期臺灣戲曲史可以說是整個臺灣戲曲史中的一個黃金時期，無論是前清流行劇種的延續發展、對岸戲班的來臺巡演、商業劇場的興起、新興劇種的崛起及劇種的白字化現象等，莫不與被日本的殖民及其現代化的推動有關。而此現代性又與殖民性、都市化、商業化及在地化間有著相互影響、連動的複雜關係，臺灣戲曲活動做爲其影響下的結果及現象，以致發生前所未有的變化並深深地影響著戰後的戲曲發展，我們實在有必要對其進一步地分析，嘗試去瞭解當時臺灣戲曲現代性的表現面向、追求內容及實踐細節等問題。

以往的日治時期臺灣戲曲史研究，除了邱坤良《日治時期臺灣戲劇之研究》及筆者《日治時期中國戲班在臺灣》二書對現代性作用於當時戲曲活動較有觸及之外，餘者多集中於戲曲本身議題的討論，且多聚焦於劇種研究，更高層次影響戲曲發展之殖民性、現代性等因素的探討，則尙有許多空白。本文旨在提出日治時期臺灣戲曲史研究中關於殖民性及現代性探討的重要性及問題點。

首先想要探討的是日治時期臺灣戲曲發展的現代化特徵，當臺灣因受日本殖民而現代化快速、全面地滲入生活時，站在「傳統」一端的戲曲，如何面對、適應、接受、運用與消化？而在當時，傳統與現代是否爲兩個格格不入的對立概念？是否有其重疊性？其次，城市之於戲曲發展，除了影響外現形式的變化如商業劇場、內臺戲班的形成之外，對於藝術內在的表現手法、表現型態以及最終導致藝術自身出現的本質變異又爲何？第三，因都市化、商業化因素促成歌仔戲此新興劇種從小戲跨越到大戲並成爲商業劇場主流時，被當時知識分子所代表的主流輿論抨擊的背後，是否存在著階級意識的作用？而戲曲藝人在因應的同時是否也存在「身分危機」的思考？這些都將是本文所試圖解答的問題。

二、傳統與現代的重疊性

1895 年，日本將臺灣納入版圖之時，爲了穩固統治基礎，避免對臺灣人造成「有損情感」的刺激以示懷柔，除了對辮髮、纏足、鴉片三項「不符日本臣民」身分之「本島一向之不良弊風」[1]較爲注意及干預之外，基本上對傳統舊俗皆採取尊重、包容的態度，而這樣的態度，基本上保證了文化傳統的連續性，而且持續強大又充滿活力地固著於常民生活中，而原本依附於祭祀、節慶、生命禮儀的戲曲活動傳統亦因此而延續下來。[2]

而日治時期臺灣的現代化經驗及進程，在「速度」上是屬於重層化的「壓縮」，[3]與其殖民性有密切、關鍵的聯繫。亦即日本明治維新的近代化是壓縮了西歐國家自十八世紀後半以來的經驗，而彼時的臺灣因殖民政府統治的理念和需要，有意圖的設計與推動現代化，在速度與面向上更爲快速及全面。自來水、電話、電燈、報紙、汽車——甚至是制度、機關、設施、觀念等，都快速地滲入常民生活並成爲理所當然的一部份，如果對照著時間來看，它幾乎是隨著二十世紀世界的西化與科技進展相連動的發展。反映在戲曲方面的則是，新式劇場及技術觀念的建立、商

---

[1] 臺灣總督府警務局編：《臺灣總督府警察沿革誌上卷》，（東京：綠蔭書房，1986），頁 741。

[2] 邱坤良：《日治時期臺灣戲劇之研究》，（臺北：自立晚報社文化出版部，1992），頁 36-44。例外的情形是日本領臺頭一、兩年，因社會尚欠穩定，統治者常因外臺演劇易聚眾有可能窩藏「匪類」乘機舉事而有短暫的禁戲或禁夜戲的情事。如領臺第二（1897）年 5 月，大稻埕天后宮神誕演劇，有「匪徒」偽作聽戲之人於戲演完後舉事，當局為防範再次發生，「禁民間唱戲以防滋鬧」。（見《臺灣新報》，1897 年 5 月 16 日）

[3] 若林正丈、吳密察主編：《臺灣重層近代化論文集》，（臺北：播種者文化有限公司，2000），頁 12。

業劇場消費文化的普及、內臺戲班的大量湧現、戲曲與新式媒體如唱片、廣播、電影等之結合與互動等。

如果現代化是一種在科學和技術革命的衝擊下，社會已經變化或正在變化的過程，我們可以看到日治時期的臺灣戲曲兩種完全不同的形象。其一是諸如「淡水戲館」(「臺灣新舞臺」)、臺南「大舞臺」、「艋舺戲園」、「永樂座」等有別於中國傳統舊式「茶園」的新式劇場陸續矗立在城市裡，尤其是明治四十二年（1909）的「淡水戲館」只不過晚中國第一座新式劇場上海「新舞臺」一年落成而已，試想，如果臺灣仍爲清國的邊陲一省，很難想像新式劇場的成立能與當時世界上最大國際都市之一的上海幾乎同步，而且劇場數量的密度亦遠遠超過中國內地許多。[4]新式劇場配合著新式的照明設備、更具現代性的座位等次劃分、更井然有序的觀演空間及與新式傳媒如報紙的合作宣傳等，此影響著戲班的藝術內容與形式，也改變了觀眾的審美趣味，進劇場看戲成爲當時城鎮小市民主要的生活娛樂，[5]它還有引領娛樂時尚的作用。另外，現代化傳媒如唱片、廣播、電影等出現在島上的初始，亦多與當時的大眾娛樂——戲曲結合，並主要反映在上層階級的娛樂生活中。

但是如果我們離開街衢大道去看看更現實但較少引起公眾注意的常民生活，甚至離開城鎮進入到現代化進程尚緩的廣大鄉村景象，我們可以發現傳統仍然深深地影響著當時民眾的生活作息，此時城鄉已無差別，其中最明顯的是中國傳統曆法的沿用。日治後，雖然殖民政府積極推動新曆，政府機關和學校也全面使用西元記日，但對習慣於依農曆而運作的民眾生活作息而言似乎沒有產生太大的影響，[6]反映在戲曲方面最爲明顯的是廟會演劇及歲時演劇的傳統延續並高度發展。日治時期廟會神誕、作醮和祭祀禮儀之外臺演劇活動仍然是絕大多數民眾年中的主

---

[4] 據 1944 年《組合員名簿》中登錄於「臺灣興行場組合」之戲院，僅算專門演出戲劇的戲院和兼演戲劇、電影的混合戲院即有 140 個之多。

[5] 此處所言之「小市民」，係指位於社會頂層的精英和處於社會底層的窮人這兩個階層之間的人們。此定義參考盧漢超：《霓虹燈外——20 世紀初日常生活中的上海》，（上海：上海古籍出版社，2004），頁 48。

[6] 陳柔縉：《臺灣西方文明初體驗》，（臺北：麥田出版，2005），頁 138-143。

要娛樂活動，而他們可能少有機會及能力進劇場看戲消費。

「傳統」與「現代」在日治時期其實是相互滲透、共存的，有其重疊性，陳腐、簡單的二分法是難以解釋當時的生活實貌。比如在戲曲方面，具備現代性格的商業劇場中，農曆新年常是劇場邀聘新班開演的時間，西曆新年反而多是舊班續演，看不出任何時間的特殊性。再者，活動於商業劇場中之內臺戲班，偶而也會受邀於廟會慶典做外臺演出，反之亦然，外臺戲班在當時偶入戲園內臺做商業演出也是時有所聞，演出場域的跨越、交換，正可以顯示出民眾認知上傳統與現代界線的模糊。另外，表面上看起來與現代性無涉的傳統外臺演劇，其實，在現代化的作用下，整體社會經濟力得到提昇及活絡，民間祭典活動較以往更爲興盛及頻繁，並有新式商業體系、活動與之結合，連帶地外臺戲班的數量及演出機會皆因此而增加。而除了維持傳統性質的演出之外，外臺戲班也普遍地出現在官方慶典、節日的餘興演出中。以上數隅例舉，皆可說明在戲曲方面傳統與現代的重疊特色，以及戲曲深受現代性之影響及作用。

因現代化所產生對於生活的影響是一點一滴滲入的，由不習慣到習慣，由抗拒到接受，常常就在時間的過渡中消失於無痕而不復記憶，所以，除非拉長觀照的時間，否則對於當下之人，面對傳統與現代的態度其實並不會有過於明顯的差異及割裂對待。在他們的思維中，佔有支配地位的其實是實用主義，亦即選擇什麼或抗拒什麼的標準是在於哪些是他們感到對他們有益的，哪些可以使他們生活得更好（或者說，在一些情況下使得他們能「活著」），正因爲如此而得以創造出多種多樣的生活方式，這種情形用二分法是不容易表達及解釋的。而日治時期臺灣的現代化快速進展，全面地滲入生活時，面對這項改變，站在「傳統」一端的戲曲，一如前述，選擇的即是接受與適應，運用及變化，市場生存法則決定了他們面對傳統及現代的態度，如果觀察都市商業劇場演出內容的變化，即可清楚感受。

三、都市與現代化：商業劇場的建構及成熟

自明治三十九年（1906）起，福州徽班、儒林班、泉州掌中班、廣東潮州外江戲班、上海京班等陸續來臺商業演出後，[7]至少在臺北及臺南二地的都市居民，已有機會去接觸、熟悉商業劇場的藝術表現及運作模式。雖然三年後（1909）臺灣第一座專演戲曲的新式劇場「淡水戲館」才成立，但是上述對岸戲班在寺廟內（如臺南媽祖宮、水仙宮）、日式劇場（如「臺北座」、「榮座」、臺南「南座」）或臨時戲園[8]進行演出，從欣賞的角度觀察，此迴異於過往的廟會外臺演劇及小眾封閉的堂會演出的觀演空間及觀劇行為，使得觀眾透過一種帶有現代性消費文化的方式能更純粹地欣賞戲劇演出，更加凸顯戲曲的欣賞及商業價值。這樣一種欣賞方式的改變是劃時代的，至少在當時都市的範圍內，外來戲班的戲曲活動已經讓本地都會戲曲生態處於一種漸趨商業化的過渡階段，而此對於本地戲班的營運及新式劇場的催生當有立即的影響與刺激作用。

明治四十一年（1908）1 月，臺北有三「本島官音」亂彈戲班合班，「仿前年福州三慶祥陞二班渡臺開演之例」，售票演於艋舺祖師廟內，[9]此可算是目前可考本地外臺戲班嘗試改變演出場域進入「戲園」演出之首例。只不過，該合班之進入「戲園」演出，並非是在瞭解商業劇場運作下的有意識動作及企圖展現，而是因「舊曆年杪已迫。聘演者寥寥」，擔心「坐食山崩」以「冀得些資。以供食料」這樣消極的理由。雖然該合班演出「園中安置錯雜。殊不足使人觀演」，甚至還被觀眾譏為「破布班」。但是，隨著城市中商業性的戲曲演出漸趨普及，本地戲班「另闢戲路」、探尋可能的嘗試當更為普遍。在有限的紀錄中，臺南亂彈童伶班「玉記班」、中壢四平班「大榮鳳」在往後的兩、三年即都有過類

---

[7] 徐亞湘：《日治時期中國戲班在臺灣》，（臺北：南天書局，2000），頁 241。

[8] 如 1908 年 1 月，艋舺舊街及大稻埕永和街（一說太平街）設有二戲園邀二泉州掌中班分別演出，「日夜繼演。且公然印刷戲單。分布市內。招人往觀。是亦維新之一現象也。」（《漢文臺灣日日新報》，1908 年 1 月 15、22 日）

[9]〈落葉繽紛〉，《漢文臺灣日日新報》，1908 年 1 月 17 日。

似的嘗試。[10]迨至大正期初始，七子戲班也開始進入劇場演出，甚至連布袋戲班也有進入臺南「大舞臺」演出的紀錄。[11]

戲班的偶而嘗試進入劇場演出並不是當時臺灣商業劇場得以穩定發展的主因，真正的關鍵在於劇場的設立與否，因爲如此方能確保觀演供需上的持續性及穩定性，由此所衍生出藝術及審美上的變化才得以實現。明治四十二年（1909）9月大稻埕「淡水戲館」以及明治四十四年（1911）1月臺南「大舞臺」的落成，即爲臺灣戲曲商業化路徑上兩個極具代表性的標誌。

儘管在被日本殖民之前臺灣已有多個繁忙的商業城市，如淡水、艋舺、臺南等地，但這些城市的貿易內容還是與中國內地相通的傳統商業爲主，[12]隨著清末的開港通商，洋務建設或基督教傳教，雖然也有西方制度、器物、觀念的傳入，但影響畢竟極其有限，[13]這些完全不同於日本殖民者帶來促進臺灣飛速發展的現代化動力，藉由日本在臺灣建立一個近代的殖民地政府，具備近代化精神與內容的城市於是陸續產生，明治三十八年（1905），2500人以上的都市人口已佔總人口數的25.50%，兩萬以上的都市人口則占 4.92%，至昭和十年（1935），兩萬以上的都市人口則已增至 15.91%，臺北、臺南、基隆、新竹、臺中、嘉義都是當時人口相近的地區大都市。[14]

清領末期，因臺灣身處邊陲省分，中國各大城市中普遍流行的戲曲演出場所──「茶園」一直未見資料顯示曾經在臺灣出現。緊接著日本的殖民，反而使得臺灣的商業劇場跳過「茶園」而直接進入具現代性之「新式劇場」爲主的格局，這樣的現象除了證明臺灣的戲曲商業劇場是因現代性的外部刺激而成，而非本身的演劇及文化傳統逐漸發展而自然

[10] 〈南部通信・大舞兩臺〉，《漢文臺灣日日新報》，1910年2月3日；〈新竹通信・設園演劇〉，《漢文臺灣日日新報》，1911年8月7日。

[11] 〈大舞臺冷落〉，《臺灣日日新報》，1914年11月25日。

[12] 林滿紅：《四百年來的兩岸分合：一個經貿史的回顧》，（臺北：自立晚報社文化出版部，1994），頁22-32。

[13] 吳密察：〈有趣的「世相史」〉，收錄於《臺灣西方文明初體驗》，頁4-5。

[14] 邱坤良：《日治時期臺灣戲劇之研究》，頁69。

到位。而且，此具有現代性內涵的發展，直接影響的是戲曲演出獨立價值的確立、[15]觀眾欣賞模式態度的改變，連帶地這必然也對戲班的表演風格、樣式及演出劇目產生深刻的影響。

大稻埕「淡水戲館」基本上是站在殖民者一端的日人，利用既有之身分優勢，取得「為島人而設」第一座（也是當時唯一一座）戲劇娛樂機關的先機及利益而興建的，[16]臺南「大舞臺」則為臺南市紳商洪采惠、陳鴻鳴、謝群我等所募股興建。觀察頭四年「淡水戲館」的演出檔期，可以發現來演者清一色為上海京班及小部分的福州徽班，[17]待此行當整齊、表演精彩、劇目豐富、服飾鮮麗的藝術反覆刺激後，大正二年（1913）12 月才開始有本地七子戲班「四同春小麗園」進入「淡水戲館」短暫演出，該班之前在艋舺蓮花池街臨時戲園演出時，演法「有參酌支那正音者。口白則純用臺語」。[18]這則報導實則透露出本地七子戲班在嘗試進入劇場演出時，已經有意識地回應因中國戲班的藝術刺激致使觀眾觀賞模式和態度的變化，而在藝術風格、樣式上進行調整，其「參酌支那正音」的演法及改泉州話為臺語的白字戲化傾向皆為例證，而短暫的演出檔期，也顯示出其演出劇目的數量尚處於蓄積的狀態。對照六年前於艋舺祖師廟的三亂彈戲合班，「四同春小麗園」在面對商業劇場時的演出意識已有長足的進步。而繼該班之後來「淡水戲館」短暫演出的臺南金寶興七子班，也強調其「能唱南北音調劇齣」這樣的演出特色，[19]可見，為爭取最高商業利益，滿足觀眾不同的審美需求，已經成為本地內臺戲班在藝術調整及呈現時的最高指導原則，從當時金寶興這樣劇種殊異性極高的七子、外江（京戲）「兩下鍋」演出樣態看來，當時的戲班及觀眾皆呈現出對藝術內容的高包容性及接受度，這相當符合都市很少對傳

---

[15] 因過去戲曲演出多從屬於祭祀、節慶、社集及酒樓、飯館、廳堂、茶園之娛樂助興，戲劇之獨立價值一直未被確立。相關討論詳見傅謹：《二十世紀中國戲劇的本土化與現代化》，（臺北：國家出版社，2005），頁 19-22。

[16] 參閱本書第二章「試論臺灣早期商業劇場——以日治時期臺北市淡水戲館（新舞臺）、艋舺戲園及永樂座為例」。

[17] 參閱本書第二章附錄二「淡水戲館（新舞臺）、艋舺戲園、永樂座可考之節目一覽表」。

[18]〈七齣盛況〉，《臺灣日日新報》，1913 年 6 月 25 日。

[19]〈七子戲將開演〉，《臺灣日日新報》，1914 年 1 月 23 日。

統保持興趣的特性。

從大正初期七子班四同春小麗園、金寶興率先進入「淡水戲館」演出後，之後入演該劇場的本地戲班越來越多（如京班桃園永樂社、苗栗共樂園、香山小錦雲、鹿港金慶德等），演期也越來越長（通常爲 7 至 12 天），甚至純然爲商業劇場而設的本地內臺京班也陸續出現（如廣東宜人園、大溪大雅園、臺北鳳舞社等）。迨至大正中後期，隨著城市劇場的陸續興建（如「艋舺戲園」、「永樂座」、臺中「樂舞臺」等）、中國戲班的頻繁渡臺商業巡演、九甲戲、客家改良戲班繼七子戲班、本地京班之後，進入劇場演出的本地內臺戲班隊伍逐漸擴大，一直到新興的歌仔戲在短時間內迅速地成爲臺灣商業劇場主流。[20]觀察整個臺灣本地內臺戲班的發展歷程，可以發現現代化、都市化、商業化因素於其中所起的關鍵作用，從本地外臺戲班的嘗試進入劇場到純內臺戲班的激增，從大都會的劇場設置到一般城鎮的劇場普及，莫不與之相關。

當時商業劇場成熟發展最大的影響在於因欣賞戲曲成爲觀眾進入劇場唯一的目的所導致戲曲本身商品化及世俗化的傾向。從當時觀眾偏愛武打戲、三國戲、全本戲、連臺本戲、機關布景、五色電光、聯彈音樂等的現象看來，此皆明顯地體現戲曲商業化對於觀眾在視覺、聽覺、戲劇性、變化性需求刺激上的影響。有此理解，本地內臺戲班的加演京戲及昭和期部分內臺戲班開始在戲曲演出之外加入舞蹈、魔術、雜技等表演項目的綜藝化傾向，[21]也就不足爲奇了。另外，歌仔戲之能夠大戲化並快速發展也是拜商業劇場成熟之賜，被認爲是最早的歌仔戲班之一的丹桂社，大正十四年（1925）9 月創團時於臺南「大舞臺」的演出即可長達四個月之久，[22]可見當時歌仔戲進入劇場快速的商業適應力及潛力。

上述現象值得特別關注的是，因新式劇場制度及戲曲商業化的趨

---

[20] 參閱徐亞湘：〈日治時期臺灣內臺戲班考辨（1908-1937）〉一文。

[21] 如 1932 年 1 月 24 日於「豐原座」演出的苗栗共樂社女優，夜戲四段節目分別為奇術、妙技、跳舞、戲曲《王文玉遊西天》。（見張麗俊：《水竹居主人日記（八）》，頁 489）

[22] 林永昌：《臺南市歌仔戲的發展與變遷》，（臺南：國立成功大學中國文學系博士論文，2005）頁 71。

勢，使得戲曲演出朝向更富於戲劇性、敘事效果及白字戲化的方向發展，[23]以「樂」、「曲」、抒情爲重及以「官音」爲特色的劇種，在此時越來越顯示出其適應上的侷限性，而在激烈的商業競逐中敗陣下來。而當時所形成的審美及藝術風格，亦沿續至戰後並對當代臺灣戲曲發展持續影響。

四、階級意識與劇種身分

日治時期歌仔戲此一新劇種的誕生，是臺灣戲曲發展史上劃時代的大事，此唯一在臺灣土生土長的劇種，它有別於傳自移民原鄉但已在地化的劇種和來臺商業巡演的對岸劇種，在蓬勃商業劇場的刺激下，迅速吸收、移植上述劇種藝術現成的規範且善於發揮己身唱白使用臺語、表演俚俗活潑的長處，而在大正後期、昭和初期能迅速地成爲臺灣商業劇場的主流，並傳播至閩南及海外。

歌仔戲在殖民性、現代性、商業化、都市化的多重作用下，從原本的區域小戲有機會吸收、借鑒大戲劇種在表演、劇目、舞美方面的優點而直接進入城市並逐漸走向成熟，按照大戲及商業劇場的美學規範自我發展，這可以說是條件俱足下的歷史必然。不過，在它進入都市劇場的初始，雖然獲得廣大中下階層民眾的愛好歡迎，但同時也招致上層社會、知識分子的猛烈抨擊。

因爲缺乏足夠當時歌仔戲藝人及觀眾對自身生活的言說和紀錄，以致在相當程度上報端大量對其之負面報導遂左右了我們現在對當時歌仔戲形象的建立，雖然現在學界對於當時知識分子的「他者」建構有其疑慮及保留，但如知識分子抨擊、議禁歌仔戲的背後動機分析？社會階級於其中的作用、認知？歌仔戲界是否曾對其劇種身分產生過疑慮或危

[23] 此處所言之白字戲化，乃指原本使用官音、潮調、泉州話的本地劇種為取得更大的語言認同及商業利益而將語言改成「本地白字」的臺語，如布袋戲、九甲戲、京戲等皆有此情形。關於日治時期的白字戲及劇種的白字戲化問題，到底意味著什麼樣的市場及時代回應？而劇種的在地化現象及中國戲班及其藝術的輸入又與此存在什麼樣的關係？未來筆者將專文討論。

機感而有藝術調整的動作等等，都需要有更多細緻的討論。知識分子抨擊議禁歌仔戲的動機分析因筆者已有專文討論故於此不再贅述之外，[24]現即針對後二問題提出看法。

當時知識分子的抨擊、議禁歌仔戲，除了反映出傳統知識分子把戲曲等同於教化的思考主軸及新式知識分子一種「遲到的現代性」的危機意識反射這樣的背後動機之外，是否另有階級本質的因素隱藏其間？英國的文化研究專家約翰・史都瑞（John Storey）在論述權力與階級對通俗文化的影響的觀點，很值得我們在理解這個問題時參考：

> 掌握權力的少數人向來關切屬於多數人的通俗文化。有政治權力的人總認為，必須去管制沒有政治權力者的文化，用「徵候」式的解讀方式，尋找其中是否有政治騷動的蛛絲馬跡；不斷透過輔導和直接干預試圖加以改變。[25]

歌仔戲的盛行，雖然不至於達到「政治騷動」的程度，但是，當時其「傷風敗俗」、對社會造成巨大「負面危害」的情形，已經讓當時部分的知識分子憂慮萬分，而階級意識是其中一項較爲隱晦的原因。

知識分子基本上是一群自我維繫封閉且擁有知識及權力的群體，前者讓他們的價值觀相對保守凝固，後者則使他們具備文化走向的解釋權、選擇權及書寫權。這樣的階級特質基本上決定了他們對待新興歌仔戲的態度，亦即他們對歌仔戲的觀察視角決定並凝固了歌仔戲在公共輿論中的社會形象，這裡是談不上他們對歌仔戲是否有真正瞭解的。[26]

嚴格講起來，拜商業化高度發展之賜，到劇場觀看歌仔戲演出是當時城鎮小市民、中下階層首度擁有較爲全面的文化消費、情感抒發及兩

---

[24] 參閱本書第四章「知識分子眼中的歌仔戲圖像——以日治時期知識分子對歌仔戲的接受史為中心」。

[25] 約翰・史都瑞（John Storey）著、李根芳、周素鳳譯：《文化理論與通俗文化導論》，（臺北：巨流圖書有限公司，2004），頁31。

[26] 20世紀上半葉，中國上層社會對於上海妓女的態度及書寫也有類似的情形，1935年就有改革家曾迭對此譏諷地說道：「其實這些都是作者腦子裡的妓女，作者耳朵裡的妓女，你問她們吃的究竟是什麼，穿的究竟是什麼，她們過這生活究竟情願不情願，他就答不出來了。」（引自賀蕭：《危險的愉悅：20世紀上海的娼妓問題與現代性》，頁3）

性接觸的管道，正因爲它的全面性及影響力不可小覷，所以，可能引發的負面效益自然爲擔慮社會失序、價值觀淪喪的知識分子們所恐懼，加上引發這場風暴且廣泛影響的又是身處社會底層、一直爲他們所賤視的「戲子優人」，時有所聞的良家子弟、良家婦女被歌仔戲優「誘拐」、歌仔戲表演劇目「淫蕩猥褻」、歌仔戲演員打架鬧事等「階級侵犯」、「傷風敗俗」等情事，皆是這些「人格道德卑劣」的歌仔戲優所爲，社會的主流娛樂竟是由這群在人格及藝術上皆須「亟待提昇」的歌仔戲演員來主導，他們的恐懼及對恐懼的想像也就不難理解，當然，歌仔戲應有的藝術本質、社會價值、文化意義的討論空間也因此被忽略及壓縮。

日治時期的知識分子是否誇大、渲染了歌仔戲對社會的危害，因事涉個人感受，我們很難探究清楚，不過，持平來看，當時歌仔戲的崛起、流行，其實不僅僅是戲曲生態上的重大變化而已，它同時也是一種隱喻，是不同階級表達、抒發思想情感的媒介。城市中變動不居的上層階級和知識分子藉著對此新興劇種的問題，討論他們的價值觀、他們的恐懼擔慮以及他們應該有的作爲。而對於中下階層的小市民而言，歌仔戲則提供了她（他）們平日情感難以抒發、釋放的管道和婦女觀眾難有的娛樂空間及社會參與。

雖然日治時期知識分子對歌仔戲的抨擊議禁帶有階級意識於其中，但是，我們也不能將對劇種的態度、選擇與階級屬性簡單的劃上「上層階級、知識分子排斥歌仔戲／中下階級、小市民喜愛歌仔戲」這樣的等號，因爲這樣是有違實情的。比如長期擔任保正的豐原舊文人張麗俊，他在他的日記裡就載有許多他在劇場觀看歌仔戲演出的紀錄，[27]裡面就完全不見當時報紙對歌仔戲的負面文字敘述，而對保存漢文化不遺餘力及致力於民族運動的林獻堂而言，在他有限的觀賞歌仔戲經驗裡，他的《灌園先生日記》中也不見有負面紀錄。[28]

---

27 臺中縣文化局與中央研究院近代史研究所合作，出版了張麗俊 1906-1937 年完整的日記——《水竹居主人日記》（一～十）。

28 僅有 1929 年 10 月 5 日的日記中言堂兄林紀堂的長子林魁梧，得財產兩萬元後，竟「每日鑼鼓不斷，教演歌仔戲」（整霧峰繹樂社），並批評其「這種人真是毫無心肝」。（見林獻堂：《灌園先生日記》（二），頁 275）

歌仔戲的經營者、藝人們在迅速獲致商業劇場成功及隨即招致知識分子抨擊、議禁的同時，當時他們普遍有一種因「身分危機」所產生的矛盾焦慮感，亦即無論是真有被抨擊內容的歌仔戲班還是被「流彈波及」並無抨擊內容的歌仔戲班，因爲歌仔戲的公共形象已被標籤化、污名化，各地官警因「輿論」壓力也時有取締禁演的動作，歌仔戲班的經營者爲了生存，採取的是一種改變劇種名稱行藝這樣面對「衝擊」的消極「回應」模式，於是取代歌仔戲、歌劇代之以改良戲、白字戲、男女班等「中性」名稱的戲班大量出現，實則演出內容並未做太大的更動。大正十五年（1926）6月在臺北「永樂座」以「白字戲」爲名演出的歌仔戲班同聲樂，就因漸「自覺」過去演出含有「紊亂風化」之劇爲各界所排斥，或受當局所禁止，而「已將其劇目刪去。日夜排演忠孝廉節」爲觀客所期待，[29]不過，8 月該班在基隆「新聲館」演出時，仍被觀客非議爲「有傷風化」的「淫戲」演出。[30]另外，一則疑爲歌仔戲班中人所撰的報紙投稿，就對於使用「白字」演出竟爲世人所排斥而感到不解與不平，這是少見的「戲界」觀點：

> 我們自幼學習白字戲。寫的是白話文。念的是白話詩。唱的是白話曲。諸如山歌、採茶、駛犁歌。都是種種皆會的。因為世人嫌我們鄙俗不堪。不肯招呼我們。所以生意冷落。日食難度。這就無可奈何了。[31]

其實，歌仔戲被非議的主因，重點不在於語言是否使用「白字」，而是已大戲化之後的歌仔戲，把深具民間性、活潑性但被知識分子們認爲是低俗的「白字」口白、唱腔及表演，大量地透過「人格卑劣」的演員於商業劇場中廣泛傳播，嚴重貶損了「該有的」情感生活、文化價值及社會安定。

而歌仔戲班爲逃避輿論非議，僅在演出上強調悉演「孝義廉節」劇

---

[29] 一觀客：〈是是非非〉，《臺灣日日新報》，1926 年 6 月 14 日。

[30] 一觀客：〈是是非非〉，《臺灣日日新報》，1926 年 8 月 15 日。

[31]〈是是非非〉，《臺灣日日新報》，1925 年 4 月 14 日。

目的「改良」，結果並未產生太大的效果其實相當容易理解，原因依然，即最直接、最容易感知的演出劇目變化，並不能與導致劇種自身本質上的變化劃上等號。歌仔戲源自民間小戲的特質加上必須在激烈競爭的商業劇場中迎合觀眾的娛樂需求，傾向於「俗」一側的發展是自然且可理解的。反正歌仔戲的演出廣受觀眾歡迎，加上戲班送交警務單位審查的資料僅需演出藝題、劇情大綱及演員名冊，會產生「掛羊頭賣狗肉」的情形即在所難免。不過，這樣的「應付」態度，在觀眾支持的態勢下反而使得原有的藝術表現方式繼續鞏固，而沒能從根本、內部去進行改革。

日治時期，因現代性、商業化、都市化的作用而促使歌仔戲快速地獲致市場的歡迎及成功，雖然帶給臺灣一片從來未有的藝術景觀，但是，成功的同時也導致內部提昇藝術層次意識的薄弱，加上缺乏足夠外部人士的藝術參與及刺激，結果，歌仔戲此一大眾化的通俗戲曲劇種在當時遂失卻了朝向藝術性方向發展的機會。

五、結語

透過以上討論可知，日治時期當現代化全面滲入、影響人們的生活與思維之時，相對「傳統」的戲曲活動與生態其實也在不知不覺中受其影響而產生變化，而其中又以都市化、商業化作用下的商業劇場的形成及其運作所衍生的活動、現象最為顯著。

因為商業劇場是一個完全被利益所支配的場域，所以，日治時期臺灣商業劇場中的戲曲演出有著越來越明顯的敘事效果、感官效果追求的大眾化甚至是庸俗化傾向，海派京班、福州戲班帶來大量的連臺本戲、機關布景、聯彈音樂和之後歌仔戲的成為商業劇場主流，正是這種流行趨勢的明證。但是，歌仔戲在快速獲致市場成功的同時，又因藝人們的背景所導致藝術自覺較低的問題，使得他們始終缺乏「追求」現代性及提昇內部藝術層次的主動意識，以致於其現代性的顯現多停留在形式上的移植拼貼而非創作深度上的著力，在某種意義上說，這正是現代性中所必然蘊含著的負面因素。

總結來說，日治時期這樣一段因被殖民所帶來快速、全面的現代化進程，促使──「變」成爲當時臺灣戲曲發展最爲明顯的部分。戲曲演出首次進入新式劇場並成爲日後生活娛樂的主要部份之一、本地戲班除了外臺演劇傳統也出現了大量的商業內臺戲班、傳統欣賞戲曲的管道此時多了唱片、電影及廣播、婦女得以公開地進出劇場此一公共娛樂空間以釋放情感、商業劇場成爲人們與上海流行文化甚至是與外界接軌的場所、新興劇種的出現……等，這些都是戲曲傳統的連續性碰上現代不連續性的因素刺激所產生「變」的模式運作結果。

其次，值得留意的是，在進行臺灣戲曲現代性的探討時，因此而延伸出本土化、在地化的現象也不宜忽略。若以戲曲學者陳龍廷爲布袋戲的本土化（臺灣化）定義爲本地布袋戲班開始創作搬演有別於傳自原鄉而是適應於本地的自創劇目的話，[32]明治四十二年（1909）2 月，新竹的南管布袋戲班龍鳳閣就曾因改編演出《臺灣日日新報》連載小說《金魁星》而大受歡迎，[33]可見從這條資料顯示，在日治初期，一南管布袋戲班的班主即已有意識地自新式媒體──報紙的連載小說中取材改編而出現了布袋戲本土化的情形。

而在明治末期，清國戲班來臺演出爲投本地觀眾所好，也已出現嘗試搬演本地社會時事的在地化現象，此亦爲現代化、都市化作用下的商業劇場所刺激出的產物。如明治四十四年（1911）5 月於甫落成的臺南「大舞臺」演出經月的福州三慶班，因歸國在即，特演臺南社會時事石阿奚謀殺胞弟事之《臺南奇案》及野僧強姦女子的《龍王廟野僧》，[34]而同時在「臺南座」演出的福州新福連陞班，爲挽救票房也推出敷演陳秀娘謀殺小姑一事的本地時事《臺南大奇案》，果然「市內男女往觀者。

[32] 陳龍廷：〈臺灣化的布袋戲文化〉，《臺灣風物》47（4），頁 37-39。

[33]〈演金魁星〉，《漢文臺灣日日新報》，1909 年 2 月 25 日。「竹城南管掌中班龍鳳閣。演劇之佳。有目共賞。該班主近見本報紙小說欄中。所載金魁星一部。其屬膾炙人口。彼遂依樣演出。手弄口述。神情逼肖。觀者竟大加喝采。每夜臺下。男女爭集。幾於地無立錐云。」

[34]〈南部近信〉，《臺灣日日新報》，1911 年 5 月 10 日；〈南部近信・又排新劇〉，《臺灣日日新報》，1911 年 5 月 23 日。

聚集如雲」，獲利隨即雙倍。[35]十年後，稍晚進入商業劇場的本地戲班也開始出現演出本地題材的情形，[36]待歌仔戲演出蔚爲風潮後，取材自臺灣本地時事、民間傳說的劇目就益發地普遍了。

除了對岸戲班來臺演出的在地化現象之外，原本傳自移民原鄉的劇種在日治時期也開始出現了更爲明顯的在地化情形，比如布袋戲、七子戲等劇種的白字戲化現象即爲例證，[37]此皆有別於同一劇種在大陸原鄉的發展。而在此白字戲化的風氣影響及催促之下，隨後「臺灣白字戲」劇種如九甲戲、歌仔戲、客家改良戲亦相繼出現，開始把臺灣的戲曲發展帶入另一全新的局面。

最後，日治時期臺灣戲曲的現代性問題，還有許多有待討論的地方，比如當時戲曲與西洋樂器、音樂結合的問題，戲曲向中國、日本電影取材、轉化的問題等等，由此所產生戲曲跨文化的適應與思考以及藝術本質上的改變，皆對戰爭期臺灣戲劇及戰後之戲曲發展有著明顯的影響，往後這些都需要有更多更細緻地討論。

[35]〈南部近信·福德戲園〉，《臺灣日日新報》，1911 年 5 月 17 日。

[36] 如 1922 年 3 月，金寶興於臺南「大舞臺」的演出，即可見《石仔蝦害死石仔同》、《林投姐》等取材自臺灣本地時事的劇目。

[37] 1900 年 4 月，臺中即已出現一有別於「亂彈」、「潮調」布袋戲的「白字」掌中班。

試論臺灣早期商業劇場

——以日治時期臺北市淡水戲館(新舞臺)、艋舺戲園及永樂座為例

一、前言

臺灣之商業劇場活動始自日治初期，而臺灣第一個專門演出中國傳統戲劇的劇場爲明治四十二年（1909）建成之「淡水戲館」。此後，隨著中國戲班不斷來臺商業巡演，臺灣戲班繼起效之，全臺各地遂紛紛興建劇場以爲因應，加上之後歌仔戲、客家改良戲等新興劇種的席捲全臺，更加速了臺灣商業劇場活動的風潮。活動寫真（電影）興起後，劇場演出內容因而有所改變，電影常設館及輪流演出戲劇與電影的混和戲院大增。待中日事變後，日人以新劇、皇民化劇取代傳統戲曲，商業劇場又再度經歷一次演出內容上的更迭。

這段早期臺灣劇場史中至爲重要的一頁，學界至今並未給予應有的關注，僅見邱坤良〈臺灣近代戲劇／電影發展及其互動關係——以臺北「永樂座」爲中心〉一文，[1]針對「永樂座」進行歷時性與共時性之整體觀照。是故，本文擬以日治時期報刊《臺灣日日新報》、《臺南新報》等及戰後相關學術論著爲基礎資料，以當時臺灣政經及文化中心之臺北市三個活動時間跨度最長、最具代表性、以演出傳統戲曲爲主的劇場——「臺灣新舞臺」(「淡水戲館」)、「艋舺戲園」及「永樂座」爲中心，探討日治初期臺北市日人及臺人的商業劇場活動、三者興建的背景成因和過程、演出內容及營運管理分析、三者之互動關係、三者在臺灣商業劇場發展中的歷史位階、演出空間的文化意義等，希冀重構此一段被遺忘已久的臺北市劇場史，並觀察臺灣近代戲曲、戲劇、電影等文化娛樂

---

[1] 收錄於《民俗曲藝》131（2001），頁169-202。

的變遷與發展，並對當時臺灣其他城市之劇場發展有參照之作用。

本文論述對象之臺北市，乃以大正九年（1920）臺北設市之臺北市行政區爲範圍，[2]當時臺北市另一重要劇場——「臺灣第一劇場」則因遲至昭和十年（1935）才建成，加上戲劇演出甚少而以電影播映爲主，[3]因而不列入本文論述範圍。

二、日治初期臺北三市街的商業劇場活動

臺北設市之前，一般將艋舺、大稻埕和城內三區合稱爲「臺北三市街」，[4]現對日治初期臺北三市街的商業劇場活動略做描述：

（一）城內：日本「內地」演藝活動的海外延伸

日治初期，雖然地方抗日運動仍持續進行，但臺北的市民生活相對的較爲安定，在 1909 年專演中國戲曲的劇場「淡水戲館」出現之前，臺北日人主要聚居地的城內已有多座劇場建成，如「浪花座」、[5]「臺北座」、[6]「十字館」、[7]「榮座」、[8]「朝日座」[9]等，提供日人能劇、歌舞伎、

[2] 1920 年臺北設市，分全市為 155 街庄，至 1922 年，廢街庄改用日式町名，全市分 64 町 10 村落，1938 年市區再向東擴展，歸併現松山區的 9 個村落，故全市既有 64 町 19 村落。見陳正祥：《臺北市誌》，（臺北：南天書局，1997），頁 11。

[3] 終至日治結束，「臺灣第一劇場」僅有兩檔戲曲演出，一為 1935 年 10 月 5 日至 12 月 10 日上海鳳儀京班來演，二為 1936 年 1 月 24 日舊曆元旦起有福州閩班新國風來演。見〈臺灣第一劇場開演　小三麻子扮關公　招待官民千餘名舉氏〉，《臺灣日日新報》，1935 年 10 月 6 日；〈閩班來臺開演　第一劇場〉，《臺灣日日新報》，1936 年 1 月 24 日。

[4] 黄富三編著：《臺北建城百年史》，（臺北：臺北市文獻委員會，1995），頁 19。

[5] 1897 年 12 月 19 日開幕，此為臺北劇場之嚆矢。見臺灣經世新報社：《臺灣大年表》，（臺北：南天書局，1994），頁 26。

[6] 1897 年 12 月新築於西門外魚市場遺址，1898 年 8 月 7 日因暴風雨傾倒，1900 年 5 月 17 日重新開幕於新起後街，座主笠松好造，1909 年折毀。見《臺灣大年表》，頁 31、39。

[7] 1900 年 7 月 20 日開幕，位於北門街。見《臺灣大年表》，頁 39。

[8] 1902 年 6 月 1 日上樑，10 月落成，位於西門外街。1927 年 9 月 1 日改名為「共樂座」，1930 年 7 月 18 日再改回「榮座」之名。見《臺灣大年表》，頁 47、164、191。

[9] 1906 年 9 月開幕，位於撫臺街，座主高松豐次郎。1906 年 9 月 21 日假「朝日座」開演之人形淨琉璃（即文樂，日本傳統傀儡戲），為日本人形淨琉璃渡臺演出之嚆矢。見《臺灣日日新報》，1906 年 9 月 20 日。

人形淨琉璃、壯士芝居、新派劇等戲劇娛樂，寄席（以演出單口相聲爲主的小劇場）如「幸亭」、「吉川亭」等，也是當時著名的落語、義大夫等舊式說唱、歌謠表演場地。[10]除上述劇場、寄席之外，民居及戶外空地搭設之臨時表演空間亦常成爲舊劇、義大夫、相撲、雜耍等活動興行巡演的處所。至於當時劇場建築、管理的相關法規，早在明治三十四年（1901）即已明確見於《臺北縣報・約束戲館及雜戲館章程》二十五條中。（見附錄一）

日治初期，臺北城內常設及臨時表演場所的相繼設立及日人休閒娛樂所呈現的多樣性，可以說是日本內地演藝活動的海外延伸，觀眾群還是以當時城內之日人爲主。

（二）艋舺、大稻埕：略具雛形的臺人商業劇場活動

相對於城內日人戲劇場所及演出內容的多元，日治初期臺人聚集地艋舺及大稻埕的戲劇活動則延續清領時期仍以縉紳堂會及外臺演劇爲主，[11]但是，略具商業劇場雛形的戲劇演出也在二十世紀初開始出現。此時商業劇場的觀演場域主要在日式劇場、宮廟內庭、既有建築物改建及戶外空地之圈圍封閉空間等處所，演出劇種則以福州徽戲、京戲、泉州掌中戲及本地亂彈戲爲主。

明治三十九年（1906），日治後第一個受邀來臺商業演出的福州徽班三慶班，是在日式劇場「臺北座」演出，[12]後因聘主獲利甚豐，「本島人爭圖是業」，同年年底又邀同爲福州徽班「上三班」（大吉陞、三慶、

[10] 井出季和太：《興味の臺灣史話》，（臺北：林本源中華文化教育基金會，1997），頁 224-229。另可參考三澤真美惠：《殖民地下的「銀幕」》，（臺北：前衛出版社，2002），頁 264-271。能劇、歌舞伎、人形淨琉璃為日本三大傳統戲劇。壯士芝居（壯士劇）、新派劇為日本明治維新之後，在邁向以西方近代戲劇為基礎的新劇運動之前的戲劇形式。新派劇於 1888 年由自由黨少壯派的角藤定憲（1866-1907）所創立，因演出了自編自導的《豪膽書生》，所以，人們稱其為壯士劇，新派劇則是後來的稱謂，其中核心人物為川上音二郎（1864-1911）。

[11] 外臺演戲除亂彈戲、四平戲、七子戲、老戲等大戲劇種及掌中戲等偶戲之外，藝妲女戲及採茶戲、車鼓戲等小戲亦時有所見。見徐亞湘主編：《日治時期臺灣報刊戲曲資料彙編(一)》，（宜蘭：國立傳統藝術中心，內部出版）。

[12]〈官音三慶班開演〉，《漢文臺灣日日新報》，1906 年 8 月 26 日。

祥陞）之一的祥陞班來臺，於另一能容更多觀客的「榮座」演出。[13]兩年後來臺的上海官音男女班也是在「臺北座」演出的。[14]此時來臺的對岸戲班雖然都是在日式劇場演出，不過，聘主及觀眾群皆爲稻、猛二地的「本島人」。

以宮廟內庭充作戲園之例，得見明治四十一年（1908）臺北有三班「本島官音」亂彈戲，因年關逼近，聘演者寥寥，於是三班合併，「仿前年福州三慶祥陞二班渡臺開演之例」，日夜於艋舺祖師廟內售票營利演出，「冀得些資，以供食料」。[15]或許有日式劇場可供租借之便，在對岸戲班來臺演出尚少，而本地外臺戲班嘗試進入內臺商業演出又有限的情形下，艋舺與大稻埕以廟庭供作戲劇演出場所的情形並不普遍。

若遇日式劇場不便租借，對岸戲班來臺北商業演出，就常退而求其次被安排到既有建築物內或在空地圈圍之區演出。如明治四十年（1907），大和行人主辜顯榮擬聘曾來臺演出之女伶繆文蘭所整之江蘇女班，即規劃在西門外林觀察之舊公館演出。[16]同年在臺南演出的潮州外江戲老福順班，結束演出後欲北上繼演，亦曾考慮利用李春生於日新街（今保安街以南歸綏公園以北一帶）所有的空地充作戲場演出。[17]另外，明治四十一年（1908），有兩班泉州掌中班分別在艋舺舊街（今桂林路及貴陽街之間的西園路）及大稻埕永和街（今民樂街南端）的「戲園」演出，並印有戲單招人往觀。[18]

在「淡水戲館」建成前，上述四種「戲園」，具有中國戲班來臺演出及本地戲班嘗試進入內臺的過渡性功能，雖然日式劇場的舞臺、觀眾席並不全然適合中國戲曲的演出及觀賞，[19]而宮廟內庭等三種「戲園」

---

[13]〈榮陞班之渡臺〉，《漢文臺灣日日新報》，1906 年 11 月 11 日。

[14]〈女班開演〉，《漢文臺灣日日新報》，1908 年 5 月 31 日。為臺灣戲界所周知的留臺京戲演員王秋甫（王春華），即是隨該班來臺演出。

[15]〈落葉繽紛〉，《漢文臺灣日日新報》，1908 年 1 月 17 日。

[16]〈戲園果復活矣〉，《漢文臺灣日日新報》，1907 年 9 月 6 日。

[17]〈戲園復樹一幟矣〉，《漢文臺灣日日新報》，1907 年 9 月 10 日。

[18]〈落葉繽紛〉，《漢文臺灣日日新報》，1908 年 1 月 22 日。

[19] 如福州三慶班在「臺北座」演出時，一等位有板凳，三等位則席地而坐，遇精彩處觀眾不時會起身喝采，高聲喧嘩，對他人的觀劇權益造成不小的影響。

亦可能失之過簡，不過，讓臺人預先熟悉付費觀劇的消費模式、商業劇場營運行銷機制的操作，甚至是本地外臺戲班嘗試進入內臺的「試誤」經驗等，[20]都直接促使臺灣的商業劇場環境日趨成熟，並爲專門演出中國戲曲的劇場——「淡水戲館」順利催生。

三、三劇場興建始末

隨著 1906 年福州三慶班的渡臺開演，臺北對「支那劇」的熱度暴升，許多人認爲聘戲來臺演出有利可圖，而租借日式劇場「臺北座」或「榮座」，又必須遷就檔期，於是有臺人倡議應在大稻埕建一大戲館以求徹底解決。[21]年底，繼福州祥陞班在「榮座」演出獲利，「榮座」的多位股東（日人）及大稻埕港邊街（今環河北路與民生西路交叉一帶）的王明月，即分別向當局提出興建「支那劇場」的申請，[22]不過，後來並未落實。

隔年年初，日人土橋仙三郎[23]和臺人林樹本兩氏、大稻埕王明月、北門外街（今延平北路一段）高蘭[24]等三方，各自提出興建「支那劇場」的申請，後當局以「三處竝設殊有未便」之由，勸三方合設一大劇場爲宜，[25]後經協調，結果是王明月、土橋仙三郎、林樹本、森田廣[26]等聯合爲一。[27]後來不知何故，最後此一大稻埕「支那劇場」的籌建發起人全成了日人。

日人當局對興建「本島人戲園」其實樂觀其成，因當時臺人一直缺

---

20 前述三亂彈班合演於艋舺祖師廟，「園中安置錯雜。殊不足使人觀演。」而被人譏為「破布班」。

21〈擬設新戲館〉，《漢文臺灣日日新報》，1906 年 11 月 15 日。

22〈稟請建設支那劇場〉，《漢文臺灣日日新報》，1906 年 12 月 26 日。

23 土橋仙三郎，原籍東京，1899 年來臺，住北門街，為一實業家，開設土橋商店代理牡丹煙草。見岩崎潔治：《臺灣實業家名鑑》，（臺北：臺灣雜誌社，1912），頁 16。

24 高蘭為聘福州祥陞班來臺北演出之贌主。見《漢文臺灣日日新報》，1906 年 12 月 13 日。

25〈建設支那演劇〉，《漢文臺灣日日新報》，1907 年 1 月 15 日。

26 森田廣，日橫濱市人，1897 年來臺，擔任片倉組的土地管理者，後擔任「淡水戲館」之支配人。見《臺灣實業家名鑑》，頁 127。

27〈支那劇場建築所關〉，《漢文臺灣日日新報》，1907 年 1 月 23 日。

乏娛樂處所而多趨於賭博一途，見「支那戲」相繼渡臺而受臺人歡迎，認爲此將有益於風俗之改善導正，加上「臺北座」日漸老朽已成危屋，僅能使用至明治四十二年（1909），屆時對岸戲班來臺勢必無處可演。就在這一年，這個「支那劇場」的興建得到了官廳的認可。[28]

（一）淡水戲館（臺灣新舞臺）

初始，由日人金子圭介、[29]荒井泰治、[30]柵瀨軍之佐、[31]高石忠慥、[32]森田廣、土橋仙三郎等六人所發起興建的「支那」劇場「淡水戲館」，[33]建地是位於大稻埕詔安厝街（即今長安西路中山市場附近），待 1909 年 2 月動工時，建地已改至距離大稻埕中心更近，但多爲水田、墓地的下奎府聚街（今太原路上）。[34]

「淡水戲館」乃仿「支那式」建築，用地三百四十八坪，樓屋二百七十一坪，爲兩層樓建築，可容觀客九百一十八人。工程費三萬元，裝璜費一萬五千元。建築期間，已有艋舺人王德峻結合大稻埕人數名，與園方主事者議定租借，待 5 月竣工後將自「支那」招聘戲班來臺開演。[35]後工事延宕，6 月初又發生天井屋頂崩落，造成日、臺工人四名重傷、七名輕傷的意外，[36]終於在 9 月竣工啓用，開臺戲爲臺人集資所組詠霓

---

[28]〈臺北座及支那演劇〉，《漢文臺灣日日新報》，1908 年 3 月 3 日。

[29] 金子圭介，1895 年來臺任職於日本大財閥大倉喜八郎之大倉組臺北支店，1900 年辭，後經營土地房屋買賣事業，1901 年經營報紙《臺中每日新聞》。見《臺灣實業家名鑑》，頁 37。

[30] 荒井泰治，曾任臺灣儲蓄銀行頭取（董事長）、臺灣商工銀行頭取。早年來臺從事糖業，創鹽水港製糖公司，並任社長。見《臺灣實業家名鑑》，頁 101。

[31] 柵瀨軍之佐，岩手縣人，曾任山梨《日日新聞》主筆，東京《每日新聞》編輯長。1901 年來臺，任大倉組臺北支店主任，後經營柵瀨兄弟商會，並曾任臺灣劇場株式會社社長、臺北商工會副會長。見《臺灣實業家名鑑》，頁 108。

[32] 高石忠慥，福岡縣人，1895 年來臺，負責大倉組臺北支店的建築工事。後設高石組，經營土木建築事業。見《臺灣實業家名鑑》，頁 49。

[33] 取名為「淡水戲館」，或為大稻埕於清領後期為淡水縣轄域之故。呂訴上言與「當時臺北行政為淡水廳管轄之關係」（《臺灣電影戲劇史》，頁 196），實則誤也。

[34]〈淡水戲館〉，《漢文臺灣日日新報》，1909 年 3 月 4 日。

[35]〈鶯啼燕語〉，《漢文臺灣日日新報》，1909 年 3 月 7 日。

[36]〈戲館崩落〉，《漢文臺灣日日新報》，1909 年 6 月 6 日。

茶園聘來之上海慶仙京班。[37]

自倡議建設「支那戲館」到「淡水戲館」的落成，時間長達三年之久。而戲曲作爲臺灣一般市民娛樂，並在都市裡變得普及，確是始自「淡水戲館」的落成，而臺南「大舞臺」於兩年後的啓用，[38]則是另一個城市商業劇場發展的關鍵之例。

「淡水戲館」此臺人唯一娛樂機關的創設，確是實現了當時戲迷對「上海菊部必飄然而至」的企盼，[39]到大正八年（1919）「艋舺戲園」成立前的十年間，「淡水戲館」總計有可考的二十五檔、十個上海京班先後演出（見附錄二），加上福州徽班、潮州戲班、泉州七子戲班等，「淡水戲館」可以說是中國戲班來臺演出的第一選擇，同時，它也成爲本地如七子戲班、京班開始嘗試在臺北商業演出的唯一場地。

大正五年（1916）4 月，爲紀念日本「始政」二十週年所舉辦的臺灣勸業共進會，主辦單位爲了「謀投本島人及支那人嗜好之支那正劇」，公推辜顯榮派人邀聘在福州演出的上海上天仙（京）班來臺，除了在共進會第二會場演藝館演出之外，擬再租借「淡水戲館」開演。不料，「淡水戲館」的日人經營者堅不肯應，除非辜氏買收。[40]後辜氏除了負擔上天仙班龐大的演出費用之外，[41]另以一萬一千五百元買收「淡水戲館」，並效上海「新舞臺」而改名爲「臺灣新舞臺（以下簡稱「新舞臺」），此後，此臺北唯一的「本島人娛樂機關」[42]，就由日人手中完全轉爲「本島人」經營。

「新舞臺」一直延續到終戰前，[43]成爲日治時期臺灣在開創性及延

---

[37]〈詠霓開演〉，《漢文臺灣日日新報》，1909 年 9 月 21 日。詠霓茶園為集股之聘戲組織，日治時期，初以某某「茶園」為名，後則以某某「公司」為名。

[38]〈赤崁春帆．舞臺已成〉，《漢文臺灣日日新報》，1911 年 1 月 22 日。

[39]〈蟬琴蛙鼓〉，《漢文臺灣日日新報》，1909 年 8 月 14 日。

[40]〈共進會及淡水戲館〉，《臺灣日日新報》，1916 年 3 月 11 日。

[41] 上天仙班在臺演出費用不下兩萬多元，除共進會之協贊會補助四千元，餘皆由辜顯榮一人補足。見《臺灣日日新報》，1916 年 4 月 1 日。

[42]〈上天仙班不日來臺　辜氏之非常鼎力〉，《臺灣日日新報》，1916 年 4 月 1 日。

[43] 據呂訴上，《臺灣電影戲劇史》言（頁 196），「新舞臺」毀於光復那年盟軍的轟炸，而目前可考「新舞臺」最後的演出紀錄在 1939 年 4 月（參見附錄二）。

續性上最具特色的劇場。影響所及，日治中後期，善化、新化、草屯、豐原等地亦出現同爲「新舞臺」之名的劇場。[44]

（二）艋舺戲園（萬華戲園）

「淡水戲館」建成後，不僅提供民眾休閒娛樂的處所，對地方繁榮亦助益頗大。同爲臺北另一臺人聚集地的艋舺，日本領臺後至 1916 年間，人口數雖一直少於大稻埕，也總維持在臺北總人口的 42-35%間。[45]明治四十四年（1911），艋舺區長黃應麟（？-1916）即有感於艋舺的「本島人無娛樂機關。深引以爲憾」，於是發起興建戲園之議，並積極奔走，向稻艋諸紳商如辜顯榮、仇聯青等募股。[46]後不知何故作罷，「艋舺戲園」之建，八年之後方才實現。

大正七年（1918）4 月，艋舺火車站遷至下崁庄新建完成，市況愈益繁榮，艋舺舊街保正林添進遂極力招股，籌建艋舺戲園於艋舺俱樂部後方空地。[47]隔年 4 月開始興建，11 月落成，艋舺區長吳昌才、[48]歐陽光輝[49]等爲大股東，經營者爲林添進。

「艋舺戲園」以鐵筋與磚建成，樓下可容五百二十人，樓上可容三百四十人，觀眾席之一、二等位，每人有一藤椅，三等位則是四人合坐一木椅，演出內容專爲「本島人」而設。[50]開臺戲原擬聘在「新舞臺」演出之上海天勝京班，後該班演期未竟不克前往，故改放電影充之。[51]

大正九年（1920）地方制度改正，艋舺改名爲萬華，「艋舺戲園」

---

44 葉龍彥：《日治時期臺灣電影史》，（臺北：玉山社，1998）「附錄」，頁 344-359。

45 陳正祥：《臺北市誌》，頁 11-12。

46〈籌創娛樂機關〉，《臺灣日日新報》，1911 年 5 月 18 日。

47〈艋舺短訊．組織戲園〉，《臺灣日日新報》，1918 年 11 月 20 日。

48〈艋舺戲園落成式〉，《臺灣日日新報》，1919 年 11 月 25 日。吳昌才，1883 年生，出身艋舺富家，曾任艋舺保甲局副局長、臺北縣事務囑託、臺北廳農會幹事、臺北製糖會社監察役等職，1910 年授佩紳章，1911 年任艋舺區長，後並曾任臺北商業會副會長，臺北商工會常議員，家號「源昌行」。見《臺灣實業家名鑑》，頁 190。

49 歐陽光輝，1884 年生，艋舺豪商歐陽長庚之子，公學校畢業後協助父親「建發行」福州木材的買賣事業，後曾擔任臺北商業會評議員。見《臺灣實業家名鑑》，頁 165。

50〈活動常設館落成〉，《臺灣日日新報》，1919 年 11 月 22 日。

51〈艋舺戲園開演〉，《臺灣日日新報》，1919 年 11 月 27 日。

亦隨之更名爲「萬華戲園」。一直到日治結束，「艋舺戲園」一直都是艋舺地區最重要的商業劇場。

（三）永樂座

「艋舺戲園」的落成，象徵著臺北兩個臺人聚集地戲劇活動均衡發展、交流互補的開始。隨著大稻埕人口的激增，中國戲班來臺演出的日益頻繁，僅有「新舞臺」一處娛樂機關已經無法滿足當地民眾的需求，加上「新舞臺」距離大稻埕市街又有段距離，看戲並不是很方便，到「艋舺戲園」則距離更遠，於是，1920 年就出現了大稻埕民眾要求增建劇場的呼聲。[52]可惜的是，據聞辜顯榮獨資買收「淡水戲館」時，曾與日人協議，不得允許他人再蓋劇場與其爭利，[53]所以，上述之呼籲並未發生實質的作用。

1、初名「臺北大舞臺」

隨著活動寫真（電影）成爲都會民眾新興的娛樂項目，大稻埕之臺人，見西門已有「方之亭」、「世界館」、「新世界館」三家電影常設館，而既有的「新舞臺」設備又不足以兼映電影，爲了滿足大稻埕臺人的電影需求，於是有簡阿牛、陳天來、謝汝銓、楊潤波等十餘人發起募股，欲籌建一戲劇（興行場賃貸）、電影（活動寫真興行）兼營之株式會社（股份有限公司）「臺北大舞臺」，時間在大正十年（1921）10 月，地點預定在日新街甫落成的江山樓對面空地。[54]據當時報載，其劇場樣式擬參考上海「新舞臺」及日本東京「帝國劇場」（1911 年啓用）、「客座舞臺」等劇場，建成後還可充作大稻埕公共集會所之用。[55]

後興建地點一度變更至稻新街（今甘谷街一帶）鯤溟會館對面，但該地「舊屋折卸。及現寓者遷移。種種不便」，剛好大稻埕市中心永樂

[52] 徐亞湘，《日治時期中國戲班在臺灣》，（臺北：南天書局，2000），頁 21。
[53]〈近時戲熱勃興〉，《臺灣日日新報》，1920 年 8 月 1 日。
[54]〈大舞臺設立〉，《臺南新報》，1921 年 10 月 11 日。江山樓，1920 年 11 月 10 日竣工，四層樓建築，由吳江山獨資經營。
[55]〈稻江籌建劇場〉，《臺灣日日新報》，1921 年 11 月 20 日。

市場對面之吳文秀[56]舊宅，被建物會社買收後拆除，部分空地正好可供劇場建築，於是興建地點再度變更至此。開始籌建時，資本金預定五十萬元，無奈當時市況財界蕭瑟，募股並不順利，此時資本遂縮減至十五萬元。[57]

2、定名「永樂座」

因劇場位置於永樂町，大正十二年（1923）5 月，籌備已久的「臺北大舞臺」遂改名爲「永樂座」。創立總會舉辦之後，選出取締役社長（董事長）謝汝銓、取締役專務（執行董事）謝師熊、取締役（董事）張清港、陳天來、陳智貴，監查役（監事）郭廷俊、楊潤波及許丙。[58]

「永樂座」8 月動工，建築費約五萬圓，合設備費計七萬圓，由葉榮申承包，[59]11 月 18 日上樑，隔年年初竣工，2 月 17 日舉行落成儀式，[60]不過，之前在 2 月 5 日，即舊曆大年初一，已有上海樂勝京班先做開臺演出。[61]8 月，「永樂座」爲使各等位的觀眾看戲有更好的視野，還將舞臺增高一尺二吋。[62]

從「臺北大舞臺」到「永樂座」，興建地點越來越靠近大稻埕商業的中心點，在劇場設備及地理位置上皆較「新舞臺」爲佳，經過短暫的激烈競爭並帶動起大稻埕商業劇場的高峰後，「永樂座」很快的取得在戲劇市場上的競爭優勢，並扮演起臺灣電影萌芽階段的重要角色。[63]

四、三劇場的演出內容分析及其互動關係

---

56 吳文秀，1874 年生，大稻埕豪商，曾任臺北商業公會委員、稻江信用組合理事、茶商公會會長，並代表茶商參加法國博覽會，1900 年授佩紳章。見《臺灣實業家名鑑》，頁 652。

57〈新築戲臺之經過〉，《臺灣日日新報》，1923 年 5 月 9 日。

58〈戲園成立〉，《臺南新報》1923 年 5 月 25 日。

59〈臺北通信・市街整理〉，《臺南新報》，1923 年 8 月 26 日。

60〈永樂座落成〉，《臺南新報》，1924 年 2 月 17 日。

61〈永樂座開演〉，《臺灣日日新報》，1924 年 2 月 6 日。

62〈臺北通信・永樂座改造〉，《臺南新報》，1924 年 8 月 18 日。

63 邱坤良：〈臺灣近代戲劇/電影發展及其互動關係——以臺北永樂座為中心〉，《民俗曲藝》131（2001），頁 191。

自福州三慶班首開對岸戲班渡臺商業演出到 1909 年「淡水戲館」建成前的三年間，已有福州祥陞班、大吉陞班、樂瓊天班、上海官音男女班、廣東老福順班等徽戲、京戲、儒林戲、掌中戲、廣東外江戲等劇種戲班，受聘渡臺在臺北及臺南等地商業演出。[64]此時雖有臺灣本地戲班嘗試進入戲園，不過，在整體商業劇場環境未臻成熟之前，城市中臺人之戲曲需求既已滿足於來臺之對岸戲班，而本地外臺戲班又未做好進入戲園的藝術準備，所以，當時的先行嘗試，效果通常欠佳。直到「淡水戲館」的落成，不僅對岸戲班來臺演出不絕於途，同時，也使得本地戲班受到更直接的吸引及刺激，出現「外臺→內臺」轉型的情形，甚至純為商業利益而存在的內臺戲班也因此應運而生。由此可見，劇場此一觀演空間的成立，對於戲班及其藝術內容、觀眾的養成與審美趣味的轉變、影響，皆起著關鍵性的作用。

本節將以「艋舺戲園」、「永樂座」落成期及中日事變等三個時間段落，對三個劇場進行演出內容的分析，並一窺三者之互動、消長關係。而選擇中日事變作為分期點，主要的考量為該事變對於臺灣商業劇場演出內容具有關鍵性的影響之故。另外，本節分析所使用的資料，主要是筆者所整理之附錄二內容，即以《臺灣日日新報》、《臺南新報》二報為主，再輔以相關報刊、文獻，因二報數量龐大，或有筆者不慎疏漏之處，再則，昭和期之後，二報之劇場訊息大量減少，此二因皆會導致附錄二內容與實際的演出狀況有所差距，儘管如此，這份資料仍然對瞭解當時三個劇場的整體演出內容有相當程度的幫助。

（一）艋舺戲園建成前淡水戲館（新舞臺）之演出內容分析（1909-1919）

「艋舺戲園」建成前，「淡水戲館」為臺北唯一專為臺人而設之商業劇場，來臺演出之對岸戲班，除了部分以臺南為首演地之外，大多數皆以「淡水戲館」為首要選擇，之後才開始向臺北附近的城鎮，如基隆、

[64] 徐亞湘：《日治時期中國戲班在臺灣》，頁 241。

新竹、板橋、淡水等地輻射巡演，甚至南下中南部及東至宜蘭、羅東等地。

1、上海京班演出爲節目主體

「淡水戲館」此期可考的五十四檔節目中，對岸戲班的演出計有三十三檔，而其中上海京班即佔了二十七檔，也是所有節目量的二分之一，（參見附表一）若再加上本地京調女班桃園永樂社、臺北鳳舞社的九檔，京劇演出的三十六檔已是節目總數的三分之二，顯見當時京劇演出在臺灣商業劇場中居於主流的位置，此亦反映了當時臺北觀劇人口在本地歌仔戲崛起之前的審美風向及受對岸流行戲曲影響的程度。

值得一提的是，此時來臺的上海京班，充分反映了二十世紀前後上海京班含納皮黃、徽調、梆子的音樂表演內容及演員結構的南派京戲特色。[65]如留臺已久的上海鴻福京班，[66]大正八年（1919）2 月在「新舞臺」的演出劇目，即曾因梆子調過多而使得觀眾建議該班往後應多唱皮黃以投時好，[67]同時，觀察部分留臺的京班演員中，也多有徽班底及梆子底的情形，如張慶樓爲徽班底，王秋甫、呂建亭爲梆子底等。[68]另外，上海京班男女合演的情形，也影響了當時觀眾的欣賞品味及刺激本地戲班女伶及女優團的出現。

另外，仿效上海全班女伶「毛（髦）兒戲」的桃園永樂社，該班在短期外臺及堂會聘演之後，成班不過半年即進入「新舞臺」演出，而且，演後觀眾評價該班女伶「以視上海來臺之女角。幾無復遜色。」[69]雖然這或許有過譽之嫌，但是這也透露出臺灣京調女戲的職業化傾向及演藝水準的相對成熟。

2、本地戲班開始進入商業劇場

---

[65] 中國戲曲志編輯委員會：《中國戲曲志·上海卷》，（北京：中國 ISBN 中心，1996），頁 106-108。

[66] 鴻福京班在臺演出首見於 1915 年，但該班實為 1909 年慶仙京班留臺巡演後之改組。參見徐亞湘：《日治時期中國戲班在臺灣》，頁 71。

[67]〈鶯啼燕語〉，《臺灣日日新報》，1919 年 2 月 21 日。

[68] 徐亞湘：《日治時期中國戲班在臺灣》，頁 207-209。

[69]〈菊部陽秋〉，《臺灣日日新報》，1916 年 7 月 13 日。

爲適應商業劇場觀眾的審美需求，本地戲班必須在表演、劇目、行當腳色等方面做好充分的準備及提升，方能與相對優勢的對岸戲班在劇場中一較長短，而首先進入「淡水戲館」演出的本地戲班爲大正二年（1913）年底的七子戲班四同春小麗園（四春園）。[70]該班其實在半年前，即已在艋舺蓮花池街做商業售票演出，日夜開演，座位分特等、一等、二等、三等，且「其設備分刷印單。一如淡水戲館」[71]，而且該班的演法，「有參酌支那正劇者。口白則純用臺語。故婦女子聽之易曉」[72]，由此可見，該班爲適應商業劇場演出，已在表演及語言上做了適度的改變調整，並發揮劇種本身的特色爭取婦女觀眾，以與男性觀眾爲主之京戲演出做一區隔。

後來，又有臺南金寶興、苗栗共樂園及香山小錦雲等七子班陸續於「淡水戲館」及其後之「新舞臺」演出。除了七子戲之外，大正四年（1915）亦見強調「學支那正音」的中壢大榮鳳、小榮鳳四平戲合班的演出紀錄，[73]而桃園永樂社及其後之臺北鳳舞社京調女班，亦曾多此來演。

與對岸戲班來演少則半個月、一個月，多則兩、三個月的檔期相較，本地戲班一個檔期多爲四至十天不等，長者如七子戲香山小錦雲班曾演出十三天。（參見附錄二）這顯示出本地戲班的演出劇目尚未累積足夠，在商業劇場的場域裡與觀眾的互動還處在試探、磨合的階段。

值得注意的是，此期「淡水戲館」（「新舞臺」）可考的節目檔期中，本地戲班已占三分之一強，分別有七子戲、四平戲及京戲等劇種開始進入劇場演出，而觀察這些七子戲及四平戲班必須強調其「學習、參考支那正音」的特色看來，除了把握本身的劇種特質之外，爲迎合既有正音戲曲觀眾的審美標準，向「正音」靠攏，還是當時本地戲班一條不得不走的權宜之路，儘管如南管系統的七子戲班金寶興亦需如此。

---

[70]〈淡水戲館之七子戲〉，《臺灣日日新報》，1913年12月5日。

[71]〈七齣開演〉，《臺灣日日新報》，1913年6月17日。

[72]〈七齣盛況〉，《臺灣日日新報》，1913年6月25日。

[73]〈蟬琴蛙鼓〉，《臺灣日日新報》，1915年7月17日。據1911年8月7日《臺灣日日新報》報導，四平戲大榮鳳班早在1911年即已在新竹西門天后宮內演出《九龍山》、《南華山》、《桃花山》、《大泗州城》等戲。

3、戲曲爲民眾娛樂主流

當時的戲曲演出約佔可考總節目數十分之九，剩下少數的檔期，才是電影、日本和中國的魔術雜技，及臺灣正劇的演出。由此可以看出，當時民眾的主流娛樂爲觀賞戲曲演出，而電影（活動寫真）則與雜耍、魔術一樣，才要開始慢慢地滲入民眾生活而已。而類似日本新派劇、中國文明戲的臺灣正劇，乃是由高松豐次郎之臺灣同仁社擔任演出，[74]在臺灣現代戲劇發展初期及中國文明戲班民興社來臺演出之前，該團演出臺灣時事、使用臺語並配有布景設施等，確實對本地觀眾熟悉新的戲劇形式提供了一個管道。[75]

附表一：艋舺戲園建成前淡水戲館（新舞臺）可考之節目內容（1909-1919）

	演藝內容	檔期次數	演出團體
中國戲班	京戲	27	上海慶仙班、天仙班、老德勝班、新福陞班、吉陞班、祥盛班、新勝班、上天仙班、群仙女班、鴻福班、天勝京班等
	徽戲	1	福州大吉陞班
	潮州戲	3	老玉梨香班、老源正興班
	泉州白字戲	2	泉州金成發、新梨金合班
	小計	**33**	
臺灣戲班	七子戲	6	四同春小麗園、臺南金寶興、苗栗共樂園、香山小錦雲
	京戲	9	桃園永樂社、臺北鳳舞社
	四平戲	1	中壢大榮鳳、小榮鳳合班
	小計	**16**	
電影		2	

[74] 高松豐次郎，1872 年 11 月生，日本福島縣人，1897 年東京明治大學畢業。1903 年 1 月組織臺灣同仁社，主要負責電影巡迴放映，並在臺灣各大城市興建戲院，如臺北「朝日座」、「基隆座」、「嘉義座」、臺南「南座」、「打狗座」等，1909 年 5 月設立臺灣正劇練習所，訓練臺灣青年演出本地時事題材的臺灣正劇（改良戲），1910 年 9 月開演。1911 年 10 月再設立臺灣演藝社，訓練臺灣少女表演魔術、雜技。他對臺灣電影、現代戲劇、演藝活動等之初期發展貢獻極大，甚至被譽為「臺灣建立電影產業基礎的人」。見《臺灣實業家名鑑》，頁 51。

[75] 徐亞湘：《日治時期中國戲班在臺灣》，頁 82-83。

臺灣正劇	1	臺灣同仁社
中國戲法、雜技	1	中國鳳陽華勝班
日本魔術、雜技	1	天華
總計	**54**	

製表：徐亞湘

（二）永樂座建成前新舞臺、艋舺戲園之演出內容分析及其互動關係（1919.11-1924.1）

1、「新舞臺」延續前期節目比例

此期「新舞臺」的演出內容仍以上海京班爲主，在可考的三十九檔節目中即佔了十六檔，若加上本地京班的四檔，就已超過總數的二分之一了。（見附表二）潮州戲雖有五檔，但皆爲廣東老源正興班的先後演出，該班自 1919 年來臺後，[76]長期於臺灣各地城鎮巡演，該班以家庭戲、全本戲爲演出特色，而潮州話與閩南語相近，又有著語言上的優勢，所以頗受臺人尤其是婦女的歡迎。

隨著在臺福州籍「華僑」人數日增，在「華民」中勢力益大，福州商家合股聘福州戲班來臺商業演出的情形也開始多了起來，[77]除了可慰藉在臺福州鄉親之情外，福州戲的連臺本戲、機關布景及熾烈武打等特色，皆對隨後大興的歌仔戲及客家改良戲有相當程度的影響。[78]

本地戲班與中國戲班在演出檔期上維持前期約一比二的比例，劇種仍以七子戲及京戲爲主，此時四平戲已退出「新舞臺」，[79]而疑爲九甲戲的南管白字戲班北投清樂園、新竹泉郡錦上花，則開始以更通俗之姿分食「南管戲」的內臺市場。

值得注意的是，此時電影雖然已逐漸爲市民所熟悉，但是當時「新

[76] 〈潮州戲又來矣〉，《臺灣日日新報》，1919 年 6 月 30 日。

[77] 邱坤良：〈臺灣近代戲劇／電影發展與其互動關係—（1）臺北永樂座為中心〉，《民俗曲藝》131（2001），頁 176。

[78] 徐亞湘：《日治時期中國戲班在臺灣》，頁 206、209、210、226-232。

[79] 據 1924 年 2 月 8 日《臺南新報》報導，該年舊曆元旦有小榮鳳班在基隆「福德戲館」（按：此為基隆新聲館建成前，基隆之臨時建築戲園）的演出紀錄，「雖難合智識階級之娛樂機關。而一般遊春多樂就之。」

舞臺」並未見到電影放映之例。原因或許是做為大稻埕唯一的劇場，一定數量的戲曲演出已經足以滿足民眾的娛樂需求，而且其功能主要爲戲劇演出而設，不見得適合做電影放映之用。[80]另外，當時電影的功能也還只是停留在教育、宣導、教化而非純娛樂上，[81]電影放映的場所主要也還在電影常設館、學校、公共集會所及各式的展覽會上，大稻埕民眾觀賞電影成為固定的娛樂消費項目，還是後來「永樂座」及「第三世界館」[82]落成之後的事。

附表二：永樂座成立前新舞臺可考之節目內容（1919.11-1924.1）

	演藝內容	檔期次數	演出團體
中國戲班	京戲	16	上海餘慶天勝合班、天升班、鴻福班、復勝班、京都三慶班、如意女班、天勝京班、醒鐘安京班、京都德勝班、聯興班
	潮州戲	5	老源正興班
	泉州傀儡戲	1	泉州傀儡班
	福州戲	3	福州舊賽樂、新賽樂
	小計	**25**	
臺灣戲班	七子戲	3	臺南金寶興、苗栗共樂園
	京戲	4	臺北鳳舞社、桃園天樂社
	南管白字戲	3	北投清樂園、新竹錦上花班
	（劇種不明）	1	臺中信樂天二班
	小計	**11**	
文明戲		2	上海民興社
中國雜技		1	中國大奇術李有來一行
總計		**39**	

製表：徐亞湘

80 據 1921 年 10 月 11 日《臺南新報》〈大舞臺設立〉：「臺北大稻埕戲園。現雖有新舞臺。因設備未臻完善。不得兼演活動寫真。當地人士。甚為遺憾。」

81 三澤真美惠：《殖民地下的「銀幕」》，頁 123-260。

82 日人金福澄於今延平北路功學社旁巷子裡所設立的電影常設館，1923 年元旦啟用，觀眾主要為大稻埕之臺人，用臺語辯士王雲峰等三名，管弦樂師李煌源等四名。戰後改名為「大光明戲院」。見葉龍彥：《日治時期臺灣電影史》，頁 185-186。

2、「艋舺戲園」側重本地戲曲

「艋舺戲園」成立初期，與「新舞臺」類似，也是以京戲演出爲主，上海京班加上本地京班的演出檔期，已超過可考節目內容的二分之一。（見附表三）其中本地京班——大溪大雅園女班及楊梅廣東宜人園，以「艋舺戲園」做爲進入臺北商業劇場的選擇，除了檔期因素之外，或有其策略考量，即先在「艋舺戲園」站穩腳步，得到觀眾認同之後，再向「新舞臺」挺進。

與「新舞臺」不同的是，本地戲班的演出比例與中國戲班相較呈現出一比一的情形（14：14，「新舞臺」爲 11：25），亦即，「艋舺戲園」較「新舞臺」更加側重臺灣本地戲班的聘演，使得在臺灣戲班與中國戲班的比例天秤上首度平衡。從另一個側面觀察，這也顯示出本地觀眾對於本地戲班的接受度越來越高。不過，此期本地戲班與前期相較多有重複，可見內臺新班的成立仍以緩慢成長的速度進行。

3、「艋舺戲園」、「新舞臺」兼及均衡發展與互動交流

「艋舺戲園」的成立，標誌著臺北市兩個臺人聚居地商業劇場活動朝向均衡發展，從附錄二「艋舺戲園」與「新舞臺」此期可考的節目內容可以看出，因劇場所在地理位置及觀眾群體的適當區隔，二者的關係呈現出「競爭少交流多」、「節目互補」這樣的特色。

中國戲班來臺北演出，多選擇以「新舞臺」爲首演場地，檔期結束後則多受聘於「艋舺戲園」繼續演出，譬如此期的潮州戲老源正興班、上海京班天勝班、餘慶天勝合班、復勝班、如意女班、醒鐘安京班、京都德勝班及上海文明戲民興社等，都呈現這樣的演出規律，相對於「新舞臺」，「艋舺戲園」遂成了中國戲班來臺北演出的「二輪劇場」。相反的，本地戲班則多以「艋舺戲園」做爲臺北市演出的首要選擇，之後再往「新舞臺」移動演出，如七子戲、京戲兼擅的臺南金寶興班和南管白字戲北投清樂園等皆是如此。

當然，上述情形只是兩個劇場間戲班流動的大致方向，例外的情形也有，檔期的配合與否絕對是影響的關鍵。不過，更重要的是，隨著「艋舺戲園」的落成，臺北市開始可以同時容納兩檔劇場之戲曲演出，不僅

刺激劇場戲曲觀眾的快速成長，而且，戲班來演的頻率增加，在此良性循環下，戲曲藝術精進、求新的速度必得加快，由劇場空間所創造出來對戲班及觀眾的正面刺激，對臺北市商業劇場環境的活絡及成熟皆起著積極的作用。

附表三：永樂座成立前艋舺戲園可考之節目內容（1919.11-1924.1）

	演藝內容	檔期次數	演出團體
中國戲班	京戲	10	上海天勝班、餘慶天勝合班、鴻福班、天升班、復勝班、如意女班、醒鐘安京班、京都德勝班
	潮州戲	4	老源正興班
	小計	**14**	
臺灣戲班	七子戲	5	鹿港金慶德、臺南金寶興、苗栗共樂園、晉樂園
	京戲	6	臺北鳳舞社、桃園天樂社、大溪大雅園、楊梅廣東宜人園
	南管白字戲	3	北投清樂園、新竹錦上花班
	小計	**14**	
電影		1	
文明戲		2	上海民興社
皮猴戲		1	該班來自「京都」
中國戲法、雜技		1	中國奇術韓鳳山一行
	總計	**33**	

製表：徐亞湘

（三）中日事變前三劇場之演出內容分析及其互動關係（1924.2-1937.7）

1、「永樂座」與「新舞臺」短暫的競爭關係

大正十三年（1924）2 月，大稻埕第二座劇場「永樂座」落成後，大稻埕商業劇場的競爭戰火正式點燃。「新舞臺」當時的應對策略爲「整頓服色。添聘新到藝員。重加工夫布景。且降下入場劵價格。以吸引顧

客。以與永樂座對抗。」[83]於是，上海的京劇熱潮在大年初一開始在大稻埕延燒，「新舞臺」的聯和京班與「永樂座」的樂勝京班展開兩個月的海派京戲競演，其中以二班同時推出連臺本戲《狸貓換太子》和聯和《南海普陀山》、樂勝《三搜臥龍岡》的競爭最爲激烈，也最膾炙人口。[84]但「新舞臺」與「永樂座」的競爭關係也僅止於此時，往後，即因自身定位的不同而各自發展。値得注意的是，此期以強調連臺本戲、機關布景、名伶競演的京戲熱潮，這樣因劇場增設、競爭所帶動出來的商業劇場進一步發展，必然會對即將進入劇場的歌仔戲、客家改良戲的藝術要求，產生正面的刺激與提高。

此期，「新舞臺」可考的節目中仍以中國戲班的演出檔期居多，其中以上海京班爲主，福州戲班爲輔。隨著白字戲、歌仔戲、客家改良戲等在內臺的快速崛起，本地戲班於「新舞臺」的演出比例，此時已有直逼中國戲班之勢，這反映出當時臺灣戲曲生態上的變化。（見附表四）

2、本地戲班及電影的崛起

上述戲曲生態的變化，反映更爲明顯的是「永樂座」，除了落成初期得見數檔上海京班、潮州外江戲、潮州白字戲、泉州七子戲的演出之外，本地戲班一直是該劇場成立初期的演出主力。如成立後兩年可考的二十三檔節目中，中國戲班有七檔，本地戲班則已達十檔，除了先前已進入劇場的本地京班如臺南金寶興、廣東宜人園、桃園重興社、白字戲北投清樂園、泉郡錦上花等班來演之外，歌仔戲丹桂社也在臺南「大舞臺」連續演出四個月後，[85]於大正十五年（1926）舊曆年初一，首度在臺北開演。[86]另外，「永樂座」在昭和期之後，幾乎是以播放電影爲主，戲曲及新劇的演出幾乎已屬點綴性質。

其實，在丹桂社於「永樂座」演出歌仔戲之前，已有不知名的歌仔戲及客家改良戲班於「新舞臺」及「永樂座」演出，而喜觀京戲的大稻

[83]〈戲臺大競爭〉，《臺南新報》，1924年2月10日。

[84]〈劇界面面觀〉，《臺灣日日新報》，1924年3月2日。

[85]〈藝界消息〉，《臺南新報》，1926年2月8日。

[86]〈潮州戲又來矣〉，《臺灣日日新報》，1919年6月30日。

埕紳商，認爲此二劇種的演出「有失都市面目」，於是集資募股，再聘上海慶昇京班來「新舞臺」演出。[87]隨著娛樂風向的轉變，歌仔戲及客家改良戲逐漸成爲商業劇場的主流，受此影響，上海京班來臺演出的頻率因而持續降低，昭和初年，爲二者勢力消長最明顯的一段時間。

至於「萬華戲園」，因其可考節目比例過低，很難一窺演出實況，不過，相對於「永樂座」成立初期與「新舞臺」的競爭關係，「萬華戲園」倒是與大稻埕二劇場維持著良好的節目交流關係。（見附錄二）

總的來說，此期稻、艋的商業劇場發展，已經明顯地從前期的二地平衡發展，轉變成大稻埕的獨領風騷，其中關鍵當然在於大稻埕市街日益繁榮下的「永樂座」創立。而商業劇場演出內容，此期也發生明顯的改變，即本地戲班明顯凌駕中國戲班而居商業劇場的主流位置。新興的娛樂形式——電影，此期也成爲「永樂座」的營運重點項目，而使得仍以戲曲演出爲主的「新舞臺」及「萬華戲園」漸失競爭力而日趨沒落。

附表四：中日事變前三劇場可考之節目內容（1924.2-1937.7）

	演藝內容	新舞臺	萬華戲園	永樂座	演出團體
中國戲班	京戲	11		9	含一班上海提線京班
	潮州戲		3	2	廣東老源正興班
	福州戲	5		1	福州新賽樂、舊賽樂、三賽樂
	廣東外江戲			1	潮州老榮天彩班
	泉州七子戲			1	泉州玉堂春班
	小計	**16**	**3**	**14**	
臺灣戲班	歌仔戲	6	1	6	臺南丹桂社、同聲樂、彰化賽牡丹、臺北霓生社、丹鳳社、新舞社等
	改良戲	1		1	藝術革新社
	白字戲			7	北投清樂園、新竹泉郡錦上花

[87]〈募資聘戲〉，《臺灣日日新報》，1925 年 12 月 14 日。

	採茶戲	1			
	京戲	2	1	5	桃園詠樂社、重興社、楊梅廣東宜人園、臺南金寶興
	小計	**10**	**2**	**19**	
電影				31	
上海文明戲			1	1	上海民興社
改良文明戲				1	
新劇		3	1	5	臺南共勵會、新光演劇研究會、民烽演劇研究會、鐘鳴演劇研究會等
日本新派劇			1	1	日本東京教化劇團
中國歌舞				1	上海梅花女子歌舞團
魔術		1			
總計		**30**	**8**	**73**	

製表：徐亞湘

（四）戰爭期三劇場之演出內容分析

中日事變後，臺灣進入戰時體制，日人開始推行皇民化運動，反應在商業劇場的是禁止「支那式」、臺灣式的戲劇演出，亦即藝人口中的「禁鼓樂」，與此同時，殖民政府謀思以皇民化劇全面替代臺灣戲劇而成為「本島人」唯一的戲劇「娛樂」。[88]

「新舞臺」於此期的演出情形雖然不明，但可以確定的是，原所屬的歌仔戲班新舞社，已順應時勢改名為新舞劇團，演出改良戲、皇民化劇。[89]而昭和十四（1939）年 4 月，「新舞臺」仍有被日人視為「不知是歌仔戲抑或是新劇的怪異戲劇」的演出紀錄。[90]

---

88 參見徐亞湘：〈試解「禁鼓樂」——一段戰爭期的戲曲命運〉一文。

89 吳紹蜜、王佩迪：《蕭守梨生命史》，（臺北：傳統藝術中心籌備處，1999），頁 28。新舞劇團的演出情形雖然不明，不過，據《民俗臺灣》1（6）的記載，該團曾與其他七團一同參加 1941 年 10 月於「永樂座」的「島民劇發表大會」演出。另，1943 年 2 月，亦見該團於「萬華戲園」的演出 10 天的紀錄。

90 〈在臺北上演的類似歌仔戲的本島劇？－於新舞臺－〉，《臺灣藝術新報》5（4），1939，第 76 版。

承繼前期電影放映的特色與傳統，事變初期「永樂座」的功能可以說是電影院而非劇場，觀察當時《臺灣藝術新報》的相關報導，「永樂座」在事變後的兩年間，皆以放映日本電影爲主。1939 年 7 月之後，則偏重新劇、皇民化劇的演出，（見附錄二）其中連續兩年由臺灣新劇聯盟主辦，在「永樂座」演出的「新劇藝能祭」（島民劇發表大會），爲當時新劇界的盛事。而昭和十八年（1943）9 月，被譽爲「臺灣新演劇運動黎明」的厚生演劇研究會的演出，更是臺灣戲劇史上的重要里程碑。[91]

此期「萬華戲園」可考的節目僅見昭和十七至十九年（1942-1944）的新劇、皇民化劇演出，如大臺北、明光、日月、鐘聲、高砂、菊、光、三和、日光、新舞、新進、日活、新高、國風、富士、瑞光、南進座、松竹、嘉義國民座、鳳凰舞臺、明華、藝峰、南旺、麗明、日東、勝美、茗溪、明春、新聲等幾乎是全島的新劇團，[92]皆曾在此演出。

綜觀此期臺北市的商業劇場，因伴隨著皇民化運動的全面開展，戲劇開始被納入總動員體制，戲曲因爲被認定不足以擔負起時代責任且有違皇民化精神而被禁演，於是符合政治正確、反映戰爭時局的電影及新劇、皇民化劇遂成爲此期三劇場主要的演出內容。雖說如此，這些內容或多或少仍抒解了在戰爭陰影下人民沉重的心理壓力。

五、三劇場之管理與經營

（一）劇場所有者多為地方商紳

劇場從籌備、興建到落成，所需資金不貲，通常發起人及股東多爲財主或地方仕紳階級之有力人士，[93]除了紳商辜顯榮以獨資買收「淡水戲館」之外，觀察「艋舺戲園」及「永樂座」的股東結構莫不是如此。

---

[91] 石婉舜：《林摶秋》，（臺北：國立臺北藝術大學，2003），頁 107-116。

[92] 參見呂訴上：《臺灣電影戲劇史》，頁 318-325。

[93] 邱坤良：〈臺灣近代戲劇／電影發展與其互動關係—（1）臺北永樂座為中心〉，《民俗曲藝》131（2001），頁 184。

如「艋舺戲園」的發起人林添進爲當地舊街保正，大股東吳昌才爲艋舺區長，歐陽光輝爲艋舺富商、萬華信用組合副組合長。而「永樂座」的諸位發起人及股東，更都是稻江信用組合前後任的主要幹部，資財都相當豐厚，如首任社長謝汝銓曾任該組合的副組合長，發起人之一的簡阿牛曾任理事，首任取締役張清港曾任專務理事、陳天來曾任理事，首任監查役郭廷俊[94]、楊潤波[95]等曾任理事，而「永樂座」座落處原爲吳文秀舊宅，吳在當時也是稻江信用組合的理事之一，可見「永樂座」整個發起、籌建過程的人事，主要反映的是以稻江信用組合領導階層爲主的紳商結構。

（二）營運模式

日治時期臺北市的劇場組織型態，有獨資及合股集資的株式會社兩種，「新舞臺」屬辜顯榮獨資所有，而「淡水戲館」、「艋舺戲園」與「永樂座」則爲株式會社的合股組織。當時劇場主要提供戲班或聘戲組織租賃之用，而其中又可區分自營及委託經營兩種方式。

1、劇場自營

自營即是劇場代表人招聘戲班來演，或戲班，或聘戲組織直接與劇場代表人接洽演出事宜，約定檔期、租金或票房獲利比例分配等權利義務關係，劇場代表人可視戲班的知名度、號召力，決定與戲班或聘戲組織採取何種「合作」方式，或純粹收取租金，不用爲上座率擔心，或是按照票房收益比例拆帳，分享或承擔演出結果。

自營的情形僅見於獨資型的劇場「新舞臺」，因主人辜顯榮有豐厚資產，所以在營運損益上較無壓力，當然，這也因此少了像株式會社般須爲股東們利益負責的壓力。長期以來，「新舞臺」的營運多採取出租

[94] 郭廷俊後曾任稻江信用組合長、臺北商業會副會長。見林進發編：《臺灣官紳年鑑》，（臺北：民眾公論社，1924），頁15-16。

[95] 楊潤波之前曾任臺北貿易協會（1921）及其後改組之臺北移輸入同志會（1922）會長。見趙祐志：《日據時期臺灣商工會的發展（1895-1937）》，（臺北：稻鄉出版社，1998），頁16。

檔期給戲班或聘戲組織的方式收取一定的租金，當時稱爲「包稅」。[96]昭和五年（1930）左右，「新舞臺」的實際管理者爲辜顯榮的義子楊甘，劇場大小事宜皆由其一人負責，後來，楊甘還組織起一歌仔戲班——新舞社。[97]

2、委託經營

委託經營則是劇場經營者將劇場的經營權，或數月，或一年，開放出租予人，收取一定金額的權利金，戲班邀聘、節目安排、營運盈虧等皆由承租的個人或單位負責、承擔。對劇場而言，委託經營的方式可降低劇場所有人因戲劇專業不足而有的營運風險，而且，這也可確保其基本收益，對股東們有所交待。

委託經營的情形多見於株式會社型組織的劇場，如「永樂座」（全名「株式會社臺北永樂座」）。大正十二年（1923）底，「永樂座」舉行上樑儀式後發出通知，欲徵求承贌該劇場經營權者，「贌期最短。要四個月。如定贌全年。其價較廉云。」[98]後由永樂有利興行公司以一年一萬元得標。[99]爲標立特色及追求最高營運效益，該公司除委託時任臺北師範學校音樂教師的張福興，於日新町的「音樂研究事務所」教授十二名學生學習弦樂「以爲將來永樂座開臺特色之音樂」之外，[100]還參考上海各舞臺的經營辦法，遍邀上海名伶組樂勝京班來臺開演。[101]

除了檔期或經營權的租金、權利金之外，茶水的販賣權及劇場內部四周廣告看板的出租權，亦爲劇場的收入項目。如「永樂座」落成前，鄭水聲取得了三年的茶水專賣，[102]而廣告看板的出租，當時的《臺灣日日新報》亦有記載：

---

[96]〈戲有去志〉，《臺灣日日新報》，1909 年 10 月 12 日。

[97]〈新舞臺（下）〉，《臺灣日日新報》，1934 年 8 月 1 日。吳紹蜜、王佩迪：《蕭守梨生命史》，頁 17-27。

[98]〈永樂座劇場出贌〉，《臺灣日日新報》，1923 年 11 月 21 日。

[99]〈永樂座全年出贌〉，《臺灣日日新報》，1923 年 11 月 29 日。

[100]〈臺北通信・振興國有之音樂〉，《臺南新報》，1923 年 11 月 2 日。

[101]〈永樂公司招班〉，《臺灣日日新報》，1923 年 12 月 1 日。

[102]〈永樂座劇場出〉，《臺灣日日新報》，1923 年 11 月 21 日。後鄭水聲經營劇場「雙連座」（戰後曾改名為「大同戲院」，後又改回為「雙連戲院」）。

> 臺北市永樂町新築之永樂座劇場。工事大進。已竣十分之七八。座內四隅。亦如他劇場之例。留有廣告處。應各商店之需。現既有數店定位。或製大鏡或製綢帳。或以其所意匠者。其他如有希望速往磋商。始有好位云。[103]

3、聘戲組織

當時無論是中國或本地戲班到劇場演出，主要是靠自發性的合股聘戲組織所引介。而此前稱某某「茶園」，後稱某某「公司」的聘戲組織，通常由一個或幾個紳商發起，進行募股，待股株募齊後，再推派代表開始向劇場租借場地，邀聘戲班來演。若演出獲利不錯，還可再募新股，增加資本，以延長演出時間，獲致更高的票房收益，當然，因失卻新鮮感而致票房受挫的情形也所在多有。

聘戲組織的發起人多爲紳商，除了與他們有較佳的經濟能力之外，公眾形象、社會活動力及人際網絡等因素亦有著關鍵性的關係。如明治四十三年（1910），邀請上海天仙班來「淡水戲館」演出的聚樂茶園獲利後，欲增加新股，新股的發起人許炳榮和黃不黨，前者爲基隆的金銀細工商人，後者爲艋舺廈新街新和生餅店主人，當時報載「兩人素營商業。家資裕如。有名於商界。應募當不乏人也。」[104]

聘戲組織大多爲臨時組合的營利性組織，股東們因聘戲聚合，檔期結束戲班離去，組織也就解散。不過，也有的聘戲組織有朝向長期發展的事業企圖，[105]如由大稻埕商家所組的聯合茶園，就分別在明治四十五年（1912）、大正二年（1913）及大正八年（1919），聘請福建金福連、新福連陞合班、上海新勝班及上海鴻福班在「淡水戲館」（「新舞臺」）演出。而雅樂茶園也在 1918 年先後邀聘苗栗共樂園和香山小錦雲這兩個七子戲班至「新舞臺」演出。（參見附錄二）

聘戲組織的獲益與否，除了與該班的演員陣容、藝術良窳有關外，

---

[103]〈永樂座應人廣告〉，《臺灣日日新報》，1923 年 12 月 16 日。

[104]〈楓葉荻花〉，《臺灣日日新報》，1910 年 8 月 31 日。

[105] 此觀點得益於與石婉舜小姐之討論。

審美風向、宣傳行銷策略、整體經濟環境，[106]甚至是時局的變化，都與此有著或深或淺的影響。

4、座位與票價

當時三劇場的座位與上海各舞臺相同，乃以等次劃分，票價隨各等位而有所差別，晚近的對號入座方式尚未於此時出現。當時的觀眾席大致分特（頭）等、一等、二等、三等四種等位，或是一等、二等、三等三種等位，小孩及軍人享半價優惠，茶錢（茶代）則不含在票價之中，需另外付費。觀眾席除了一般客座之外，「淡水戲館」還設有包廂（包房）及記者席。[107]

因爲白天觀客較少，票價相對較夜戲爲低，以增加觀劇之誘因。而在來臺各劇種的中國戲班中，以上海京班的票價最高，福州戲班次之，泉州七子戲及潮州戲班又次之，這反映這些劇種的中國戲班在臺灣不同的評價及各自的競爭優勢。不過，一般說來，中國戲班在臺演出的票價皆較本地戲班爲高。如大正十三年（1924）上海聯和京班在「新舞臺」演出的日戲特等位爲一圓二十錢（一百錢＝一圓），同年隨後在「永樂座」開演的兩檔戲，南管白字戲班泉郡錦上花及本地京班臺南金寶興的日戲特等位皆爲三十錢，票價差距達四倍之多。[108]

5、演出時間

日治時期臺灣劇場的戲劇演出，一天演日戲及夜戲兩場，日戲的演出時間爲下午一點至五點，夜戲則爲六點、六時半、七點不等至十二點。當時臺北市三劇場的照明設備已經都使用電燈。

日夜兼演的情形在大正中後期成爲常態之前，因爲臺北市的都市化程度相對尚未成熟，進劇場觀賞戲曲演出也還沒有成爲市民的娛樂消費習慣，而日治後星期制的實施，僅星期日爲休息日，[109]所以，應聘來「淡

---

[106]〈募資聘戲〉，《臺灣日日新報》，1925 年 12 月 14 日。

[107]〈梨園開演〉，《臺灣日日新報》，1909 年 6 月 21 日。

[108] 徐亞湘：《日治時期中國戲班在臺灣》，頁 131-138 之表 12「日治時期各演藝團體之戲院演出票價表」。

[109] 呂紹理：《水螺響起——日治時期臺灣社會的生活作息》，（臺北：遠流出版公司，1998），頁 72-73。

水戲館」開臺的上海慶仙班，在考量當時社會的日常生活作息後，僅於星期天假日才日夜兼演，平日則只（能）做夜戲演出。[110]相對於上海及廈門這兩個發展較早、較快的都市，明治期及大正前期的臺北市商業劇場活動及觀劇人口，僅顯露初期發展的特色。無怪乎有時人發出廈門有戲園三座，觀客仍多，而臺北僅一間「淡水戲館」，尚難支持的感嘆。[111]

偶而遇有特殊原因及需要，日戲的演出時間有提早到早上或臨時停演的情形。前者如大正五年（1916）上海上天仙班於「新舞臺」演出，因遇大稻埕霞海城隍祭典遶境，特將日戲改到上午九時半至十二時半，[112]大正八年（1919）鴻福班在「新舞臺」的演出，也因為相同的原因而將日戲提早至上午八時至十二時。[113]至於後者，則好發於大正末上海京班來臺競演連臺本戲的時期，因排練下一本新戲或趕製機關布景所需，常常可見日戲停演的情形。[114]偶而亦可見因大稻埕茶商恭送來臺北之各宮廟媽祖金身，致使大正十三年（1924）在「萬華戲園」演出的潮州戲源正興班，因考慮到觀客會因此大量減少而決定停演日戲。[115]

當時因久雨不停致使道路泥濘、傳染病流行衛生安全考量、日本皇室成員崩逝、總督葬儀、劇場另有他用等原因，也常發生劇場節目不得不停止或取消演出的情形。前者如明治四十三年（1910）10 月在「淡水戲館」開演之上海天仙班，即因「連日雨天」停演；[116]其次，大正八年（1919）8 月，擬來「新舞臺」演出的上海天勝京班，因當時臺北市「惡性感冒」流行，因而轉往臺南演出；[117]第三，如大正天皇崩逝，「淡水戲館」一如「朝日座」、「榮座」等日式劇場，因「禁止歌舞音曲」而停演三日；[118]1919 年 11 月 3 日，臺灣第七任總督明石元二郎[119]葬儀，

---

[110]〈詠霓齣目〉，《臺灣日日新報》，1909 年 10 月 31 日。
[111]〈豈其然乎〉，《臺灣日日新報》，1906 年 12 月 18 日。
[112]〈新舞臺齣目〉，《臺灣日日新報》，1916 年 6 月 13 日。
[113]〈聯合茶園藝題〉，《臺灣日日新報》，1919 年 6 月 10 日。
[114]〈新舞臺劇目〉，《臺灣日日新報》，1924 年 10 月 16 日。
[115]〈萬華戲園劇目〉，《臺灣日日新報》，1924 年 10 月 20 日。
[116]〈楓葉荻花〉，《臺灣日日新報》，1910 年 10 月 6 日。
[117]〈支那優伶渡臺〉，《臺灣日日新報》，1919 年 8 月 14 日。《臺灣大年表》，頁 116。
[118]〈劇場停演〉，《臺灣日日新報》，1912 年 9 月 15 日。

臺北市內各劇場停演一天，以表敬弔之意；[120]最後，如1920年9月19日因「新舞臺」臨時組予「臺北有志作青木君宴會場」之用，由臺灣演劇公司所招之上海班，因而日、夜戲均停演。[121]

（三）宣傳與行銷

日治時期臺北市各劇場爲一商品化的競爭環境，尤其隨著來臺中國戲班的增多、本地戲班的興起、娛樂消費方式的趨於多樣，各戲園主或聘戲組織爲爭取觀眾，追求更高的票房利潤，於是各式各樣的宣傳行銷手法相繼出現。

1、宣傳手法

當時臺北市各劇場的宣傳，主要分靜態與動態兩種方式進行。

靜態的方式主要是透過報紙及戲單將演出訊息傳遞出去讓大眾得知。其中，報紙主要的訴求對象是知識階層，其中內容包括聘戲經過、戲班特色、演員介紹、演員照片、當日演出劇目、劇情介紹、各等位票價及劇評等，對戲曲演出有興趣的讀者可以從中得到充份翔實的演出資訊以供觀劇選擇、參考。而詳載當日演出資訊的戲單發送，則主要是針對於一般的市民大眾，通常是聘戲組織於演出當日顧人在人潮聚集處散發或請當地保正往下分送，這種宣傳方式雖然隨機，但只要數量相當，效果還是不錯。

至於動態的部分則是指踩街宣傳，在當時資訊不很發達的年代，這種宣傳方式深入到大街小巷，宣傳的範圍更廣、密度更高，效果也最大。一開始是用徒步的方式進行，通常是戲園聘顧一人或數人至市街鳴鑼告知當日戲班、戲齣、名角、減價消息等，或於大旗上書寫演出劇目並鳴鑼示眾；[122]也有讓演員乘人力車，成一列車隊，以鼓樂爲前導並持紅旗

---

[119] 明石元二郎，1864-1919.1.26，福岡縣人，男爵、第六師團長、陸軍大將，1918.6.6-1919.10.26任臺灣第七任總督，任內病逝於福岡，依遺言葬於臺北。

[120]〈演劇公司停演〉，《臺灣日日新報》，1920年9月19日。

[121]〈娛樂界之謹慎〉，《臺灣日日新報》，1919年11月3日。

[122]〈劇界競爭兩誌〉，《臺灣日日新報》，1914年3月1日。

數面，聲勢壯大地巡繞於街上，以廣為宣傳，招徠觀客；[123]後來條件更好的則是演員乘自動車遊街宣傳，並有專人用傳聲筒沿街說明演出訊息，並時有相關的促銷措施配合，如大正十年（1921）聘請上海如意女班來「新舞臺」演出的天仙茶園，就使該班全員乘自動車廣告，並沿街撒折價券五千張，拾得者可享定價之八折優惠。[124]

2、行銷策略

如何提供觀眾最大的誘因吸引他們進劇場看戲，是當時劇場經營者或聘戲組織在行銷策略運用上的思考基礎。在各式各樣的行銷手法中，以降低票價或送折價券最為常見也最為有效。通常減價的時機出現在戲班演出開始獲利之後，是聘戲組織一種「為酬各界之雅情」，對觀眾支持的答謝方式；[125]或是戲班演出上座率欠佳，於是降價以廣招觀客；或是戲班結束演出前酬報顧客的方法；或是兩班對臺競演時爭取觀眾的策略；或為大稻埕迎城隍等祭典時吸引觀劇人潮的方式。[126]另外，也有因為日戲的觀客過少，只針對日戲減價，以刺激上座率者。[127]

分贈招待券，也是招徠觀客的良策，1924 年 5 月，在「永樂座」演出的北投清樂園白字戲班，聘主見開演初期觀眾不多，為刺激觀劇人氣，於市街各處散發招待券數千張，只要付茶錢十錢即可自由看戲，果然，「數日來不獨滿座無自錐之地」。[128]

其次，為提高觀眾購票意願，聘主也紛紛提供各種購票的附贈品，如購買特等票、一等票的觀眾，即可以獲得戲班知名劇目劇照或知名女伶戲裝寫真一張；[129]另外，也有隨票贈送演出劇目曲譜者，如 1919 年上海天勝京班演出梅派新戲《黛玉葬花》時，聘主以「該曲本係前清名翰林樊增祥所編，詞意絕妙」，所以「全部印出。以供觀客熟覽。藉知

---

[123]〈新春劇界〉，《臺灣日日新報》，1916 年 1 月 12 日。

[124]〈天仙茶園開演〉，《臺灣日日新報》，1921 年 4 月 12 日。

[125]〈老源正興班大減價〉，《臺灣日日新報》，1919 年 7 月 23 日。

[126]〈聯合茶園劇目〉，《臺灣日日新報》，1919 年 6 月 11 日。由臺灣南北來大稻埕迎城隍的人，既滿足了宗教所求，亦常藉機購物、觀光或至北市劇場觀賞時興的戲曲演出。

[127]〈舞臺齣目〉，《臺灣日日新報》，1916 年 6 月 4 日。

[128]〈萬殊一本〉，《臺南新報》，1924 年 5 月 4 日。

[129]〈劇界改良〉，《臺南新報》，1924 年 6 月 22 日。

此中妙趣。」[130]1924 年上海樂勝京班在「永樂座」演出三本《三搜臥龍崗》時，觀眾如果直接向該座購買各等位入場券，也可以獲贈該劇「科白曲本及七音聯彈樂譜」一冊。[131]以曲譜爲購票贈品的行銷手法是很值得注意的，因爲這與贈送人人皆可賞玩、留念的「寫真」不同，這牽涉到一定程度的戲曲音樂專業，不是人人都有識譜的能力的，由此可見，當時許多臺灣的觀眾對京調已經相當熟悉，從而產生對曲譜的「需求」，才刺激聘主有這項「供給」。

除了贈品之外，聘主提供豐富實用性的獎品供觀眾抽籤，亦是當時有效招徠觀眾的方法。如大正十一年（1922）神木洋行臺北支店五週年慶，將在「新舞臺」演出的上海天勝京班包場五天，舉辦觀劇優待會，各等位觀客除了均有贈品之外，同時附有抽籤券一張，中頭彩者可得新式腳踏車，一等獎爲手錶，以下各等獎還有時鐘、毛巾、菓子等其他日用雜貨、化妝品數十種。此舉果然吸引大批觀客，以致「自開演以來，日夜滿座」。[132]

當時亦有商家與聘戲組織合作、互利的促銷手法，一方面商家藉戲劇演出促銷其新式商品，另一方面聘主也因商品的實用性高而喜見觀劇人潮的帶動，成立於清光緒元年（1875），現仍於迪化街營業的乾元藥行即是其中代表性的例子。大正中期，乾元藥行老闆陳茂通取得元丹販售的代理權，爲促銷推廣這項家庭與旅遊必備的新產品，於是把在「永樂座」演出的上海復和京班包場六天，除了降低票價之外，「凡入場觀劇者，特等則贈與元丹一大包，値金二十錢。其他一等、二等、並等，亦贈與元丹一小包，値金十錢。故觀劇者，不特入場料可廉，兼得家庭

---

[130]〈天勝班之劇目〉，《臺灣日日新報》，1919 年 12 月 6 日。

[131]〈永樂座藝題〉，《臺灣日日新報》，1924 年 3 月 26 日。聯彈，是海派連臺本戲演出盛行的一種同臺演員輪唱的演唱形式，無論是「五音」、「七音」、「九音」聯彈，「只是增加了些文場弦管樂器，如南胡、梆胡、四胡等等，陪奏的文場人員臨時在『大邊』擺設了座位演奏，唱的演員，廢除倒板、慢板，以快節奏的碰板二黄、流水及撥子對唱，每人一段，都要耍一個長腔，最後所有的演員齊唱最後一句『收住』。」（李浮生：《春申梨園史話》，頁 191）

[132]〈五週紀念觀劇會〉，《臺灣日日新報》，1922 年 6 月 7 日。

必備之元丹，其盛況可以野期。」[133]從後來滿園的人氣看來，此法確實達到了預期的目標。臺北市之外亦不乏其例，如大阪花香舖巴乳雪文（肥皂）的新竹代理店，爲擴大銷路，顧客如買其肥皂兩塊以上者，即送觀劇劵一張，可免費看「新竹座」臺北霓生社女優團的歌仔戲演出。[134]

另外，套票制度的實施及招本地藝姐與中國戲班合演也是當時刺激票房的利器。前者主要的訴求對象是團體，因購買一冊三十張的套票較零買便宜約三、四成，團體或眾人集資購票可享有相當的優惠；[135]而後者主要是看準藝妲本身的知名度，同來臺的中國戲班合演，業餘與專業同臺本身即具新聞性，慕藝妲之名而欲一探究竟的觀眾更是不在少數，如明治四十三年（1910）福州大吉陞班在「淡水戲館」演出時，即因招臺北藝妲合演而日日滿座。[136]

六、結語

總的說來，日治時期臺北市商業劇場的生成屬於一種非自發性的模式，亦即它並非是本地戲班隨著藝術條件的逐漸成熟，並配合著都市的興起而自然形成，

而是由對岸戲班來臺演出的刺激及劇場形式的直接植入所成。有趣的是，臺灣第一家專演中國戲曲的劇場「淡水戲館」是由日人集資而成，也因爲是日本殖民地之故，它並沒有承繼中國式「茶園」劇場的傳統，而是直接邁入現代化「新式劇場」的階段，這距離中國第一座新式劇場

[133]〈元丹與京班〉，《臺南新報》，1925 年 5 月 19 日。乾元藥行的商品促銷與戲劇活動結合可上推至 1916 年，當時上海上天仙班在大稻埕「新舞臺」演出時，乾元藥行即廣告凡是購買該店商品者，即可獲贈該班的觀覽卷一張。

[134]〈贈券觀劇〉，《臺南新報》，1926 年 3 月 25 日。

[135]〈戲園一班〉，《臺灣日日新報》，1921 年 6 月 3 日。套票的發行亦有針對個人者，如 1909 年福州大吉陞班在臺南「南座」演出時，就有一名婦人常客與園主商議，以 11 圓購買一個月份的夜戲一等位票券，當時該班夜戲一等位零買為 1 圓，一個月下來也要 30 圓，所以套票較零買的價格要便宜許多。

[136]〈茶園齣目〉，《臺灣日日新報》，1910 年 6 月 12 日。

——上海「新舞臺」的落成也僅僅不過一年的時間。[137]

劇場空間的增多刺激對岸戲班的相繼來臺演出，市民中劇場戲曲觀眾的數量及審美能力因而得以培養，甚至形成慣常的娛樂消費模式，而臺灣本地戲班也受此刺激而開始嘗試進入戲園內臺，對臺人於商業劇場的運作與熟悉亦有極大助益。

明治末期之「淡水戲館」，所有節目均為「支那」戲班所演的戲曲，大正期之後，本地戲班首先由七子戲率先進入內臺，本地京班隨之在後。不論是「支那」或本地戲班來「淡水戲館」演出，除了臺北民眾受惠之外，戲班之後的巡演，亦將演出輻射至臺北附近的衛星城鎮，如板橋、淡水、基隆等地，促進了區域整體戲曲生態的活絡。

臺北市商業劇場發展的初期，觀眾主要以經濟條件較佳的紳商學界為主，[138]一般市民還無習慣性的消費能力，後隨著都市化的腳步加快，市民經濟條件的提升，進劇場休閒娛樂才常為市民慣常的活動。發展到後來，各劇種的演出也都吸引及培養了不同的觀眾群體。由此可以看出，當時的戲曲觀眾有從少數而自然趨向於全面及分眾的情形。

「艋舺戲園」的落成，象徵著臺北市臺人主要聚落的戲曲平衡發展，而「永樂座」的設立，則不僅標誌著臺北市商業劇場的發展邁向成熟期，而且還反映出活動寫真（電影）此一更具市民性、普羅特質的新興娛樂形式，成為了市民的休閒主體。

考察當時臺北市三劇場的節目內容變化，的確能夠準確地反映出當時的娛樂風向，亦即「京班→歌仔戲→電影」這樣的變化軌跡。[139]而當時三劇場在營運行銷策略運用上的多樣性及靈活度，亦可看出在自由競爭的商業機制中劇場與社會的互動模式。

---

[137] 因「淡水戲館」為日資建成，其採新式劇場建築或受殖民母國日本的影響，據李浮生《春申梨園史話》（頁 34）記載，上海「新舞臺」乃參考日本歌劇院的建築藍圖所建。

[138] 〈優伶去矣〉，《臺灣日日新報》，1909 年 11 月 12 日。「臺北詠霓茶園所召上海等處男女班。……經本日停演。全部南下。是臺北紳商學界。又失去一娛樂機關。」

[139] 〈臺灣之劇界變遷　應時而趨向〉，《臺南新報》，1930 年 2 月 19 日。「方今文明日進。一般人心娛樂。多驅時勢之變遷。如我臺劇界。多由京班。而趨於歌劇。現已由歌劇而進入活動寫真。故我臺現在不論何處。皆流行影片。然臺灣人一般婦女。尤多趨中國之活動寫真。蓋以其風俗韻事。其他等類。」

透過對日治時期臺北市三個劇場的初步研究，我們得以一窺臺灣商業劇場發展從初始到成熟的過程，也瞭解到當時都會常民部分休閒娛樂的樣態及變化。今日臺灣的劇場生態，少了過去那種與生活緊密依存的庶民性與親切性，在回顧歷史的同時，當能給我們一點省思。

附錄一：臺北縣報・約束戲館及雜戲館章程

（明治三十四年七月廿四日縣報第二百八十九號抄譯）

第一條　如將戲館雜戲館欲爲建築改築增築變改須當詳具左開事項呈由所轄辨務署秉請本縣給領許可　但在現已施行臺灣家屋建築章程之地其構造須照該章程所定制限　一原籍住址職業姓名年齡出生地　二建築位置三地基以及建築物坪數以（六尺四方爲一坪）　四將建築物配置周圍餘地及與道路所關其幅員並四鄰在一町以內（以三百六十尺爲一町）之建築物等概爲畫示之平面繪圖　五所構造建築物繪圖及構造方法書　六如其改築增築變改等其所關各部之繪圖以及構造方法書　七所容觀客之一定員數　八竣工日期　九如其地基建築物係他人所有該所有者允諾之之契約字　十前各項外臨時所指定事項

第二條　戲館及雜戲館如其建築物周圍不留戲館十間（以六尺爲一間）以上雜戲館五間以上之餘地不給許可

第三條　戲館及雜戲館周圍之餘地須要常作平坦不可造設假山又池或又建築物以及其外障礙物件　但如鑿井水以備非常之用或又備置消防火災之器具不在此例

第四條　遵照第一條之構造既已竣工後若非呈由所轄辨務署稟報並請本縣檢查給領該證　不得使用

第五條　稟領建築改築增築變改等許可之後並無正實妥當之理由從峻工期翌日起經過三個月尚未峻工時或將其許可撤銷

第六條　如其許可證或又檢查證所記事項內有生異動或致毀損亡失定於七日以內呈由所轄辨務署稟請本縣換給或又再給　但該館如爲廢止當繳還該許可證以及檢查證

第七條　戲館及雜戲館應選適當通觀全館之位地設置警察官吏一人以上臨監之席　但臨監警察官吏臨時要求適應處所應供其席

第八條　戲館及雜戲館遵照所轄辨務署指定常備左開消防火災器具並

其應當使用夫工　一水龍或又龍吐水　二手提水桶　三貯水器　四梯子

第九條　戲館及雜戲館臨時派官查驗　如將其構造視爲危險或有害於衛生時即可命行改修或停止使用

第十條　如欲將戲館或又雜戲館供充其外聚會之用應當許具其發起人之原籍住址職業姓名年齡出生地目的（所開演事件）及時日等事二比連名預左開會三點鐘以前稟請所轄辨務署允准

第十一條　開演從日出時起至下午十一點鐘止此內限八點鐘間爲定但視爲於保安或又衛生有必要事宜有由所轄辨務署臨時制限該時限或又一時停止開演

第十二條　欲開演者將其原籍住址姓名開演日數開演時間進門錢（進館內觀戲之資）以及席費等一切費目並戲班姓名抄寫鑑扎所演戲名等一併詳具與館主連名預在開演一日以前稟請所轄辨務署允准　但視爲有必要事宜有諭繳該演戲腳本（所記演戲趣向之書）

第十三條　演戲間將擬爲官用徽章之物或使用或扮裝或因模擬出火煙火等樣演行火技除遵照第十二條　規定事項外尚具詳細繪圖並其製造方法書付後稟請所轄辨務署允准

第十四條　進門錢席費等一切費目應當揭示於門口或又館內容易觀覽處

第十五條　夜間開演中應用洋燈電氣燈或又瓦斯燈等若有容易接觸燈火處須當備置不燃質物之防觸器　但開演間館內不得爲暗黑

第十六條　開演間應當爲備非常事開放出入門口

第十七條　視爲關衛生有必要事宜有將於演館內販賣飲食物或爲限制或行停止

第十八條　開演間特禁左開所爲　一爲害治安或風俗之言行　二恰似談議政治之言行　三演行許可以外事項　四請求定額以外財物　五招入一定員數以外之客或又招客於不供客席之處　六招客入於戲臺或又戲房或使戲班出至客席

第十九條　視有該當十八條第一項乃至第三項所爲有臨監警察官史停止其演戲之幾分或又當日開演

第二十條　開演間應當清潔館內特如廁池每日灑掃兩回以上而撒布防臭藥劑

第二十一條　開演間觀客應當遵守事項概如左錄　一不得高談以及其外喧嚷妨礙他人　二不得濫上戲臺或又進入戲房或又徘徊花道（內地戲臺左右兩路之外尚有從外頭出入一路謂之花道）　三不得戴帽妨礙他人　四不得爲袒裼裸裎或爲手巾蓋面或爲類此不體面之所爲

第二十二條　遇有第二十一條內各項所爲即行制止而若不肯有諭爲退館

第二十三條　此章程規定以外關該業務遇有所轄辨務署　時命令應當遵守

第二十四條　關戲館及雜戲館構造等事館主抵當責關演戲之事　演主演戲者共抵其責

第二十五條　違背第一條第三條第四條第六條第七條第八條第九條第十條第十一條第十二條第十三條第十四條第十五條第十六條第十七條第十八條第十九條第二十條第二十三　或又不聽第二十二條勸止而不肯退館者處罰十曰以內拘留或又一圓九十五錢以內科金

附則　一從前業經架造戲館及雜戲館從實行本章程後至三年以內遵照第一條規定更爲稟請允准　但雖從來戲館及雜戲館如有視爲該位置不妥當或又其構造危險或又有害衛生有禁止使用或又猶豫應當時日諭行改修

附錄二：淡水戲館（新舞臺）、艋舺戲園、永樂座可考之節目一覽表（1909-1944）

日期	劇場名稱	演出類型	演出團體	備註
1909.9/20-1910.3/19	淡水戲館	京戲	上海慶仙班	1、該班應聘來臺為淡水戲館開臺演出。 2、1/14-29 該班赴新竹俱樂部開演，12/1 回淡水戲館演出。 3、原聘戲組織為詠霓茶園，1910 年 1 月該班自行以公義茶園自行於淡水戲館開演，1 月 14 日該班受聘赴基隆座演出 10 天，聘戲者為許炳榮所組之基隆茶園。3 月下旬該班更名為新詠霓班赴新竹開演。
1910.5/22 起-6/30	淡水戲館	徽戲、京戲	福州大吉陞班	1、該班自臺南、嘉義巡演北上，招有上海、北京名伶合演。 2、聘戲組織為嘉義大觀茶園。 3、稻江藝妲小寶蓮、郭鏡市等亦曾與該班合演。
1910.8/6-11/1	淡水戲館	京戲	上海天仙班	1、該班為大稻埕人詹金聲、艋舺人王德俊募股之聚樂茶園所邀，曾搭慶仙班之名角小羊猴、董勝奎兄弟亦有入股。 2、班中有名坤伶露蘭春。 3、9/13 該班改由「新盛茶園」所聘演。（股東許炳榮、章銘鏡、柯萬生等）
1910.12/10-1911.3/7	淡水戲館	京戲	上海老德勝班	該班為新詠霓班之改組，聘主為得勝茶園。
1911.6/24-7/16	淡水戲館	京戲	上海老德勝班	
1911.8/20-8 月底	淡水戲館	京戲	上海老德勝班	

1911.11 月中旬-11/29	淡水戲館	京戲	上海新福陞班	1、之前在宜蘭演出。2、武行由十齡童一行擔任。
1912.5/11-31	淡水戲館	京戲	上海老德勝班	後赴基隆、新竹等地演出。
1912.6-9	淡水戲館	京戲	福省金福連、新福連陞合班	1、聘主：聯合茶園 2、該班曾招艋舺藝姐筱阿惜、筱寶蓮合演。
1912.8/11-9 月下旬	淡水戲館	京戲	福連陞與三慶班合班	聘主：共樂茶園
1912.10/1-11 月	淡水戲館	京戲	上海老德勝班	班主王如正。
1913.1-3	淡水戲館	京戲	上海吉陞班	聘主：普慶茶園（艋舺人王德駿與上海女伶金月仙合股所組）
1913.4 月下旬-6 月下旬	淡水戲館	京戲	上海祥盛班	班主袁玉臣，該班曾招臺北藝姐鏡市、小寶蓮合演。後該班至淡水、板橋等地演出。
1913.9.22 起	淡水戲館	臺灣正劇	臺灣同仁社	班主高松豐次郎，演出《廖添丁》等劇。
1913.9/28-？	淡水戲館	京戲	上海新勝班	聘主爲聯合茶園，後該班至板橋演出。
1913.11/26 起一星期	淡水戲館	京戲	上海新勝班	後至淡水演出
1913.12/3	淡水戲館	七子戲	**四同春小麗園**	本地戲班
1913.12/18-1914.1/7	淡水戲館	京戲	上海新勝班	
1914.1/26（舊曆年初一）起	淡水戲館	七子戲	**臺南金寶興班**	1、聘主爲大稻埕念雲卿、陳紅合資之「泰春茶園」。 2、該班演員 29 名，能唱南北音調劇齣。
1914.4/28	淡水戲館	電影	臺灣同仁社	放映《日俄戰爭》及其他喜劇、悲劇。觀資一等位 20 錢、二等位 10 錢、三等位 5 錢。

1914.6-7	淡水戲館	京戲	某「支那」戲班	1、演出中曾穿插「女子奇術」。 2、因演員多與上海老德勝班同，故或為該班。
1914.11/13 起一週	淡水戲館	京戲	上海某女班	聘主為娛樂茶園，由上海坤玲十三紅、水上飄、金鳳英、月月紅、海桃紅等所組。
1915.7	淡水戲館	四平戲	**中壢兩班合演**	該班學「支那正音」，疑為中壢四平班大榮鳳、小榮鳳之合班。
1916.4/8-6/14	臺灣新舞臺	京戲	上海上天仙班	1、4/13 至 4 月下旬在臺灣勸業共進會第二會場演藝館演出。 2、6/21 起在臺南大舞臺演出。7/9 在鹿港演出。
1916.7/9-13	臺灣新舞臺	京戲	**桃園永樂社**	7/16 到基隆九份演出。
1916.7/24-8/3	臺灣新舞臺	京戲	上海上天仙班	後該班自基隆港歸閩。
1916.9/28-11 月	臺灣新舞臺	京戲	上海群仙女班	
1917.3/26-4/2	臺灣新舞臺	京戲	**桃園永樂社**	
1917.6/26-7/2	臺灣新舞臺	京戲	**桃園永樂社**	聘主為娛樂茶園
1917.7-8	臺灣新舞臺	京戲	上海群仙女班	
1918.2/23	臺灣新舞臺	魔術、雜技	日本奇術師「天華」一行	1、2 月 16 日來臺首演於臺北朝日座。 2、天華為天勝之大弟子。
1918.5/8 起	臺灣新舞臺	京戲	**桃園永樂社**	5/11 該班應臺北宏濟醫院落成演出。
1918.5/14-17	臺灣新舞臺	京戲	**桃園永樂社**	5/19 該班於彰化天公壇開演。
1918.5/23-5/25	臺灣新舞臺	電影		招待獅子牌齒粉愛用者之免費「活動寫真會」。
1918.6/12 起	臺灣新舞臺	戲法	中國鳳陽華	一行 20 餘人

			勝班	
1918.7/4-7月中旬	臺灣新舞臺	七子戲	**苗栗共樂園**	聘主爲雅樂茶園，該班後赴基隆、板橋等地開演。
1918.7 月下旬	臺灣新舞臺	京戲	**桃園永樂社**	聘主爲觀樂茶園。
1918.8/6-18	臺灣新舞臺	七子戲	**香山小錦雲班**	聘主爲雅樂茶園。
1918.9/18-10/20	臺灣新舞臺	潮州戲	老玉梨香班	
1918.10/29-11/17	臺灣新舞臺	七子戲	苗栗共樂園	
1918.11/19-12/23	臺灣新舞臺	京戲	上海鴻福班	聘主爲大稻埕鄭火心等人。
1918.12/24-1919.1/16	臺灣新舞臺	潮州戲	潮州老玉梨香班	聘主爲豔月茶園。
1919.1/18-24	臺灣新舞臺	京戲	**臺北鳳舞社女班**	該班爲桃園永樂社女班之改組。
1919.2/2-16	臺灣新舞臺	七子戲	**臺南金寶興班**	1、聘主爲遣興茶園。 2、因該班兼擅南管、外江，故演出中間穿插「京滬正音」。2/16 起兩天並與留臺之上海鴻福班合演。
1919.2/18-3/6	臺灣新舞臺	京戲	上海鴻福班	聘主爲福興茶園，3/6 起該班自行開演一天。
1919.3/7 起-4 月	臺灣新舞臺	泉州白字戲	泉州金成發、新梨金合班	聘主爲我亦樂茶園（大稻埕商家所組）。
1919.5/10-6 月	臺灣新舞臺	京戲	上海鴻福班	聘主爲聯合茶園（大稻埕商家所組）。
1919.6 月下旬之一週	臺灣新舞臺	泉州白字戲	泉州金成發、新梨金合班	聘主爲故能樂茶園。
1919.6/27-30	臺灣新舞臺	京戲	**臺北鳳舞社**	

1919.7/1-30	臺灣新舞臺	潮州戲	潮州老源正興班	聘主爲春風茶園，後該班赴淡水演出。
1919.8/2-5	臺灣新舞臺	京戲	**臺北鳳舞社**	
1919.10/26-12/21	臺灣新舞臺	京戲	上海天勝京班	1、班主石雲奎，該班 8 月底抵臺，因臺北三市街流行感冒，故先至臺南演出。 2、11/3 因明石總督葬儀，停演一天。 3、聘主爲遣興茶園。
1919.11/26-28	艋舺戲園	電影		有本島人辯士專門說明。
1919.11/30-12/6	艋舺戲園	京戲	**臺北鳳舞社**	
1919.12 月中旬	艋舺戲園	京戲	某外江女優	
1919.12/22-1920.1/13	臺灣新舞臺	潮州戲	潮州老源正興班	後該班赴淡水演出。
1919.12/22-24	艋舺戲園	京戲	上海天勝京班	
1919.12/27-1920.1.3	艋舺戲園	七子戲	**鹿港金慶德班**	
1920.1/9-19	艋舺戲園	七子戲	**苗栗共樂園、晉樂園合班**	聘主爲公益茶園。
1920.1/19-23	臺灣新舞臺	潮州戲	潮州老源正興班	
1920.1/25-2/17	艋舺戲園	潮州戲	潮州老源正興班	
1920.1/30-2 月初	臺灣新舞臺	京戲	**臺北鳳舞社**	
1920.2／18-3 月下旬	艋舺戲園	七子戲、京戲	**臺南金寶興班**	聘主爲解頤茶園。
1920.2/20	臺灣新舞臺	京戲	上海餘慶、	1、聘主爲平樂茶園（資本 2

（舊曆年初一）-4/17			天勝合班	萬元）。 2、後該班赴臺南演出。
1920.4/8-？	艋舺戲園	京戲	**桃園女優加大嵙崁大雅園班**	大嵙崁即今大溪
1920.4/30-5月初	臺灣新舞臺	七子戲、京戲	**臺南金寶興班**	
？-1920.5/7	艋舺戲園	雜技	中國奇術韓鳳山一行	
1920.5/18-6月上旬	艋舺戲園	潮州戲	潮州老源正興班	
1920.5/20-6/3	臺灣新舞臺	泉州傀儡戲	泉州傀儡班	聘主爲四靈（美）茶園。後該班往新竹、彰化等地開演。
1920.6/12-15	艋舺戲園	京戲	**臺北鳳舞社**	
1920.6/17-8/5	臺灣新舞臺	京戲	上海餘慶、天勝合班	聘主爲新平樂茶園。
1920.8/6-10	艋舺戲園	京戲	上海餘慶、天勝合班	後該班歸滬。
1920.8/12-10月中旬	臺灣新舞臺	京戲	上海天升班	1、聘主爲5月成立的臺灣演劇公司。 2、班中有名角張月亭、水上飄等，並演洋裝戲《拿破崙》。
1920.9/18-10/2	艋舺戲園	京戲	上海京津男女班與鴻福班合演	聘主爲和億茶園，後該班至基隆演出。
1920.10/11-13	艋舺戲園	皮影戲	？	報載該班來自「京都」，演出《風火山》、《走馬薦諸葛》、《王翦併合六國》全本等戲。
1920.10/28-11/4	臺灣新舞臺	京戲	上海京津男女班與鴻福班合演	聘主爲和億茶園，後該班赴基隆演出。
1920.11/15-	臺灣新舞臺	京戲	上海復勝班	聘主爲臺華演戲公司，

1921.1				班中有名坤伶崔金花。
1921.1/6-16	艋舺戲園	京戲	上海天升班	聘主爲賜成茶園，該班演畢後歸滬。
1921.1/22-30	艋舺戲園	京戲	上海復勝班	
1921.2/8（舊曆年初一）-4/11	臺灣新舞臺	京戲	京都三慶班	1、聘主爲平樂茶園。 2、該班演出《綠牡丹》、《鎗斃閻瑞生》等新戲，班中有名角元元旦、蓋三省、五歲紅等。 3、該班演出以全本戲、連臺本戲爲主，後該班赴基隆演出。
1921.3/19-4月初	艋舺戲園	潮州戲	潮州老源正興班	
1921.4/12-6/8	臺灣新舞臺	京戲	上海如意女班	聘主：天仙茶園（李青錢）
1921.6/10-7月	臺灣新舞臺	文明戲	上海民興社	聘主爲同樂茶園（孫吉祥等所組），首演劇目爲《暗夜槍聲》。
1921.6/9-25	艋舺戲園	京戲	上海如意女班	後南下新竹演出。
1921.7/13-17	艋舺戲園	京戲	上海如意女班	
1921.7/19-8/18	臺灣新舞臺	京戲	上海如意女班	聘主爲新平樂茶園。
1921.7-8	艋舺戲園	文明戲	上海民興社	演出期間曾至桃園演出一周，後該班南下新竹演出。
1921.8/2-4	艋舺戲園	京戲	**楊梅壢廣東宜人園**	演出《卸甲封王》、《烈女破腹驗花》、《包公案》等戲。
1921.8/19起	臺灣新舞臺	京戲	**桃園天樂社**	
1921.8/28-11/6	臺灣新舞臺	京戲	上海復勝、復興二班合演	該班後赴新竹演出。
1921.9/5-10	艋舺戲園	京戲	**桃園天樂社**	

1921.11/2-24	艋舺戲園	潮州戲	潮州老源正興班	
1921.11/25-12/4	臺灣新舞臺	潮州戲	潮州老源正興班	聘主爲萬安演戲有限公司，後該班赴新竹演出。
1921.12/14-1922.1/21	臺灣新舞臺	潮州戲	潮州老源正興班	
1922.1/28（舊曆年初一）-4/3	臺灣新舞臺	京戲	上海天勝京班	聘主爲辜顯榮之大和行。後該班往臺南大舞臺演出。
1922.3/4-27	艋舺戲園	南管白字戲	**北投清樂園**	有演員林炎生、林錦圳、楊玉雲、張萬陸等，後該班往基隆演出。
1922.4/12-18	臺灣新舞臺	京戲	**桃園天樂社**	
1922.4/19-5/3	臺灣新舞臺	南管白字戲	**北投清樂園**	後該班往宜蘭演出。
1922.4/19 起	艋舺戲園		**苗栗共樂園**	
1922.5/12-21	臺灣新舞臺	?	**臺中信樂天二班**	聘主爲合億茶園。
1922.5/30-7/5	臺灣新舞臺	京戲	上海天勝京班	
1922.7/6-14	臺灣新舞臺	雜技	中華民國大冒險奇術李有來一行	之前於臺北榮座及基隆開演
1922.7/27-8/18	臺灣新舞臺	南管白字戲	**北投清樂園**	演出《八角水晶印》、《翦羅衣》、《秦世美不認前妻》等戲。
1922.8/19-9/5	艋舺戲園	南管白字戲	**北投清樂園**	聘主爲怡樂茶園。
1922.8/24 起	臺灣新舞臺	改良白字戲	**苗栗共樂園**	
1922.8/29-9/6	臺灣新舞臺	京戲	**桃園天樂社**	

1922.9/21-10/30	臺灣新舞臺	改良白字戲	**苗栗共樂園**	
1922.11/5-28	臺灣新舞臺	京戲	上海醒鐘安京班	1、該班為復勝、復興合班之易名。 2、後該班赴中部演出一星期。
1922.12/7-19	臺灣新舞臺	京戲	上海醒鐘安京班	
1922.12-1923.1	臺灣新舞臺	文明戲	上海民興社	演出《恩將仇報》、**《廖添丁》**等戲
1922.12/20-25	艋舺戲園	京戲	上海醒鐘安京班	後該班赴林祖壽宅邸演出 6 天。
1923.1/1 起	艋舺戲園	京戲	上海醒鐘安京班	1 月中旬該班三分之二歸國，江華演戲有限公司另招新伶與留臺演員合組京都德勝班。
1923.1/19 起-2/13	臺灣新舞臺	福州戲	福州舊賽樂班	聘主為合和公司，該班強調機關布景。
1923.1-2	艋舺戲園	文明戲	上海民興社	演出《黑夜槍聲》、《張文祥刺馬》等戲。
1923.2/16（舊曆年初一）-5/8	臺灣新舞臺	京戲	上海京都德勝班	聘主為江華演戲有限公司。
1923.5/9-29	艋舺戲園	京戲	上海京都德勝班	
1923.6/1-18	臺灣新舞臺	京戲	上海京都德勝班	
1923.6/19-7/24	臺灣新舞臺	福州戲	福州舊賽樂班	後該班至基隆演出 3 週後回閩。
1923.7/25-8/15	臺灣新舞臺	潮州戲	潮州老源正興班	後該班至淡水演出。
1923.9/2	臺灣新舞臺	潮州戲	潮州老源正興班	

1923.9/11-18	臺灣新舞臺	白字戲	**新竹泉郡錦上花**	
1923.9/28-12月底	臺灣新舞臺	京戲	上海京都德勝班與聯興班合演	12/11 該班轉贌予義利茶園。
1923.10/20-10月底	艋舺戲園	改良白字戲	**苗栗共樂園男女班**	
1923.11/3	艋舺戲園	白字戲	**新竹泉郡錦上花**	
1924.1/1-15	艋舺戲園	京戲	?	
1924.1/1-31	臺灣新舞臺	福州戲	福州新賽樂班	聘主爲德和公司（鄭三妹、施福龍等人合組）
1924.2/5（舊曆年初一）-4/3	永樂座	京戲	上海樂勝京班	1、聘主爲永樂有利興行公司。 2、全班百名左右演員，名角有梁一鳴、趙君甫、賈春虎、葛華卿等，排演《三搜臥龍崗》、《狸貓換太子》等連臺本戲。 3、後該班赴基隆新聲館、新竹、臺中樂舞臺、臺南大舞臺演出。
1924.2/5（舊曆年初一）-5/19	臺灣新舞臺	京戲	上海聯和京班	1、排演《狸貓換太子》、《關公麥城顯聖》、《南海普陀山》等連臺本戲。 2、後該班赴新竹、臺中、臺南等地演出。
1924.4/16-5月	永樂座	白字戲	**北投清樂園**	班主陳培鎗。
1924.5	永樂座	電影		《黑暗大秘密》前篇 16 卷
1924.5/20-24	萬華戲園	京戲	**桃園詠樂社**	即艋舺戲園。
1924.5/25-30	臺灣新舞臺	京戲	**桃園詠樂社**	後該班赴基隆開演。
1924.5/31-	永樂座	白字戲	**新竹泉郡錦**	演出《狸貓換太子》等劇。

6/9			**上花**	
1924.6/6-7/10	臺灣新舞臺	福州戲	福州新賽樂班	該班赴基隆演出 10 天後歸閩。
1924.7 月中旬	臺灣新舞臺	白字戲	**新竹泉郡錦上花**	班中有小旦張水枝
1924.6/10-11	永樂座	京戲	**臺南金寶興班**	聘主爲永樂茶園。
1924.6/12	永樂座	白字戲	**新竹泉郡錦上花**	
1924.7/13	萬華戲園	潮州戲	潮州老源正興班	
1924.7/25-8/10	臺灣新舞臺	京戲	上海聯和京班	演畢回滬
1924.7/27-8/2	永樂座	潮州戲	潮州老源正興班	
1924.8/6 起	永樂座	京戲	**楊梅壢廣東宜人園**	聘主：勝利公司。
1924.8/25 起	永樂座	廣東外江戲	潮州老榮天彩班	聘主爲基隆連興公司。
1924.9/11-	臺灣新舞臺	京戲	上海復盛京班	聘主爲聯華演戲公司
1924.9	永樂座	電影	《臺灣日日新報》社	《老天無情》
1924.9	永樂座	改良文明戲		
1924.10/3-23	萬華戲園	潮州戲	潮州源正興班	
1924.10/8-11	永樂座	七子戲	泉州玉堂春班	
1924.11/2-6	永樂座	潮州戲	潮州源正興班	
1924.11/27-12 月	臺灣新舞臺	京戲	上海全和京班	

1924.11-12/1	永樂座	京戲	**桃園重興社**	
1924.12/19-1925.1	永樂座	白字戲	**某改良男女班**	
1924.12/22-1925.2	臺灣新舞臺	京戲	?	
1925.1/24 起	臺灣新舞臺	京戲	**桃園重興社**	
1925.1/24-5/24	永樂座	京戲	上海復和京班	1、4/10-11 東京新派劇教化劇團演內臺人融合劇《難破船》、《鄭成功》、自治宣傳劇《再生之日》、討蕃史猛國劇《佐久間總督》等戲。 2、4/29-5/3 放映電影五本《天無情》等，《天》片當時報載爲「本島最初出世之寫真」。 6、5/19-24 的演出爲乾元藥行包演。
1925.4/12	艋舺戲園	東京新派戲	教化劇團	
1925.4.29-5.3	永樂座	電影		臺人拍攝宣傳臺灣固有風光之劇情片五本《天無情》。
1925.5.8 起	永樂座	京戲	?	
1925.5 月底	永樂座	白字戲	?	
1925.6/6 起	永樂座	電影		西洋偵探劇《魔的手》36 卷。
1925.6/20-7 月	臺灣新舞臺	提線京戲	上海提線京班	1、聘主爲義和公司。班中有名琴師徐蓮玉。 2、後該班南下板橋、彰化、嘉義、臺南等地演出。
1925.7/1- 中旬	永樂座	京戲	京調女班	
1925.7/19 起	永樂座	白字戲	**某改良白字男女班**	
1925.9	永樂座	電影	臺灣映畫研究會	《誰之過》，男主角劉喜陽，女主角連雲仙（藝妲笨掃

				乖）。
1925.9/19	臺灣新舞臺	採茶戲	**某客家改良戲班**	班主蔡阿榮。
1925.10/6	臺灣新舞臺	魔術	？	
1925.10	臺灣新舞臺	新劇	**星光演劇研究會**	《終身大事》、《母女皆拙》、《你先死》、《芙蓉劫》、《火裡蓮花》。
1926.1/1	永樂座	潮州戲	潮州源正興班	演出《雙花轎》、《乾隆遊湖南》等戲。
1926.1/1 起	臺灣新舞臺	京戲	上海復順京班	1/11-14 該班藝員抱病過多停演 4 天。
1926.2/13-5 月中旬	臺灣新舞臺	京戲	上海慶昇京班	1、聘主為大新演戲有限公司（股主有辜顯榮、林嵩壽、陳梏頭、林新丁等）。 2、3 月起該班自合股份並減去藝員 10 餘人自行開演。 3、該班以演連臺本戲《飛龍傳》聞名。
1926.2/13-4/15	永樂座	歌仔戲	**臺南丹桂社**	全班男女演員 70 餘名，後該班回臺南大舞臺演出。
1926.2/13-3 月初	萬華戲園	潮州戲	潮州源正興班	
1926.4/1-22	永樂座	新劇	**星光演劇研究會**	演出社會劇《終身大事》，並加有喜劇、人情劇及最流行音樂數種。
1926.5/14-20	永樂座	京劇	上海慶昇京班	後該班赴竹東演出。
1926.6/8-7 月上旬	臺灣新舞臺	京劇	上海慶昇京班	1、聘主為蔡悌、邱木等人。 2、6/29-7/1 該班應林本源三房林忠之聘，於港町其邸演戲祝其結婚。
1926.6 月中旬	永樂座	歌仔戲	**同聲樂男女團**	
1926.7/11-8/10	永樂座	京劇	上海慶昇京班	聘主為日新演劇公司(陳天來等所組）。

1926.8 月初	臺灣新舞臺	歌仔戲	**臺北霓生社**	8/10 該班往大甲開演。
1926.8/11-9 月上旬	臺灣新舞臺	京劇	上海慶昇京班	9/11 該班赴基隆新聲館演出。
1926.8/11 起	永樂座	文明戲	上海民興社	
1926.8/17-21	永樂座	電影		《兒孫福》10 卷 加映《拿破崙》全 7 卷
1926.8 月下旬至 9 月 15 日	永樂座	文明戲	上海民興社	
1926.9 月中旬	萬華戲園	文明戲	上海民興社	後該班赴臺南大舞臺演出。
1926.9/13-15	永樂座	新劇	**臺北星光演劇研究會**	演《馬介甫》、《金色夜叉》、《火裡蓮花》等。
1926.9/16 起	永樂座	京戲	上海四得陞京班	
1926.10/1-12/3	永樂座	京戲	乾坤大京班	1、該班爲舊四大京班（四得陞班）加上新聘藝員 10 餘人所組。 2、後該班赴新竹共進會、基隆等地演出。
1926.10.2	臺灣新舞臺	新劇	**臺北博愛演藝研究會**	《情海濤前篇》10 幕
1927.1/1-2 月中旬	臺灣新舞臺	福州戲	福州舊賽樂班	聘主爲平和公司(臺北市福州僑民合股所組)。後該班南下臺中、臺南等地演出。
1927.1/1	永樂座	白字戲	?	
1927.2/2-3 月	永樂座	京戲	乾坤大京班	聘主爲日新演劇公司。
1927.3	臺灣新舞臺	臺灣改良戲	?	
1927.4	永樂座	歌仔戲	**中部某班**	
1927.5/18-31	永樂座	改良戲	**藝術革新社**	1、說白用臺灣語，戲齣有採自官音者，亦有採自福州平講戲者。 2、後該班往新竹開演。

1927.5	永樂座	新劇	**星光演劇研究會**	為慈善機構「愛愛寮」籌建寮舍演出，加演《金色夜叉》一劇。
1927.5	艋舺戲園	新劇	**星光演劇研究會**	為慈善機構「愛愛寮」籌建寮舍演出，演出《金色夜叉》、《愛情是神聖的》等劇。
1927.6/1	臺灣新舞臺	福州戲	福州舊賽樂班	
1927.6 月中旬	永樂座	歌仔戲	**霓生社女班**	
1927.6/23 起	永樂座	電影	中國影戲公司	《西遊記》
1927.6/27	永樂座	電影	啓明影戲公司	《孟姜女萬里尋夫》
1927.7/2-15	永樂座	福州戲	福州三賽樂班	後該班往中南部巡演。
1927.8/20	永樂座	電影	啓明影戲公司	《兒孫福》
1927.10	永樂座	電影	？	《蓮花庵》
1927.12/21	永樂座	電影	？	《空谷蘭》
1928.1/1-10	永樂座	新劇	**新光演劇研究會**	演出 10 天，有《黃金與美色》等劇。
1928.1/1	萬華戲園	改良歌仔戲	**臺南丹桂社**	
1928.1/1	臺灣新舞臺	福州戲	福州三賽樂班	
1928.1	永樂座	新劇	**星光劇團**	該團為星光演劇研究會之更名，演期 10 天。
1928.1/23 起-5 月	永樂座	京戲	上海慶興京班	該班為慶昇京班之改組。
1928.2	永樂座	電影	啓明影戲公司	《和平之神》、《復活的玫瑰》、《蔣介石北伐記》。
1928.3	臺灣新舞臺	歌仔戲	**臺南丹桂社**	
1928.5/24-2	永樂座	電影		西洋人情活劇《久遠之輝》全 5 卷、為情犧牲骨肉悲劇《紅

7				蝴蝶》全12卷
1928.6.5	永樂座	電影		如《荒獅子》5卷、《虛榮誤》（別名《工人之妻》）9卷
1928.6/9-12	永樂座	電影		神秘劇《海神之娘》5卷、中國社會人情悲劇《棄兒》（又名《骨肉重圓》）9卷
1928. □/17-20	永樂座	電影		後篇《紅樓夢》，加映喜劇
1928.8	臺灣新舞臺	京戲	上海慶興京班	
1928.8/24 起	臺灣新舞臺	新劇	**臺南黎明社**	該班藝員「皆新劇老練者」，「且布景機關接備」。該班前月中旬在臺南演出。
1929.1/5 起三週	臺灣新舞臺	福州戲	福州新賽樂	聘主為華商南北平和公司。
1929.6/21-25	永樂座	歌仔戲	？	
1930.1/30-3月	臺灣新舞臺	京戲	上海永勝和京班	該班由曾來臺之上海名伶張德俊組織。後該班赴臺南、臺中、豐原、彰化等地巡演，最後在彰化散班。
1930.3	永樂座	電影	百達影片公司	《血痕》8卷，製作及編導為張雲鶴，主角有藝妲阿罔（張如如）。
1930.4/26-29	永樂座	電影		《火燒紅蓮寺》」五集
1930.8/27-9/3	永樂座	電影	良玉公司	上海民新公司《木蘭從軍》前後篇。
1930.9.3	臺灣新舞臺	開幕式	大同促進會	
1931.3.7 起	永樂座	電影		《火燒紅蓮寺》13集
1931.4/10-12	永樂座	電影		愛情悲劇《碎琴樓》
1931.6/28-7/6	永樂座	電影	良玉公司	放映中國電影《碎琴樓》」、《桃華村》前後篇。
1931.8.23	永樂座	告別式		蔣渭水之告別式
1931.9.17 始	永樂座	電影	樂多利電影	由詹天馬、王雲峰二人所組。

			社	
1931.9	臺灣新舞臺	京戲	?	
1932.2/6 起	永樂座	電影	巴里影片公司	《桃花泣血記》等
1932.4/4	永樂座	電影		日片《戀愛與義務》
1932.7	永樂座	戲曲	?	
1932.7/27	永樂座	電影	天馬映畫社	《關東女俠》
1932.9	永樂座	歌仔戲	**臺北丹鳳社**	演至 9/30
1932.11.23-24	永樂座	電影	巴里影片公司	《寶石女賊》10 卷
1933.1/11-12	臺灣新舞臺	文士劇	**臺南共勵會**	演《暗夜明燈》、《復活的玫瑰》、《人格問題》、《破滅的危機》、《人生百態取中庸》等劇。
1933.2/18 起三天	永樂座	電影	良玉影業公司	《怪紳士》7 卷，演員有王雲峰、紅玉、藝妲金鑾等。
1933.4/1-7	永樂座	電影		上海民新影片公司《梅花落》33 卷。
1933.4/10	永樂座	電影		上海民新影片公司《梅花落》最終篇。
1933.8/19-22	永樂座	新劇	**民烽演劇研究會**	演出四天，演出劇目有《飛》、《原始人的夢》、《一美元》、《國民公敵》。
1933.8/25	永樂座	電影	臺灣電影製作所	《吳鳳》
1934.2.18	萬華戲園	會議	艋舺信用組合臨時總會	
1934.11	永樂座	新劇	**鐘鳴演劇研究會**	演《父權之下》、《愛情是神聖的》、《復活的玫瑰》、《黑籍冤魂》、《火裡蓮花》、《情何必死》、《新聞記者》等劇。
1935.9.27	臺灣新舞臺	歌仔戲	**賽牡丹**	全班 60 餘名，班主呂深圳（呂訴上之父）。
1935.10/18 起	永樂座	歌舞	上海梅花女子歌舞團	演員有嚴斐、葉英、葉紅、久志孃、趙美珍、嚴學秋、張影、

				徐萊、歐陽飛莉等。
1935.11/2-12 月	永樂座	京戲	上海天蟾大京班	聘主爲臺博演劇公司(大稻埕棉布商鄭當權等)。班中有名角蔡英傑、王麗雲等,演出《西遊記》等連臺本戲。後該班赴臺南戎座演出。
1936.1/24	永樂座	京戲	上海天蟾大京班	
1936.10.17-18	永樂座	藝妲戲	大稻埕檢番之藝妲	鶯鶯等二十餘名
1936.12/1	臺灣新舞臺	歌仔戲	?	
1937.3	臺灣新舞臺	歌仔戲	**新舞社**	該班有演員鄭德貴、吳傳年等。
1938.1/17	永樂座	電影	第一映畫製作所	所長爲吳錫洋(陳清波之甥)。放映《望春風》,臺語對白,藝妲幼良有參與演出。
1938.8	永樂座	電影	第一興行公司	代表人吳錫洋。
1938.9	永樂座	電影	第一興行公司	放映《熱風》、《間諜》等 6 部。
1938.10	永樂座	電影	第一興行公司	放映《征服南海》等 8 部。
1938.10	永樂座	皇民化劇	中壢國民新劇團	
1938.11	永樂座	電影	第一興行公司	1、放映《月光曲》等 9 部。 2、11/7-8 第一興行公司創立二週年,聘川□文子孃一行演出。
1938.12	永樂座	電影	第一興行公司	放映《月光曲》、《青春萬才》等 8 部。
1938.12/13-14	永樂座	歌舞	東京少女歌劇團	一行有奈良欲子、正木正子、一條米子等五十餘名。
1939.1	永樂座	電影	第一興行公司	放映《吾亦紅》、《武道千一夜》等 10 部。
1939.2	永樂座	電影	第一興行公	放映《冬之宿》等 15 部。

			司	
1939.3	永樂座	電影	第一興行公司	放映《望鄉》等 15 部。
1939.4	臺灣新舞臺	新劇	?	被批評爲歌仔戲包裝的新劇演出。
1939.4	永樂座	電影	第一興行公司	放映《兵學校的花形》等 14 部。
1939.5	永樂座	電影	第一興行公司	放映《大空地獄》、《沼津兵學校》等 11 部。
1939.6	永樂座	電影	第一興行公司	放映《忠武藏》、《上海陸戰隊》等 9 部。
1939.7	永樂座	新劇	九份「瑞光劇團」	1、該團第一回試演。 2、該團演出被批評爲歌仔戲包裝的新劇演出。
1940.10/15-16	永樂座	新劇	星光新劇團、東寶新劇團、高砂新劇團、廣愛新劇團	臺灣新劇聯盟爲慶祝「皇紀二千六百年」舉辦之「新劇藝能祭」活動,「星光」演出《黎明之家》、「東寶」演出《新出發》、「高砂」演出《月的潮渦》(防諜劇)、「廣愛」演出《守吧!國旗》
1941.10/25 起八日	永樂座	新劇	臺北「東寶劇團」、瑞光劇團、高砂劇團、臺北「星光劇團」、大和劇團、臺南「國風劇團」、臺南「廣愛劇團」、新舞劇團(依演出順序排列)	1、臺灣新劇聯盟舉辦之「新劇藝能祭」活動(又名「島民劇發表大會」)。 2、東寶劇團爲臺灣演劇株式會社所組織。
1942.1/27	永樂座	新劇	臺北「星光新劇團」	
1942.2/20	永樂座	新劇	帝蓄歌劇團	

1942.3/2-4	永樂座	新劇	東寶新劇團	演出吳漫沙小說改編之社會劇《女性哀歌》(又名《月夜愁》)。
1942.12/3	萬華戲園	新劇	大臺北劇團	
1942.12/9-21	萬華戲園	演劇	明光劇團	
1942.12/22-28	萬華戲園	新劇	日月新劇團	
1943.1/5-10	萬華劇場	新劇	臺北「鐘聲新劇團」	
1943.1/11-18	萬華劇場	新劇	菊劇團	
1943.1/19-10	萬華劇場	新劇	高砂劇團	日人南保信領導，爲基隆皇風文藝協會專屬劇團，並爲皇民奉公會指定之演劇挺身隊。
1943.1/24-31	萬華劇場	新劇	三和劇團	
1943.2/1-10	萬華劇場	新劇	日光劇團	
1943.2/11-20	萬華劇場	新劇	新舞劇團	前身爲歌仔戲班新舞社。
1943.2/21-28	萬華劇場	新劇	新進劇團	
1943.3/1-10	萬華劇場	新劇	明光劇團	
1943.3/17-21	萬華劇場	新劇	日活劇團	
1943.3/22-31	萬華劇場	新劇	新高劇團	
1943.4/1-5	萬華劇場	新劇	南進座	日人十河隼雄領導，爲皇民奉公會指定之演劇挺身隊。
1943.4/6-10	萬華劇場	新劇	人形日本時代劇團	
1943.4/10-21	萬華劇場	新劇	國風劇團	該團即事變前臺南「丹桂社」之改組，1940 年 9 月 14 日開試演會。
1943.4/23 起	萬華劇場	新劇	日月劇團	

1943.5/1-7	萬華劇場	新劇	新進劇團	
1943.5/11-20	萬華劇場	新劇	光劇團	班主歌仔戲藝人蕭守梨。
1943.5/21-31	萬華劇場	新劇	富士劇團	
1943.6/1-7	萬華劇場	新劇	瑞光劇團	
1943.6/9 起	萬華劇場	新劇		
1943.6/17-24	萬華劇場	新劇	南寶劇團	
1943.6/18	永樂座	新臺灣音樂研究會	新臺灣音樂發表會	以漢洋樂器合奏改編舊有之漢樂曲目。
1943.6/26 起	萬華劇場	新劇	高砂劇團	
1943.7/2-10	萬華劇場	新劇	松竹劇團	
1943.7/11 起	萬華劇場	新劇	嘉義國民座	
1943.7/17	永樂座	新劇	第一回青年劇發表會	
1943.7/22-31	萬華劇場	新劇	大臺北劇團	7／31 演《林則徐》前中後篇。
1943.8/1 起	萬華劇場	新劇	鳳凰舞臺	
1943.8/11-20	萬華劇場	新劇	昭南劇團	
1943.8/21-9.1	萬華劇場	新劇	明華新劇團	班主陳明吉，該團即戰後之「明華園」。
1943.9/2-10	萬華劇場	新劇	南進座劇團	
1943.9/11 起	萬華劇場	新劇	藝峰劇團	
1943.9/21 起	萬華劇場	新劇	鐘聲劇團	
1943.10/12 起	萬華劇場	新劇	南旺劇團	基隆的劇團，此年呂訴上曾爲該團導演《女人的誓》，戰後宜人京班名青衣李純蓮當時即在此班。
1943.10/26 起	萬華劇場	新劇	麗明劇團	

1943.11/1 起	萬華劇場	新劇	日東劇團	
1943.11/11 起	萬華劇場	新劇	松竹歌劇團	
1943.12/4 起	萬華劇場	新劇	臺北日活劇團	
1943.12/11 起	萬華劇場	新劇	大臺北劇團	
1943.12/23 起	萬華劇場	新劇	鐘聲劇團	
1943.9/2-9	永樂座	新劇	厚生演劇研究會	演出《從山上看街市燈火》、《閹雞》、《高砂館》、《地熱》等四齣。
1944.1/26 起	萬華劇場	新劇	勝美劇團	該團即事變前本地京班廣東宜人園之改組，班主葉國道。
1944.2/2 起	萬華劇場	新劇	茗溪劇團	
1944.2/9 起	萬華劇場		新臺灣音樂	
1944.2/23 起	萬華劇場	新劇	明春劇團	
1944.3/4 起	萬華劇場	新劇	國風劇團	
1944.3/13 起	萬華劇場	新劇	新聲劇團	

製表：徐亞湘

◎資料來源：

呂訴上，《臺灣電影戲劇史》，臺北：銀華出版部，1961。

邱坤良，〈臺灣近代戲劇／電影發展及其互動關係——以臺北「永樂座」為中心〉，《民俗曲藝》第 131 期，2001。

徐亞湘，《日治時期中國戲班在臺灣》，臺北：南天書局，2000。

徐亞湘主編，《日治時期臺灣報刊戲曲資料彙編》(1-5)，宜蘭：國立傳統藝術中心，未出版。

葉龍彥，《日治時期臺灣電影史》，臺北：玉山社，1998。

臺灣經世新報社，《臺灣大年表》，臺北：南天書局，1994。

從廣東宜人園到宜人京班

——一個本地京班的歷史考察兼論京劇在臺灣之在地化問題

一、前言

臺灣京劇史研究近年來成績頗有突破，筆者之《日治時期中國戲班在臺灣》、王安祈教授之《臺灣京劇五十年》及《當代戲曲》等書的完成，加上顧正秋、胡少安、周正榮、徐露、李金棠等名伶的傳記出版，隱約串起了從日治到當代的臺灣京劇發展史，不過，其中仍有許多有待補足、釐清的部分需要我們持續的努力，以建立更為豐富、實證的相關論述供未來臺灣京劇史書寫之用，而日治時期及戰後初期的臺灣本地京班研究即是其中一個重要且關鍵卻又一直乏人關注的課題。

本文以日治時期之廣東宜人園及戰後營運至民國五十年（1961）的宜人京班此一延續性之本地京班為論述對象，該班無論在營運的時間跨度、本地京劇演員的訓練、本地京劇觀眾的養成以及對臺灣戲曲生態的影響等方面，皆極具意義，可以說是研究臺灣本地京班發展與變遷最具代表性之例。可惜關於該班的文獻資料僅見二外省京劇愛好者李獻廷〈宜人京班所走的路線〉[1]、徐瑞雄〈由本省人組演平劇的宜人京班〉[2]及筆者〈寶島第一京班——被遺忘的「宜人園」〉[3]等三篇介紹性文字，本文透過日治及戰後報刊資料的運用及對該班藝人長期的口述訪談，[4]希

---

[1] 《臺灣新生報》，1960 年 4 月 29 日。

[2] 《新萬象》第 12 期（1977），頁 64-68。作者徐瑞雄為廣東宜人園第一代演員徐本火之子。

[3] 《表演藝術》第 28 期（1995），頁 50-52。

[4] 筆者對宜人京班的關注始自 1995 年進行桃園縣戲曲團體普查時，當時訪問了申膺妹、羅秀鑑及徐仁光等三個不同世代的廣東宜人園、宜人京班演員，2004-2005 年筆者因執行國科會專題研究計畫之故，又陸續訪問宜人京班班員及相關人士如李建璜、李純蓮夫妻、李玉蓮、徐仁光、巫鳳貞夫妻、蔡伯崑、黃金枝、陳勇、劉碧雲夫妻、王桂蘭、張文聰、何維雄、葉佐彥、張富椿、劉秋菊等人。

冀對既有文獻資料予以補充、釐清及豐富。

本文撰述的目的不僅僅在於建立一戲班史，更希望達到的是對於京劇「移植」到臺灣之後如何「內化」的過程以及本地京班在面對上海京班、外省京劇藝人、戲班及軍中京劇團的競爭時存在著何種的回應、互動或合作關係的觀察與探討。是故，本文的論述架構先以歷史時間爲軸，先探討日治時期的廣東宜人園及戰後的宜人京班在組織營運、戲師、演員、劇目、演劇文化等方面的考察，繼則與臺灣戲曲史相關研究結合，探討彼時京劇在臺灣在地化的諸多問題，以及該班於文化史上的意義，並總結全文提出進一步的觀點。

二、日治時期的廣東宜人園

廣東宜人園是日治時期臺灣最重要的本地京班之一，雖然當時有超過十個以上的本地京班在不同的時間存在、演出，[5]但是，就營運時間的長度、演員的數量及行當的整齊度、劇目的豐富性、與留臺上海京班演員的交流與互動情形、以及觀眾的整體評價等而言，廣東宜人園可謂其中最具代表性者。

（一）客籍人士所組之「廣東」皮黃戲班

廣東宜人園成立於大正四年（1915）11 月，乃楊梅壢客家人范姜新露召集楊梅、龍潭、中壢、竹東等地客籍「美貌童男女」數十名，延請廣東、上海教師教習。訓練半年之後，自香港訂購新式衣服靴帽刀鎗，隔年 5 月於楊梅壢開棚演出。[6]該班爲繼臺南小羅天、桃園永樂社、嘉義娛樂園之後，第四個成立的臺灣本地京班，[7]特別值得一提的是該班首開本地京班男女演員合演之風氣，在當時戲曲界男班、女班截然劃分

---

[5] 徐亞湘：《日治時期中國戲班在臺灣》，頁 210-222。

[6] 〈宜人園演劇〉，《臺灣日日新報》，1916 年 5 月 12 日；李獻廷：〈宜人京班所走的路線〉，《梨園瑣談》，頁 149。范姜新露為新屋客家人，今網球教練范姜國雄的祖父。

[7] 徐亞湘：《日治時期中國戲班在臺灣》，頁 211-215。

的年代，[8]此舉別具進步意義。

據客家戲界有活關公之稱的廣東宜人園演員羅秀鑑（1924-2008）言，廣東宜人園原本學的是「廣東戲」，唱「廣東二黃」，又名「那嘎嘎」，當時教戲先生為後於大正八年（1919）年組「同樂春」傀儡戲班的班主張國才（1880-1966）。[9]因張國才為閩西永定客家人，從其亦擅長京劇的特長看來，其之傀儡戲音樂內容很有可能為皮黃系統之「外江戲」音樂，[10]而位於廣東潮州之「外江戲」，代表性劇目之主要曲調即是二黃多於西皮，[11]廣東宜人園成班之初所習之「廣東二黃」，或與閩西、潮州之「外江戲」有關，另從廣東宜人園奉祀之戲神與此二「外江戲」劇種同為田都元帥進行觀察，祖師信仰的同一性也顯示出三者的近緣可能。若此推論成立，該班成立之時「延廣東、上海有名教師，殷勤教習」的情形，或為屬講客語之「廣東族」[12]張國才教唱腔、念白，而不知名的留臺上海京劇藝人則教習基本功及身段表演。另外，也因同屬皮黃系統戲曲，這也可以在一定程度上解釋該班後來受京劇大興之故而改演京劇的便利性因素。

從大正六年3月3日《臺灣日日新報》一則關於該班於桃園景福宮演出的報導，也可間接證明廣東宜人園所演之「廣東戲」屬皮黃系統之戲曲劇種，「楊梅壢范姜某氏。所設宜人園。合男女優而成。……雖所習僅一年。而所演諸齣。較諸一般灘黃。寧有過之。其伶人如曾雙立。

[8] 1910年代前後，臺灣職業戲班有女演員加入之男、女合演者，目前可知1909年宜蘭亂彈戲大榮陞班有楊阿里、林金英、李阿罔、玉燕四女伶加入與男班演員三十餘人合演，首開宜蘭女伶演戲之例（見《漢文臺灣日日新報》1909年1月17日、2月2日）。而前所言之本地京班，小羅天為純男童所組，永樂社與餘樂園則為純女班。

[9] 1994年8月5日訪廣東宜人園、宜人京班演員羅秀鑑（中壢羅宅）。關於張國才生平及演藝事蹟可參閱吳心白：〈全靠幕後牽線/演出哀樂人間/傀儡戲老師張國才談片〉，《聯合週刊》，1966年9月24日；江武昌：《臺灣的傀儡戲》，頁40-49。

[10] 閩西之外江戲，1949年後定名為閩西漢劇，潮州之外江戲，則定名廣東漢劇，而二者於民間皆有亂彈戲之別稱。

[11] 中國戲曲志編輯委員會：《中國戲曲志・廣東卷》，頁84。

[12] 日治時期之戶籍資料上有「種族」一欄，「本島人」中之福佬人登錄為「福（建）」，客家人登錄為「廣（東）」。廣東宜人園班名中之「廣東」二字，應與班中演員全屬「廣東族」之客家人之故。

顏金雀。陳煥榮等尤爲秀出。縱與永樂社員雜演。豈多遜色耶。」[13]桃園永樂社爲早廣東宜人園一年成立之京調（劇）女班，能與該班同臺合演者，必然爲同屬皮黃系統之相近劇種。

（二）早期成名演員與戲先生

廣東宜人園早期的成名演員有武生曾雙立、二花陳煥榮、武生劉石樹、紅生葉祥雲、老生顏（孔）金雀、小生小玉蘭、花旦粉白燕、正旦劉英、小生楊蘆妹等人，其中後五人爲坤伶，而該班坤伶中，又有「坤伶六美」深得觀眾肯定而得此封號，粉白燕即爲其中一美。[14]而同屬第一代演員，後亦有傑出表現者尚有大花徐賢福、二花顏金生、武生徐本火、三花莊接喜與武生李和興等人，其中李和興爲該班著名紅生及戰後繼任班主的李榮興之兄。[15]

該班成立初期之戲先生，除了張國才之外，尚有張國才之徒范姜文賢（1894-1975）[16]隨師入該班教習，第一代演員劉石樹等的「那嘎嘎」即爲他所傳授。[17]而前所述及之上海戲師，不知與李獻廷〈宜人京班所走的路線〉一文中所提到的「（廣東宜人園曾禮聘）北平伶師金有倫、何振奎及青島人張義（按：玉）順等爲師」[18]這三人是否相同？此三人中，何振奎曾搭來臺巡演之上海鴻福京班，工二花臉，昭和初期曾教彰化集樂軒北管子弟外江戲齣，從他可用流利的閩南語交談、教戲看來，[19]其留臺並與臺人往來的時間應該不短。而張玉順，工武生，1920 至 1923

---

[13] 〈桃園劇界又添一班〉，《臺灣日日新報》，1917 年 3 月 3 日。

[14] 〈好戲好評〉，《臺南新報》，1922 年 10 月 3 日。

[15] 據李榮興養女李純蓮（1929-）言，李和興、李榮興之父李石狗與前總統李登輝之父李金龍為兄弟關係，皆為龍潭三合（恰）水客家人。

[16] 范姜文賢，桃園新屋石磊村人，七歲入草屯亂彈班學戲，二十歲隨張國才習傀儡戲，二十三歲整「錦華軒」傀儡班，後為北管、八音知名教師，人稱「紅毛先」，於桃、竹一帶授徒甚多，其並精通符咒法術。范姜文賢有傳藝於其子范姜新熹，其亦為知名八音老師，家中並開設瑞德壇兼為道士。

[17] 1994 年 8 月 5 日訪羅秀鑑（中壢羅宅）。

[18] 李獻廷：《梨園瑣談》，頁 149。

[19] 李子聯、范揚坤：〈棚前、棚頂——番仔聯與他的戲曲經歷〉，《彰化縣口述歷史》4、5，頁 87-90。

年間曾搭來臺之上海天升班、京都三慶班、京都德勝班等班演出，[20]他或許是此時受聘至廣東宜人園擔任教師的。後張玉順回到青島，他的徒弟中有李少華[21]於戰後隨陸軍三十六師的「三六劇團」來臺演出京劇，曾與更名爲宜人京班的演員徐賢福、李榮興等未曾謀面的師兄弟相認。[22]

「廣東戲」時期的廣東宜人園所演劇目可考者已不多，目前僅知偏重文戲，[23]有《斷機教》、《藥茶記》、《牧羊卷》、《人恩不如狗恩》、《馬義救主》等。[24]而從該班於成立之初即已巡迴竹南、桃園、豐原等地「戲園」商業演出看來，廣東宜人園乃是與臺南金寶興、桃園永樂社相同，爲當時少數具備全臺巡演能力的本地內臺戲班。

（三）改演京劇

隨著上海京班來臺演出頻率的增加、本地京班如永樂社、金寶興[25]等班廣受觀眾的歡迎、本地京調票房的陸續成立，1920 年代初期是爲臺灣京劇發展的興盛期，[26]廣東宜人園爲趨時好，此時已經轉型爲純京班，「那嘎嘎」僅在客家庄演出時偶而搭配演唱。

大正十三年（1924）年 8 月，廣東宜人園於臺北甫落成的「永樂座」演出，[27]已於戲單上強調該班爲「新到『正音』」的京班。[28]實際上，觀

---

[20] 呂訴上：《臺灣電影戲劇史》，頁 202-204 戲單。

[21] 李少華，九歲於青島拜張玉順為師學習京劇北派武生，總計八年。戰後隨陸軍「三六劇團」來臺，工武生，後演於二軍團，1966 年赴香港發展，先擔任鄭孟霞、唐滌生二人子女之練功師傅，後隨劉家良拍電影，長期擔任香港電視、電影之武術指導及粵劇「雛鳳鳴」、「頌新聲」等班武藝導師。在港期間，還常幫宜人京班代購戲服、翎子等戲具。1995 年移居加拿大並成立「李少華中國戲劇藝術中心」推廣中國戲曲藝術。（香港《新報》，2005 年 1 月 22 日）

[22] 1994 年 8 月 5 日訪徐仁光（中壢徐宅）。

[23] 李獻廷：《梨園瑣談》，頁 149。

[24] 徐亞湘：〈寶島第一京班：被遺忘的「宜人園」〉，《表演藝術》28，頁 51。

[25] 臺南金寶興班原係七子戲班，1907 年之前即已成立，1919 年已是七子戲、京劇兼演的內臺戲班，至遲於 1928 年該班已分三班演出，兩班演出「上海正音」的京劇，一班演出南管白字戲（疑為九甲戲），後該班並兼演歌仔戲。

[26] 徐亞湘：《日治時期中國戲班在臺灣》，頁 74-78。

[27] 永樂座於 1924 年 2 月落成，廣東宜人園的演出為繼上海樂勝京班、北投清樂園、新竹泉郡

察大正十年（1921）8 月該班於「艋舺戲園」的演出，已多有京劇劇目如《破腹驗花》（即《刑律改良》）、《桑園寄子》、《葭萌關》（即《夜戰馬超》）等，[29]是故，廣東宜人園改習京劇的時間當不晚於此，由此亦可得知該班純演「廣東戲」的時間應未超過五年。可惜的是，目前我們對於該班從「廣東戲」班過渡到京班，包括在語言、音樂、劇目、表演等方面轉變與適應的細節並不清楚。不過，從當時該班演出移植自潮州戲知名劇目《喜門環》（即《水蛙記》）被評爲「與潮州班所排大不相同，該班極有改良之處」看來，[30]或許該班的京劇學習已在劇目移植上發揮了積極作用，並形成自身的劇目特色與優勢了。

改演京劇後的廣東宜人園，掛頭牌的演員有曾雙立、陳換榮、劉石樹、葉祥雲、莊接喜、曾更輝、徐本火、孔金雀、小玉蘭、桂花香、楊柳綠等，與成立初期的成名演員一致。而觀察其有限可考的演出劇目可以發現，除了演出《全家福祿》、《揚州奇案》、《破腹驗花》、《桑園寄子》、《葭萌關》、《由天記》、《楊三笑》、《遊西湖》、《烈女殉夫》（即《三上轎》）、《陳金生賣唱》（即《打花鼓》）、《雙陵山》、《移桃換李》、《曾家花園》、《花田八錯》（即《花田錯》）、《土行孫招親》等京劇單齣戲之外，受到當時本地觀眾喜觀劇情有始有終之全本戲的習慣影響，[31]廣東宜人園的演出劇目亦開始朝此發展，後又受到來臺上海京班演出連臺本戲的風潮影響，[32]該班亦以《三國誌》、《關公出世》、《狸貓換太子》、《薛仁貴征東》等連臺本戲爲號召及爲觀眾所歡迎。（參見附表一）另外，觀察該班戲單中強調「特打真刀真鎗（危險千萬）」、「加配機關魔術（驚奇叫絕）」等之演出特色的宣傳詞，更可得見該班於武打表演及舞臺美術等方面受來臺上海京班及福州戲班影響之深。

錦上花、臺南金寶興、潮州老源正興之後的第六檔節目。

[28] 呂訴上：《臺灣電影戲劇史》，頁 207 戲單。

[29] 〈艋舺戲園劇目〉，《臺灣日日新報》，1921 年 8 月 2-4 日。

[30] 〈艋舺戲園劇目〉，《臺灣日日新報》，1921 年 8 月 4 日。

[31] 戲癖生：〈觀劇放言〉，《臺灣日日新報》，1920 年 3 月 4 日。「昔臺人觀劇結習，別有一種，皆重全本。自昨迄今，凡福州班或申江渡臺諸班，皆苦無以應付。」

[32] 徐亞湘：《日治時期中國戲班在臺灣》，頁 156-161。

廣東宜人園改演京劇之後，與當時留臺上海京班演員的交流日益頻繁，如趙福奎、薛德瑞、閻鳳霞、閻鳳雲姊妹、芮桂芳、芮童寶父子、呂建亭等都曾搭演該班並擔任戲劇指導，對該班演員在唱腔、身段、武打能力的提昇及劇目的學習豐富上有直接的助益。另外，隨著 1920 年代福州戲舊賽樂、新賽樂、三賽樂、上天仙、新國風等班的相繼來臺演出，一些福州戲、京劇兼擅的福州班留臺演員如德福、一平、三官先等，亦曾搭演該班。[33]廣東宜人園得益於他們的藝術傳授、交流及自我的藝術實踐及精進，昭和初年，班中演員劉石樹（阿細妹）、徐賢福二人曾至苗栗獅潭的客家改良戲班小美園教授京劇，[34]而徐賢福另曾至其岳家所在的苗栗大湖教授京劇表演，有三名弟子吳玉通、李玉榮、傅錦祥[35]等後來還加入廣東宜人園而成爲職業京劇藝人。[36]而諸如劉石樹等班內資深演員，後來亦擔負起新進演員的訓練工作。

當時廣東宜人園巡演的範圍遍及全島，（參見附表一）多年的舞臺實踐已累積一定的藝術質量及觀眾口碑。大正十四年（1925）該班巡演至臺南佳里時，當時《臺南新報》即評該班演出「布景甚佳，技藝絕妙。而演之藝目，皆以忠孝節義喜怒哀樂，甚然出色，故博該地紳商贊賞。……現每日觀客爭先恐後，園內幾無立錐之地云。」[37]而昭和五年（1930）該班於「豐原座」演出時，當地觀劇經驗甚豐的保正張麗俊觀後也曾於其日記寫下「其劇色、唱念、比武、管絃、幻景等，不亞於閩班正音者」的評語。[38]透過當時報紙報導及觀眾對該班之藝術評價可知，此一純然由臺人所組之本地京班，其藝術表現已深獲觀眾肯定及好評，而且較之福州戲、京劇兼演的福州正音班如舊賽樂、新賽樂、三賽樂等亦已不遑多讓。

---

[33] 徐亞湘：《日治時期中國戲班在臺灣》，頁 206-210。據 1924 年出生的羅秀鑑言，其七歲即 1931 年入廣東宜人園學戲時，當時的啟蒙老師除了班內的劉石樹之外，亦包括搭演該班的福州班演員一平、德福師兄弟。

[34] 洪惟助主持：《桃園縣傳統戲曲與音樂錄影保存及調查研究計畫報告書》，頁 95。

[35] 京劇武生朱陸豪之外祖父，苗栗大湖人，戰後曾任勝美歌劇團之文管事。

[36] 2006 年 3 月 22 日訪徐仁光（中壢徐宅）。

[37] 〈佳里特訊・宜人園之好評〉，《臺南新報》，1925 月 4 月 10 日。

[38] 張麗俊：《水竹居主人日記（八）》，頁 265。

（四）「禁鼓樂」時期的延續與消散

中日戰爭爆發後，日本殖民政府禁止傳統戲曲演出的「禁鼓樂」措施，是伴隨著皇民化運動的全面開展，戲劇開始被納入總動員體制，而臺灣戲曲不被認為足以擔負起時代責任且有違皇民化精神所衍生之必要措施。[39]廣東宜人園受此衝擊，戰爭初期僅能在取締較為寬鬆的中南部小城鎮間巡演，隨著取締的愈趨嚴密，廣東宜人園後來也不得不表面演起符合當局所允的「新劇」，而背地裡仍演京戲以避人耳目。不過，這樣的情形並沒有延續太久而終在昭和十五年（1940）年於南投「八杞仙戲園」（今中寮鄉八仙村）解散。[40]廣東宜人園自大正四年（1915）年成立開始，二十五年中以京劇演出占大部分的演藝事業，終因政治時局的影響而被迫畫上句點。

隨後，當時廣東宜人園的班主葉國道，[41]糾合黃雙興等合資組織「勝美劇團」演出新劇，後並成為臺灣演劇協會核准演出的四十三個新劇團之一，[42]部分廣東宜人園演員改搭該班演出新劇，如李榮興及其養女李秋蓮、李純蓮等皆是。[43]而大部分的演員則是改業另謀生計，如羅秀鑑到臺北當木工學徒、徐賢福到日本投奔其兄學做生意、劉石樹回龍潭、徐本火、黃桂妹夫妻回竹東老家賣杏仁茶、食餅，而曾雙立也在一年前即已遠赴「滿州國」發展。[44]

---

[39] 關於「禁鼓樂」的相關討論，可參閱徐亞湘：〈試解「禁鼓樂」——一段戰爭期的戲曲命運〉一文，見《戲曲研究通訊》2、3，頁 66-78。

[40] 徐亞湘：《長嘯——舞臺福祿》，頁 58。

[41] 葉國道（1907-1976），楊梅老飯店客家人，日治時期於楊梅街上開設濟安藥房，同時入股廣東宜人園，後並任班主，戰爭期廣東宜人園解散後再組勝美新劇團。戰後自組勝美（園）歌劇團，同時入股宜人京班並任班主，1948 年退出宜人京班專心經營勝美歌劇團，後並曾任楊梅鎮民代表。有妹葉宜妹、長子葉佐凱、長媳何蓮英及次媳葉香蘭皆為戲曲演員。

[42] 濱田秀三郎：《臺灣演劇の現狀》，頁 99。

[43] 據李純蓮言（2005 年 7 月 12 日），當時在「勝美」演新劇，主要講日語，不過臺語、客語也可以說，因為當時觀眾主要還是臺灣人，加上日語的普級度還不夠，所以並沒有嚴格要求一定要講日語。當時他和姊姊秋蓮一人一天可以賺一塊多，當時警察月薪才二十多塊錢，待遇比警察還要好。李氏姊妹後來再轉搭「南旺」新劇團（班主基隆人）至終戰前夕。

[44] 徐亞湘：〈寶島第一京班：被遺忘的「宜人園」〉，《表演藝術》28，頁 51。

三、戰後的宜人園與宜人京班

（一）短暫的「宜人園」

民國三十四年（1945）8月臺灣脫離日本統治，民間原先因政治因素被禁的傳統戲曲、音樂活動紛紛恢復練習、演出，頓時間壓抑已久的情感、娛樂需求，呈現出一片欣欣向榮的戲曲、戲劇、音樂景象。在第一個大陸平劇團陸軍九十五師組織的振軍劇團於民國三十五年（1946）2月於臺北市「中山堂」演出之前，[45]廣東宜人園舊伶李榮興、葉國道、徐賢福、顏金生、孔金雀、劉石樹、葉日旺等早於光復當年即已合股整班，巡迴全臺各地劇場演出，班名刪去「廣東」二字而爲「宜人園」。

當時復班所需戲服由廣東宜人園的老東家葉國道提供，葉亦爲劇團代表人，當時，他同時整有勝美園劇團。[46]民國三十五年1月4日起一周，宜人園受陸軍第七十軍政治部之邀，以慶祝臺灣光復後第一個元旦爲名於臺北市「中山堂」演出《狸貓換太子》、《三國誌》、《封神榜》等連臺本戲，[47]呂訴上曾評該班的演出「技術實未達到水準，但其熱誠可嘉」。[48]緊接著，1月16日起移往「永樂座」演出，2月2日舊曆元旦起，宜人園則假基隆蚵殼港「新生戲院」開演，劇目不脫《狸貓換太子》、《三國誌》二戲，演出宣傳則特別強調該班有「美觀布景」，「文有七音聯彈，武有真刀真鎗」等特色，延續戰前臺灣的海派京劇風格傳統。

民國三十五年，在來臺演出的大陸平劇團僅有振軍劇團、京閩兼演的福州「新國風」及曹畹秋平劇團等三班比例偏低的情況下，[49]再加上少數外省票房的演出之外，本地京班的復班、組班情形還頗爲熱烈，據「臺灣省行政長官公署宣傳委員會甲種劇團核准登記暨登記號次一覽

---

[45] 呂訴上：《臺灣電影戲劇史》，頁212。
[46] 呂訴上：〈光復後的臺灣劇運——臺灣省行政長官公署時期〉，《臺北文物》3（3），頁79。
[47] 〈熱烈慶祝元旦/中山堂劇舞並開/七十軍政治部主持〉，《民報》，1946年1月7日。此則訊息感謝謝昌益先生提供。
[48] 呂訴上：《臺灣電影戲劇史》，頁212。
[49] 呂訴上：《臺灣電影戲劇史》，頁212-213。

表」的統計，至民國三十六年（1947）3 月截止登記前，除了宜人園京班之外，當時復班的本地京班尚有金寶興京班，另外，新成立的京班則有陳就承的勝宜園京班（以客籍演員爲主）、高榮武的國勝京班，[50]以及日治時期上海京班留臺舊伶趙福奎、雲中飛臨時所組之福昇班等。[51]再則，許多歌仔戲、客家改良戲班「加演京劇」的情形亦所在多有（這些戲班在當時常標榜自身爲京班），如光華興、中華興、勝美園、小美園、新樂社等。

（二）陳儀建議更名為「宜人京班」

民國三十五年 7 月 17-27 日一連十天，宜人園再假臺北市「中山堂」演出《狸貓換太子》、《三國誌》等連臺本戲，當時臺灣行政長官陳儀亦蒞臨觀賞，看後他頗爲讚賞臺灣人有如此水準表現的京班，[52]於是提議將宜人「園」更名爲宜人「京班」，以與大陸內地一致，宜人園欣然接受。

以宜人園之名行藝其實僅僅維持不到一年的時間，當時班中主要演員雖仍爲廣東宜人園時期之舊伶，不過，紅生李榮興的養女李秋蓮、李純蓮二人，此時已嶄露頭角，成爲極受觀眾歡迎的後起之秀，作家鍾肇政即曾於一篇回憶性文章中提到他青年時期著迷於二人舞臺風采的情形。[53]當時班中絃師及教曲老師由日治時期臺南的藝妲曲師蔡泉（水先）擔任，鼓師則爲賴樹。

民國三十六年 3 月，二・二八事變延燒到南部時，宜人京班剛好在岡山「橋頭子戲院」演出，因爲李榮興與軍方的關係良好，雖處亂局但演出僅中斷兩天，在爲當地守軍演出勞軍戲後，即由在地守軍劉隊長發

---

[50] 呂訴上：〈光復後的臺灣劇運——臺灣省行政長官公署時期〉，《臺北文物》3（3），頁 79-81。

[51] 呂訴上：《臺灣電影戲劇史》，頁 213。

[52] 據李純蓮言（2005 年 7 月 12 日），當時演後數日她和父親李榮興、姊姊李秋蓮還受陳儀之邀至盟軍轟炸尚未修復的「總統府」接受晚宴款待。

[53] 鍾肇政：〈歌仔戲到宜人京班——一個頑童的傳統戲劇經驗〉，《臺灣的聲音——臺灣有聲資料庫》2（3），頁 12。

予通行證，繼續至高雄演出。[54]同年 7 月下旬，宜人京班應國防部青年軍臺灣通訊處臺南小組之邀，爲籌募文化服務社基金於臺南市「延平戲院」演出十天，票價分三種，名譽票 200 元，普通票 50 元，國軍及小孩票 30 元，[55]當時報載該班演出成績頗佳，連場客滿。[56]從該班多次演出爲應軍方邀請、以及二二八事變時的脫險看來，宜人京班於戰後初期似乎與軍方維持不錯的關係，這是李榮興個人的人脈經營？抑或是該班演唱京劇常爲軍方勞軍之故？還是另有原因？則有待進一步的研究。

民國三十七年（1948），葉國道退股，專心致力於內臺客家班勝美園的經營。宜人京班於是由李榮興、孔金雀、顏金生、徐賢福、徐本火、劉石樹、黃玉麟等師兄弟集資認股合營，[57]其中以李榮興持股超過一半最多，是爲該班的實際代表人及經營者。演出的部分則由徐賢福擔任文管事負責文戲統籌，顏金生擔任武管事負責武戲統籌。

此時宜人京班爲建立自身的競爭優勢，擴大觀眾客群，演出時的口白是到閩南庄講閩南話，到客家庄講客家話，唱的部分則是純然的西皮、二黃，並未摻雜任何歌仔、採茶等京劇以外的曲調。觀察該班口白部分因地制宜的使用本地語言可以發現，面對來臺大陸京班的競爭，訴求在地觀眾、延續日治民間京劇傳統的企圖至爲明顯，戰後的宜人京班可以說是京劇於臺在地化的代表之例。

（三）宜人京班的十年榮景

李榮興掌班後的宜人京班，進入了營運的黃金時期，一方面是其多位養女已開始當家挑大樑，加上多位新伶的養成，新舊演員的合作使其演出陣容更爲龐大、整齊；另一方面則因其口白的因地制宜及連臺本戲的劇目特色等優勢所致，日治時期民間深厚的京劇觀演傳統的延續當然

[54] 1994 年 8 月 5 日訪羅秀鑑（中壢羅宅）。

[55] 〈青年軍臺南小組/明起表演戲劇/籌募文化服務設基金〉，《中華日報》，1947 年 7 月 24 日。此則報導感謝林永昌先生提供。

[56] 〈宜人京班　演出頗佳〉，《中華日報》，1947 年 7 月 27 日。此則報導感謝林永昌先生提供。

[57] 徐瑞雄：〈由本省人組演平劇的宜人京班〉，《新萬象》12，頁 65。

亦為主因之一。徐瑞雄於〈由本省人組演平劇的宜人京班〉一文，對該班的「黃金時代」有很準確的概括描述：

> 此後的十年，宜人京班的演出遍及全省各大都市、鄉鎮，演出頗獲佳評，在當時是一個「名滿全臺」、「到處客滿」、「演藝超群」的劇團。無論就劇團組成人員之總數、劇團演出賣座收入、劇團演出檔期之排滿及受優惠（如先付相當數額之定金、分紅較高）均勝於其他的地方戲劇劇團；無論在閩南人地區或客家人地區都受到歡迎；無論男女老幼乃至其他省籍人士（即所謂外省人）均樂於觀賞。[58]

一如徐文所述，宜人京班每年從臺灣頭演到臺灣尾，加上東部，足跡遍及臺灣各大小城鎮戲院，因為演出檔期排得很滿，一個地方演完，馬上戲院主人會預付訂金與班主約定好明年來演的檔期，亦即一地的觀眾要再次看到宜人京班的演出必須等上一年。[59]在大都市因戲院較多，演期一般較長，如於臺北市通常一演就是兩、三個月，於「大橋」、「大中華」、「雙連」及「芳明館」等戲院十天輪演，郊區的松山、南港、汐止等地亦常去演出。[60]而東部的花蓮、玉里、池上等地，也經常一唱就四十天以上。因為檔期太滿，演員幾乎沒有休息的空檔，每年都是演到農曆十二月二十七日方止，演員二十八日才得回鄉過年，大年年初一又要開始一年忙碌的演出了。[61]

---

[58] 徐瑞雄：〈由本省人組 演平劇的宜人京班〉，《新萬象》12，頁65。

[59] 2005年6月9日訪李玉蓮（花蓮李宅）。宜人京班每次「過位」到下一個演出的戲院都需要四臺大卡車，一臺放布景不能坐人，其餘三臺底下先放戲籠，然後演員全部坐在上面。

[60] 2005年3月9日訪張文聰（中壢張宅）。據李純蓮（2005年7月12日）言，1950年代宜人京班在臺北演出一天有四千元戲金，當時因為她很紅，她個人一天的賞金就超過四千元，一些戲迷有錢人太太爭著排隊請吃飯，中餐、晚餐、宵夜一天三次，父親李榮興都會跟在身邊。

[61] 2005年3月9日訪張文聰（中壢張宅）。宜人京班大年初一日戲演出前，必然宰殺一頭約三百斤的豬公及數十隻雞鴨，並由全班人員不著劇裝合演八仙、拜天公，學藝中的後進演員此日更可獲得新衣裝及不少的壓歲錢。宜人京班另外一個重要的祭祀日為農曆六月十一日戲神田都元帥生，班主會請班員吃飯，大家集聚祭拜祖師爺。廣東宜人園、宜人京班有過兩尊田都元帥金身，第一尊在李榮興離開之後帶回供奉，後新刻一尊，現供奉於徐仁光家中。

1、新伶養成與外省演員的加入

隨著廣東宜人園時代的演員年歲漸大，又正好遇上戲業的大好時期，宜人京班於 1949 年開始訓練戰後的第一批學員。其中多爲舊伶子女，如徐賢福長子徐仁光、李榮興三女李玉蓮、曲師蔡泉長子蔡伯良、後場樂師宋文盛之子宋乾鳳等，以及投班習藝者如李慶源、阮榮全、陳勇（陳秋生）等，後班中其他舊伶的第二代亦陸續加入習藝、演出的行列，如徐賢福次女徐玉枝、李榮興之女李綉蓮、李寶蓮、劉石樹之女劉碧雲、顏金生之女顏麗玉、葉日旺之女葉瑞蓮、蔡泉的次子蔡伯崑、絃師吳明漢之子女吳再添、吳美玉、絃師之女范月鳳（阿妹嫽）、鼓師賴樹之女賴寶貴等，而擔任教師者皆爲班中資深藝人如徐本火、顏金生、李榮興、蔡泉等，以及外省演員如張慶樓。

後來，這些戰後培養的演員們相互之間通婚的情形非常普遍，如蔡伯良與黃玉麟養女黃金枝、陳勇與劉碧雲、阮榮全與賴寶貴、李慶源與葉瑞蓮等，（參見附表二）雖然圈內聯姻爲戲界常態，不過，宜人京班的高比例現象反映的卻是當時該班的營運榮景與「只此一家」的本地京班京劇學習與人際網絡的封閉特性。當然，此「多家族、交叉聯姻式」的成員結構更形成了該班藝人間命運共同、利益共享的特色與優勢。

隨著民國三十八年（1949）底國民政府遷臺，滯臺的大陸京班、藝人、票友亦不少，在大鵬等軍中劇隊成立之前，尤其在屬私人自營性質的大陸京班解散後，部分的京劇藝人開始與臺灣民間的京班、歌仔戲班、客家戲班密切合作，1950 年代初期，宜人京班就有張慶樓、張君武兄弟及其家屬、胡延林、李振銀等外省京劇演員搭班演出。[62]

一直到民國四十四年（1955）左右，宜人京班在招收最後一批隨班

[62] 據宜人京班老藝人李玉蓮言（2005 年 6 月 9 日），外省演員搭演該班時，因為他們不會說閩南語或客家話，父親李榮興通常是派武戲給他們演，即使是派文戲，他們也多是演一些臺詞不多、場次不多的角色，因為伶人的適應力強，他們通常和宜人京班的本省演員配合得不錯。不過，大陸京班演員的工架畢竟比較講究，雖然李榮興常說請他們多擔待，他們後來也頗能適應宜人京班的演出風格而適度調整，偶而還是可以聽見他們發出「我現在不是大陸的京戲演員了，亂七八糟演了」這樣的牢騷。

習藝的學員張鐵山、張文聰兄弟及何維雄等人之時，[63]宜人京班的主要演員結構已經迥異於以往，除了廣東宜人園時期的舊伶如紅生、老生李榮興、短打武生羅冉飛、長靠武生羅秀鑑、老生劉石樹、女老生孔金雀、大花徐賢福、二花顏金生、老旦黃桂妹、三花吳玉通等仍擔任主角之外，戰後習藝的青年演員也開始頂上來擔任主演了，如女小生李秋蓮、青衣李純蓮、女武生李玉蓮、女花旦李寶蓮姊妹、[64]大花徐仁光等，再加上外省演員老生胡延林、三花李振銀，共同構成堅強的演出陣容。

2、海派京劇藝術特色的延續

宜人京班延續戰前本地流行的海派京劇風格，劇目多爲連臺本戲，音樂唱腔多用流水、散板及強調聯彈對唱，[65]武打使用真刀真槍，再加上布景機關的使用，觀眾群主要是本省人。在當時外省私人京班及軍中平劇隊的藝術風格主要爲京朝派的京劇生態中，宜人京班的海派特色不僅避開了與外省京班、劇團的正面交鋒而有了市場區隔，更重要的意義在於保留、延續了臺灣民間京劇傳統的一脈。

宜人京班所演之連臺本戲，計有《封神榜》、《狸貓換太子》、《三國誌》、《楊家將》、《薛仁貴征東》、《狄青五虎平西》、《孟麗君》、《西遊記》、《海瑞》等戲，日夜各一場，分演不同劇目，分日接演。其中可演三十天者爲《三國誌》，可演二十天者爲《岳飛傳》、《封神榜》，可演十天者爲《狸貓換太子》、《薛仁貴征東》、《薛丁山征西》、《武則天》、《楊家將》、《狄青征西》、《孫龐演義》(《七國誌》)、《水滸傳》、《西遊記》(《三藏取經》)等。[66](參見附表一)其中演出頻率最高的是《狸貓換太子》、《三

[63] 2005年3月9日訪張文聰(中壢張宅)。張鐵山、張文聰兄弟及何維雄為「綁戲囝仔」，當時張文聰綁戲五年的贌金為新臺幣二千元。

[64] 李寶蓮，1936年生，十七歲已為宜人京班當家旦角，1956年《地方戲劇》雜誌(發行人蔡秋林、社長吳祖堯、總編輯辛金傳)的創刊號還以她為封面人物。

[65] 資深票友李浮生於其《春申梨園史話》一書中(頁191)有對「聯彈對唱」進行描述：「海派京戲音樂的五音、七音、九音聯彈，只是增加了些文場弦管樂器，如南胡、梆胡、四胡等，陪奏的文場人員臨時在『大邊』擺設了座位演奏，唱的演員不唱導板、慢板，以快節奏的碰板二黃、流水及撥子對唱，每人一段，都要耍一個長腔，最後所有的演員齊唱最後一句『收住』，有新奇、節奏快、口語化易使觀眾聽懂的效果。」

[66] 徐瑞雄：〈由本省人組演平劇的宜人京班〉，《新萬象》12，頁65-66。

國誌》及《封神榜》三戲，而宜人京班演出《狸貓換太子》的最佳陣容分別是李榮興的八賢王、徐賢福的郭槐、曾玉英、孔金雀的宋仁宗、李純蓮的劉妃、黃桂妹的李妃、劉石樹、黃玉麟的陳琳、李秋蓮的寇珠。[67]

這些連臺本戲多改編自當時流傳、印行的章回小說，「編劇以劉石樹、徐賢福兩人出力最多，文場胡琴師蔡泉則對唱詞的編寫費心不少」。[68]《三國誌》中最受歡迎的則是李榮興所演的關公戲。[69]

3、與外省京班、藝人的往來以及勞軍戲

身爲戰後唯一長期在民間巡演的本地京班，宜人京班與外省私人京班及藝人在競爭的同時亦多有交流，最明顯之例爲顧劇團及正義京班。

李榮興三女李玉蓮回憶宜人京班到「大橋戲院」演出時，經常與在「永樂戲院」演出的顧劇團對臺，因爲宜人京班的念白使用臺語，本省觀眾聽得懂，上座率常比顧劇團要好，而班中演員也常去看顧劇團的戲以爲觀摩學習。至於顧劇團的頭牌武生劉正忠也常來看宜人京班的戲，並且曾請我們的演員去觀摩他們的練功情形，並不吝給予指導，另一花臉演員高德松偶而也會來班裡玩玩、唱唱。[70]當時也在民間巡演的上海正義京班，在南部對臺演出時，因爲念白語言之故也是宜人京班略勝一籌。[71]

至於勞軍戲，在 1950 年代，宜人京班演勞軍戲是爲定制，每個禮拜天早上八點到十一點，需義務給軍人唱一臺戲，演出的內容多半是《三國誌》等戲的單齣戲（段兒戲），念白都是講「國語」。大部分的情形是

---

[67] 2005 年 6 月 28 日訪李純蓮（宜蘭李宅）。

[68] 徐瑞雄：〈由本省人組演平劇的宜人京班〉，《新萬象》12，頁 66。

[69] 當時李榮興所飾關公的馬僮依序為吳玉通、羅冉飛及張文聰。宜人京班的紅生除了李榮興之外，徐本火、胡延林偶而亦演關公戲。

[70] 2005 年 6 月 9 日訪李玉蓮（花蓮李宅）。高德松，大花臉，北京中華戲曲專科學校頭科畢業生，隨顧劇團來臺，後演於海光國劇隊。高德松為該校留臺演員如吳德貴、李金棠、于金驊、周金福、陳金勝（陳菲）、白玉薇、趙玉菁等伶的大師兄。

[71] 1994 年 8 月 5 日訪羅秀鑑（中壢羅宅）。羅秀鑑回憶道，正義京班與宜人京班對臺，都是宜人京班贏，因為我們會講臺灣話，比如在旗山演，因為那裡的閩南人比較多，我們就說閩南話，內埔那裡都是客家人，我們就說客家話，正義京班在這兩個地方與宜人京班對臺時，他們的觀眾都比較少，我們則是人山人海。

軍人坐軍用卡車到戲院看，偶而全班也會被帶到營區裡去演唱。[72]演勞軍戲時，宜人京班爲備軍人點戲，演員亦學會不少《三國誌》以外的單齣戲，如《四郎探母》、《昭君出塞》、《天女散花》、《貴妃醉酒》、《拾玉鐲》、《紅娘》、《十三妹》等。[73]

（四）走向衰敗：難敵戲曲電影的大勢變化

宜人京班的黃金十年中，娛樂生態的悄然改變已經在該班極盛的同時慢慢蘊含了轉向衰落的因子，這其實是臺灣內臺戲受電影，尤其是臺語電影、戲曲電影影響下全面潰敗的一個例子而已。內臺戲的沒落、戲院轉向播放電影的現象，反映了當時臺灣整個社會文化娛樂生態的改變，以及民眾表演傳統的消失，[74]臺灣最後的本土京班——宜人京班，正是在此影響下而緩步走入歷史的。

面對大環境的改變，班主李榮興的感受最爲深刻，從民國四十六年（1957）開始，受臺語電影的影響而營運收入明顯地開始走下坡，而他於民國四十八年（1959）秋天退股離班的動作則是宜人京班難挽頹勢的先兆。據徐瑞雄的觀察，他認爲李榮興決定離開宜人京班的原因主要有三：一爲李氏年紀已大，女兒們多已出嫁，李家已非班內主要演員的多數；二爲電影事業發達，戲曲觀眾流失，戲曲前景堪慮；三爲李氏昔日的師兄弟相繼謝世（徐本火、顏金生等）、出班（孔金雀、黃玉麟等），加速其萌退之意。[75]此三點確爲促使李榮興退股離班的原因，而第二點尤爲影響其決定的主因。李榮興三女李玉蓮就曾提及，[76]民國四十八年她的父親在戲院看了李翰祥導演的黃梅調電影《江山美人》之後，[77]對

[72] 宜人京班亦曾應邀至軍事監獄裡演出，據李玉蓮言（2005 年 6 月 9 日）他們演《四郎探母》尤其演到〈坐宮〉的時候，阿兵哥因為想家哭得好可憐。

[73] 徐瑞雄：〈由本省人組演平劇的宜人京班〉，《新萬象》12，頁 65-66。

[74] 邱坤良：《陳澄三與拱樂社：臺灣戲劇史的一個研究個案》，頁 33。

[75] 徐瑞雄：〈由本省人組演平劇的宜人京班〉，《新萬象》12，頁 67。

[76] 2005 年 6 月 9 日訪李玉蓮（花蓮李宅）。

[77] 《江山美人》為香港邵氏公司於 1959 年 6 月上映之黃梅調電影，首開邵氏黃梅調古裝片潮流。導演李翰祥，男主角趙雷，女主角林黛，該片榮獲第六屆亞洲影展最佳影片等十二項大獎。

片中多幢的寫實場景、動聽易學的黃梅調及女主角林黛的精彩演技印象深刻，當時，他就警覺到先是歌仔戲電影，後是黃梅調電影，宜人京班將難與此撲天蓋地的時勢現實相抗衡，勉強經營已全無競爭力，不如忍痛退出。而對此之深刻感受，應該也和李榮興長期擔任臺灣省地方戲劇協進會理事，對於整個內臺戲業界受大環境的衝擊有更多的體會有關。[78]

李榮興退班後，將股份賣與徐賢福、徐仁光父子、劉石樹、羅秀鑑、羅冉飛等伶及另一位吳先生，合夥繼續演出。此時宜人京班的主要演員變動頗大，擔任主角的有青衣、武旦徐玉枝、女小生劉碧雲、黃金枝、武生羅冉飛、張文聰、紅生羅秀鑑等，除了羅秀鑑、羅冉飛師兄弟爲廣東宜人園時期演員之外，餘者皆已爲戰後宜人京班所培養的新伶。

改組後的宜人京班雖勉力維持，但上座率越來越差已是不爭的事實，除了是繼續受電影的蓬勃發展所影響之外，股東間的失和、後進演員的劇藝水平難與往昔相比等因，更使得宜人京班的經營雪上加霜。[79]

民國四十九年（1960）7 月，宜人京班再度易主，由廣東宜人園時期的班主葉國道（實爲葉之長子葉佐凱）與歌仔戲演員外號「えびす」（惠比須）者合資贌下。此舉並未爲對宜人京班的生命延續有所改善，每下愈況的戲路，導致減發、拖欠薪資的狀況，演員們因而離班他就的情形越來越多。最後，宜人京班終於在民國五十年 2 月下旬演至桃園「文化戲院」時散班。從大正四年（1915）到民國五十年（1961），從廣東宜人園到宜人京班，這一個臺灣最重要的本土京班在經歷了超過四十年的演藝生涯，繁華落盡之後，終於走進了歷史。

宜人京班解散後，演員們各謀生路，其中大部分還是吃鑼鼓飯搭班演戲，如羅秀鑑、羅冉飛等至雲林麥寮拱樂社擔任戲劇指導，徐仁光、巫鳳珍夫婦、李玉蓮、李寶蓮姊妹、宋乾鳳、王桂蘭夫婦、范月鳳、李

[78] 呂訴上：《臺灣電影戲劇史》，頁 511-512。李榮興曾任臺灣省地方戲劇協進會第二屆（1953-1955）至第五屆（1959-1961）之理事，其中第四屆（1957-1959）為常務理事。李榮興退出宜人京班之後，熱心地方事務，還曾擔任過多年臺北市中山區的里長。

[79] 徐瑞雄：〈由本省人組演平劇的宜人京班〉，《新萬象》12，頁 67。

玉榮、吳美玉、張鐵山、張文聰兄弟等主力演員，則陸續加入原為「四平底」的中壢新榮鳳班（班主陳招妹），於臺南演出外臺京劇，前後長達十年之久。[80]目前宜人京班的演員多已故去，尚存者已不到二十人，年歲多為八十歲以上，近年辭世的羅秀鑑與張文聰（1942-2011）是該班少數長期活躍於客家班、歌仔戲班的前輩演員。

四、一個本土京班的文化意義及在地化問題分析

從廣東宜人園到宜人京班，一個橫跨戰前戰後，在臺灣民間活動超過四十年的本地京班，不論是從京劇的流播移植、在地化歷程的觀察，還是對於京劇在臺灣的身分定位及其民間傳統等方面進行觀照，該班的存在與活動自有其於臺灣京劇史及文化史上的特殊意義，而此探討應當對於理解臺灣當代京劇發展有著對照與啓發的作用，現筆者即從上述面向嘗試分析該班的文化意義及在地化相關問題。

（一）觀察京劇在臺灣從移植到內化過程的最佳模型

京劇於臺的演出始自清領末期，而於日治時期達於頂峰。日治時期除了大量的上海京班來臺演出，以及來臺福州戲班的兼演京劇，培養了一批穩定的本地京劇觀賞人口之外，從本地京班及本地京調票房的成立、本地戲班的「加演京劇」、京調唱片的大量發行等面向觀察，可以發現，當時各種京劇文化現象是廣泛地影響著當時臺灣民眾生活的。[81]此亦可說明京劇在臺從流播開始，到移植過程中的適應與選擇，再到為本地民眾所喜聞樂見並加以學習進而內化，京劇於日治時期乃至戰後已然為臺灣「在來」、「本地」的劇種了。

欲瞭解京劇在臺從移植到內化的過程，本地京班其實是最佳的觀察

[80] 范揚坤：《雙桂長春：王慶芳生命史》，頁 88。
[81] 徐亞湘：《日治時期臺灣戲曲史論：現代化作用下的劇種與劇場》，頁 65-70。

對象。因爲本地京班在面對商業劇場的挑戰、京劇藝術的學習與選擇、本地京劇演員及觀眾的訓練與培養、戲曲風尚的探索與掌握等方面，皆較本地京調票房、學習京調的藝妲、以及「加演京劇」的本地戲班等，有著更多面向的觀察可能及代表性。可惜的是，日治時期以迄戰後的諸多本地京班中，[82]因桃園永樂社系統之京調女班以及臺南金寶興京班相關資料的匱乏，僅有廣東宜人園與宜人京班是在營運時間跨度、對臺灣京劇生態影響等方面具備同樣重要的意義，但相關資料卻相對豐富之例。因此該班可以說是研究臺灣本地京班發展與變遷，尤其是觀察京劇在臺從移植到內化過程的最佳模型。

廣東宜人園選擇棄「廣東戲」而改學京劇，這個動作本身已經說明了 1920 年代京劇在臺灣的民間基礎，而一個完全靠票房收益決定存續時間長短的內臺職業戲班，做如此的選擇與轉換一定也是預見了京劇在臺得以發展的遠景。

改學京劇之後的廣東宜人園，首先面對的是來自來臺上海京班、福州戲班以及其他本地京班的競爭。該班「移植」自海派京劇的劇目、表演藝術及舞臺美術，確保了觀賞來臺上海京班的客群成爲該班觀眾的基礎，並進一步因著「本地」京班對本地市場熟悉的優勢，對於戲路的開拓更爲便利及準確。而該班長期的在地經營及形象確立，在一定程度上開拓了來臺上海京班、福州班較爲罕至的大城鎮以外的小鄉鎮京劇市場，以及填補了上海京班、福州班來臺巡演檔期以外的京劇市場需求。

徐瑞雄在分析戰後宜人京班成功的內在因素時，認爲「演出因地制宜的靈活性及適應力」爲其主要關鍵，而此亦爲其前身廣東宜人園於日治時期雄霸一方的主因，當然，此亦爲觀察京劇於臺是否已然內化的核心點。該班將念白因地制宜的使用本地福佬話與客語，此爲近代京劇於不同地域流播時的罕見之例，不過，此的確拉近了臺灣人與京劇的距離，也更擴大了臺灣民間的京劇基礎。而爲使觀眾更易於瞭解劇情，盡量降低唱腔及唱詞比例而多用念白，亦爲宜人京班爲適應、服務本地觀

[82] 徐亞湘：《日治時期中國戲班在臺灣》，頁 210-221。

眾而有因應之策。戰後一外省票友李獻廷就曾提到：

> （宜人京班）其作法完全按照國劇路子，武功很好，惟唱詞係用國語，念白係用閩南語，並為使本省觀眾宜於瞭解劇情起見，盡量減少唱詞，多用念白，故無繁重之慢板及反調唱工，蓋亦不得已也。[83]

而李獻廷對於臺灣在國民政府主導下的京朝派京劇主流中，「本省的」宜人京班能走海派京劇路線，以及該班在民間受歡迎的程度，則是站在京劇大眾化的立場而多予肯定：

> 除極少數人專為欣賞歌舞外，十分之八九，均是為看故事而來。……劇團之作風，應該大眾化、普遍化、通俗化、社會化，不應該專以唱腔悅耳動聽，觀眾聽不懂，僅供少數人欣賞為己足。宜人京班之作法，與上述方針吻合，實值得提倡者也。[84]

同時，他也認爲相較於滯臺演出的福州三山京閩劇社，宜人京班所演的京劇就「更合（臺灣）觀眾口味」。[85]

另外，再從廣東宜人園演出移植自潮州戲知名劇目《喜門環》（即《水蛙記》）被評爲「與潮州班所排大不相同，該班極有改良之處」看來，此有別於京劇劇目的學習而在劇目的移植上發揮了積極作用及可能性，此除了形成自身的劇目特色與優勢之外，同時，此亦爲京劇在被移植之後適應並發揮本地特色的在地化現象之一。

（二）本地京班的歷史見證與臺灣京劇身分的說明

在日治時期臺灣本地京班資料相對匱乏的情形下，我們要對臺南小羅天、金寶興、桃園永樂社、嘉義義興京班等本地京班進行歷史形貌的形塑已是難事，而廣東宜人園與宜人京班在面對商業劇場的激烈競爭下而能持續營運四十餘年，在中國京劇戲班史中也是不可多見之例。而觀

---

83 李獻廷：《梨園瑣談》，頁 159。

84 李獻廷：《梨園瑣談》，頁 149。

85 李獻廷：《梨園瑣談》，頁 149。

察該班演出的劇種轉換、移植複製海派京劇特色、因地制宜的藝術調整、本地京劇人才及觀眾的養成、與對岸戲班的競合關係、「成也劇場，敗也劇場」的生態變遷反映、散班後的京劇生命延續……等等，可以說是見證了臺灣本地京班的發展歷史。

而從其長時間的商業劇場經驗看來，此除了側面說明臺灣的京劇人口數量及歷史外，同時也突出了京劇在臺灣是有深厚民間傳統的事實，而此適足以力矯戰後以至當代臺灣京劇因政治因素被偏狹地貼上「族群化」、「地域化」標籤的「誤解」。

（三）海派京劇在臺的成功移植與適應

十九世紀末、二十世紀前半葉是海派京劇形成及壯大的時期，基本上在藝術表現的外顯特徵是連臺本戲、燈光彩頭、布景機關、聯彈對唱、真刀真槍開打等，而其內在精神則是求變、改革和創新的特質，而上述之外部特徵或內在精神皆在與京朝派京劇的對照下產生意義。

海派京劇在二十世紀前半葉開始向臺灣、南洋、中南半島等漢人聚居地傳播，[86]其中又以在臺灣一地的腳步站得最穩，影響也最大，並且培養了一批喜觀海派風格的京劇觀眾。廣東宜人園及宜人京班全面地移植海派京劇的藝術特點，並且經過選擇與適應，與觀眾不斷地「對話」磨合而得其認同與肯定，方能開啓其於日治及戰後四十年的京劇商業演出生涯。

由於臺灣觀眾看戲注重故事情節的鋪排，而演出情節連續化的連臺本戲遂成為廣東宜人園與宜人京班吸引觀眾的主要手段，《狸貓換太子》、《三國誌》、《封神榜》等連臺本戲皆為該班膾炙人口的招牌戲而處處貼演。而海派京劇中有特殊成就的關公戲傳統，該班亦因三國戲的搬演而有所繼承及發揮，班中葉祥雲及李榮興二人即以扮飾關公而聞名全臺。[87]另外，從該班的戲單宣傳、報紙報導及口述資料中亦可得知，布

---

[86] 關於海派京劇於新加坡的傳播情形可參見馬少波等主編之《中國京劇史》一書，而於緬甸、寮國、越南等地傳播的情形則可參閱京劇武生曹駿麟的自傳《氍毹八十》。

[87] 客籍作家鍾肇政在一篇回憶性文章中就曾提及，他在戰後初期看了宜人京班的演出，對於李

景機關、[88]聯彈對唱、真刀真槍開打等海派京劇特色亦皆爲該班的劇藝強項。

儘管成功移植海派京劇的藝術特色並獲得觀眾的喜愛，但此海派京劇畢竟是在臺灣站穩了腳步而非其原生地，所以，廣東宜人園與宜人京班成功的背後，其實反映的是海派京劇在臺灣「移植」後，該班如何爲了適應本地觀眾的審美習慣而進行「在地化」的過程與「變／不變」的思考、選擇，諸如維持連臺本戲的劇目特色、唱白的比例調整、念白的使用本地語言等，皆爲該班形塑出「臺灣化」海派京劇的例證。

（四）本地京劇人才及觀眾的培養

廣東宜人園與宜人京班長時間的經營，對於本地京劇人才與觀眾的培養貢獻極大，此同時亦促進及凝固了臺灣民間的京劇傳統。

關於京劇人才培養方面，該班雖非以科班而是以隨班習藝的方式訓練本地京劇演員，[89]但因直接面對商業劇場、磨練機會頻繁之故，演員的藝術水平頗高。一如張麗俊所言，就他長期看戲的戲迷角度進行觀察，廣東宜人園的藝術表現較之福州戲、京劇兼演的福州正音班如舊賽樂、新賽樂、三賽樂等亦已不遑多讓。

從廣東宜人園到宜人京班，該班至少培養了百名以上優秀的本地京劇演員，而這些演員中，除了廣東宜人園第一代演員爲來臺上海京班演員所教之外，餘者多爲第一、二代演員所傳，亦即本地京劇演員亦開始擔任教席，培養下一代的京劇新血了。

除了訓練自班的後進之外，早在廣東宜人園時期就有劉石樹、徐賢福二伶受邀至苗栗獅潭的客家戲班小美園及大湖一地教授京劇，而且培養了一批京劇演員。而在宜人京班解散後，不論是演員搭演新榮鳳班於

榮興的關公形象能夠動人之深而印象深刻。

[88] 宜人京班的布景甚多，機關運用較少，僅用於連臺本戲《封神榜》一劇。

[89] 據戰後學戲的李玉蓮言（2005 年 6 月 9 日），當時學戲必須早上五點多起床練基本功，不吃早餐，接著練習刀槍把子，之後再練身段腳步，最後才是由琴師水先（蔡泉）帶著練唱曲，十點多結束。

臺南演出外臺京劇，還是搭演歌仔戲班或客家戲班繼續演出「京劇加演」，甚至是服役時加入軍中劇團演出等，[90]此皆延續了本地京劇演員的藝術生命及擴大、延續了該班於臺灣戲曲界中的影響。

至於本地京劇觀眾的培養，從該班四十年的京劇劇場經歷以及老一輩普遍對其之記憶與印象可以看出，該班在這方面對客群的開拓有多麼不凡的貢獻。日治時期在上海京班、福州戲班來臺巡演檔期以外的空檔、尤其在昭和期對岸戲班來臺數量銳減的彼時，廣東宜人園爲本地觀眾提供了長期、固定觀賞京劇演出的機會。而戰後在外省伶人主持之私人京劇團相繼歸入軍中劇隊、[91]社會大眾減少許多觀賞京劇機會的當時，宜人京班又適時地發揮其生態填補的功能，除了原有的本地京劇觀眾之外，又照顧到許多外省的京劇觀眾。

五、結語

因爲戰後特殊的歷史因緣，京劇在臺灣長久以來似乎一直與「官方」、「外省」、「外來」等概念畫上等號，而與「民間」、「本省」、「在地」等概念對立起來，殊不知京劇在日治時期已是「在來」的劇種之一，且深受本地觀眾所喜愛，從廣東宜人園到宜人京班此一本地京班能夠長期於民間商業演出、完全靠票房收益維持營運即是明證之一。

關於臺灣民間的京劇傳統在戰後中斷的問題，邱坤良教授對此曾有準確的觀察，[92]而透過對於廣東宜人園與宜人京班的研究，除了對臺灣京劇史、戲班史的補充與建立有所助益之外，另一個重要的意義在於提供了一個理解上述問題及思考京劇於臺灣「在地化」歷程的參考對象。關於前者，民國三十八年之後在強調擁有中國法統正當性的國民政府眼中，京劇被提升至「國劇」的位階及代表，但此「榮寵」並未惠及同樣

---

[90] 如張文聰與何維雄師兄弟於金門服役時，皆於「預光國劇隊」（隊長周麟崑、隊副張義奎）演戲。

[91] 1955 年前後，顧劇團、金素琴劇團、張正芬劇團、戴綺霞劇團、聯友平劇團、劉玉琴平劇團等皆相繼解散。

[92] 邱坤良：〈半世紀的臺灣國劇〉，《表演藝術》108，頁 101-103。

是演出京劇但在「民間的」宜人京班，該班仍被劃入臺灣「地方戲劇」的範疇而任其發展，「族群化」的區別意識雖然弔詭地顯示了臺灣京劇的民間傳統及其真正的身分定位，但是，在缺乏公部門的奧援下，宜人京班畢竟不敵大環境的改變而走入了歷史，而更大的遺憾在於臺灣長期以來的民間京劇傳統因而中斷。

關於後者，欲探討京劇在臺的「在地化」問題，實則牽涉到劇種的「移植」與「流播」兩個概念的釐清。二者間最大的差別，在於劇種「移植」的動作必然發生適應性的問題，亦即「移植」一個劇種不像「流播」般，僅是曾經到此地演出過，概念即可成立，更重要的意義顯示在於該劇種與斯地的觀眾、環境「對話」之後，進而進行藝術修正、調整的「在地化」現象。而廣東宜人園與宜人京班能夠長期於民間商業巡演，在移植海派京劇的過程中又能發展出臺灣化的京劇風格並得到觀眾的認同，這正是觀察京劇在臺灣從「移植」到「內化」、「在地化」過程的最佳例子。回顧廣東宜人園與宜人京班的京劇「在地化」的歷程，再看看國光劇團多年前《媽祖》、《鄭成功》、《廖添丁》等「臺灣三部曲」的京劇本土化嘗試，兩相對照下，許多問題是否因而獲得解答呢？

附表一：

廣東宜人園、宜人園、宜人京班可考演出檔期一覽表

班名	年份	日期	演出地點	演出劇目	備註
廣東宜人園	1916	5月	楊梅壢		開棚首演
廣東宜人園	1916	9月下旬	竹南堡中港	斷機教	正旦劉英、老生顏金雀、小生楊蘆妹等女伶受好評。
廣東宜人園	1917	2月27-29日	桃園景福宮		演員曾雙立、顏金雀、陳換榮等頗受好評。
廣東宜人園	1917	4月22日	豐原慈濟宮		
廣東宜人園	1921	8月2日	艋舺戲園	日戲：卸甲封王、烈女破腹驗花全本 夜戲：三寶記全本（包公案）	
廣東宜人園	1921	8月3日	艋舺戲園	日戲：夜吊秋嬉全本 夜戲：桑園寄子、由天配	
廣東宜人園	1921	8月4日	艋舺戲園	日戲：三死復生、楊三笑 夜戲：霞萌關、水蛙記喜門環	報載「喜門環一劇，與潮州班所排大不相同，該班極有改良之處。」
廣東宜人園	1922	9月22日至10月上旬	白河茶園	夜戲：包公出世、貍貓換太子	班中演員以孔金雀、小玉蘭、葉祥雲、劉石樹、粉白燕等最爲知名。
廣東宜人園	1923	2月16日(舊曆初一）起	鳳山座		三、四年前該班曾至鳳山座演出

廣東宜人園	1924	3月上旬	麻豆戲園		
廣東宜人園	1924	3月11日	臺南佳里庄		
廣東宜人園	1924	6月7日	臺南白河	日戲：薛仁貴大破蜈蚣陣、青草記、遊西湖 夜戲：過五關、喜門環	
廣東宜人園	1924	8月6日起	臺北 永樂座	日戲：全家福祿、雙陵山、遊西湖 夜戲：烈女殉夫、古城會、移桃換李	該班之關公戲能從關公出世演至麥城顯聖。
廣東宜人園	1924	8月7日	臺北 永樂座	日戲：土行孫招親、打花鼓、白馬坡解重圍 夜戲：關公單騎走千里、花田八錯、曾家花園	
廣東宜人園	1924	8月9日	臺北 永樂座	日戲：特排霞萌關文明好戲、清涯河張順下山、烈女破腹驗花 夜戲：三花會、二本麥城顯聖活拿呂蒙	
廣東宜人園	1924	9月中旬	汐止灘音座		
廣東宜人園	1925	4月上旬至4月14日	臺南佳里		報評該班「布景甚佳，技藝絕妙。而演之藝目，皆以忠孝節義喜怒哀樂，甚然出色，故博該地紳商贊賞。」
廣東	1925	6月16日	臺中		

宜人園			樂舞臺		
廣東宜人園	1926	8月12日	大甲鳳舞臺	日戲：薛仁貴大破鳳凰城大武戲、假仙丹醫死真大王 夜戲：陳金生賣唱、頭本關公出世	日戲：下午二時至五時半 夜戲：夜七時至十二時
廣東宜人園	1926	8月18日	大甲鳳舞臺	日戲：全家福祿、揚州奇案 夜戲：頭本包公出世	
廣東宜人園	1926	8月19日	大甲鳳舞臺	日戲：由大記 夜戲：二本包公出世	
廣東宜人園	1930	9月9日	豐原座		夜戲演出被評「其劇色、唱念、比武、管絃、幻景等，不亞於閩班正音者」。
廣東宜人園	1935	9月24日	豐原座		
廣東宜人園	1935	10月1日	霧峰劇場		
廣東宜人園	1935	10月31日起	竹山劇場	施公案、封神演義、三國誌	
廣東宜人園	1936	2月27日起	屏東座		
宜人園	1946	1月4-10日	臺北中山堂	日戲：封神榜、三國誌（加演） 夜戲：狸貓換太子、三國誌（加演）	1、日戲一點起，夜戲七點起。 2、美觀布景、文有七音聯彈、武有真刀真槍
宜人	1946	1月16日起	臺北		日戲一點半，夜

園			永樂座		戲七點起。 來聽！七音聯彈的京調 來看！演戲的藝術
宜人園	1946	2月2日（舊曆元旦）起	基隆 新生戲院	日戲：狸貓換太子 夜戲：三國誌演義 其他加演	文有七音聯彈、美奇布景、真刀真槍打武
宜人京班	1946	7月17-25日	臺北 中山堂	日戲：狸貓換太子（包公案） 夜戲：三國志演義（全本）	1、日戲二時，夜戲八時起。 2、真刀真槍、有文有武、七連京調、美麗活景
宜人京班	1946	7月27日	臺北 中山堂	日戲：哪吒鬧東海（封神榜） 夜戲：全本劉備招親（連回荆州）	宜人京班再延兩天
宜人京班	1946	7月28日至11月5日	臺南 赤崁戲院	日戲：狸貓換太子 夜戲：三國誌頭本孔明招親、三搜臥龍岡、長坂坡、封神榜	新浪七音聯彈對唱，全部正音唱調，真刀真槍大打武，特挑全班傑作，高尙妙劇，精越的演技，臺灣唯一純粹京劇（中華日報）
宜人京班	1947	2月底-3月初	岡山戲院		
宜人京班	1947	4月29日至5月7日	臺南 全成戲院	日戲：狸貓換太子全本 夜戲：三國誌全本	陸軍整編二十一師145旅435團中山俱樂部籌募文化基金公演（中華日報）
宜人京班	1947	7月25至8月5日	臺南 延平戲院	日戲：蝴蝶飛全本、封神榜頭本至十本大結局 夜戲：狸貓換太子頭本至十一	國防部青年軍臺灣通訊處臺南小組爲籌募文化基金公演平劇（中華日

				本大結局，每夜加演三國誌	報）
宜人京班	1947	12月10日起開演	花蓮 中央戲院	日戲：包公奇案（狸貓換太子） 夜戲：三國誌	1、宣傳強調「祖國文化普及急先鋒／臺灣唯一純粹的京班」 2、一行男女演員八十餘名，並強調女名伶李秋蓮、李純蓮。 3、該班特色：真刀真鎗、空拳擊戰 機關變景、新裝衣冠 七音連彈、北曲唱調（花蓮更生報）
宜人京班	1948	5月21日至31日	高雄 鳳山戲院	日戲：狸貓換太子、狄青斬王天化、狄青取珍珠旗 夜戲：三國誌、加演薛仁貴	宣傳強調「臺省唯一到處歡迎全部京調」（中華日報）
宜人京班	1948	6月1-10日	高雄 大舞臺	日戲：狸貓換太子全本 夜戲：三國誌全本	臺省京班第一班，全班八十餘名大獻技，臺省一流花旦純蓮，秋蓮大熱演
宜人京班	1948	7月2-11日	臺南 大舞臺	日戲：封神榜 夜戲：三國誌	青衣李純連，花旦李秋蓮，紅生老生李榮興，武老生顏金生，文老生劉石樹，唱功老生黃玉麟，大花徐賢福，武花徐本火，女小生曾玉英，女老生顏金雀，文武三花吳玉通，馬僮羅玉冉（按：羅冉

					飛），小旦葉瑞蓮，正旦黃桂香（按：妹），一行人百餘人來演，夜戲又名《關公演義》。
宜人京班	1948	8 月 11-20 日	嘉義 大同戲院	日戲：封神榜連續篇 夜戲：三國誌全本	
宜人京班	1948	10 月 11 日起十天	斗六 世界戲院	日戲：狸貓換太子 夜戲：三國誌全本	
宜人京班	1950	1 月 1 日起	臺南 全成戲院	日戲：孟麗君脫靴 夜戲：孫悟空大鬧天宮、貂蟬弄月 ，加演三請孔明	
宜人京班	1950	3 月 1-10 日	高雄 光華戲院	日戲：孟麗君脫靴 夜戲：封神榜	
宜人京班	1950	3 月 11-20 日	高雄 天華戲院	日戲：孟麗君脫靴 夜戲：封神榜	
宜人京班	1950	8 月 11 日	臺南 延平戲院	日戲：萬花樓狄青平西 夜戲：岳飛出世	
宜人京班	1950	12 月 1-10 日	麻豆 電姬戲院		麻豆鎮事業協進會爲籌募冬令貧民救濟金，特聘新竹宜人京班，假「電姬戲院」開演，將其受益充作救濟金。
宜人京班	1951	11 月 11 日-12 月 13 日	基隆 高砂戲院	日戲：封神榜、薛仁貴征東（全本連演） 夜戲：三國誌、狸貓換太子（全	

				本連演）	
宜人京班	1952	3月1-20日	新竹樂民戲院		
宜人京班	1952	4月21日-5月20日	基隆高砂戲院		
宜人京班	1952	7月1-10日	新竹新舞臺		
宜人京班	1952	10月22日	新營新舞臺	日戲：封神榜演義 夜戲：關公大演義	京音白話、角色林立、服裝新穎、文武齊全、劇情緊張
宜人京班	1952	11月11日起10天	鹽水東文社戲院	日戲：狸貓換太子 夜戲：三國誌關公大演義	
宜人京班	1952	11月21-30日	臺南中華戲院	日戲：蒼蠅記、狸貓換太子 夜戲：三國誌	全票2元2角 半票1元1角
宜人京班	1953	1月1-19日	臺南中華戲院	日戲：狄青五虎平西、楊宗保歸天、包公斬五鬼、孟麗君脫靴 夜戲：三國誌、楊家將	
宜人京班	1953	1月21-31日	嘉義國民戲院	日戲：封神榜 夜戲：包公案	每夜加演三國誌，京調白話，標準京劇
宜人京班	1953	4月1-11日	新竹新舞臺	日戲：薛仁貴征東 夜戲：岳飛出世	
宜人京班	1953	5月1-10日	臺南光華戲院	日戲：薛仁貴大演義、狄青五虎平西 夜戲：關公大演義、孫龐演義	服色豪華甲南北，文武兩倍稱王座，布景富麗冠全臺，唱作雙全獨佔魁，四十套新裝一齊登場，百餘名紅伶合力獻演。
宜人京班	1953	5月11日	臺南戲院	日戲：五虎平西 夜戲：孫龐演義	國語臺語對答，臺省最馳名的名班，包人人滿意的名劇，四

					十套新裝一齊登場，百餘名紅伶合力獻演。
宜人京班	1953	6月1-20日	高雄 新高戲院	日戲：包公奇案、五虎平西 夜戲：孫龐演義、三國誌	
宜人京班	1953	7月11-20日	高雄 天華戲院	日戲：薛仁貴征東 夜戲：封神榜，加演三國誌	
宜人京班	1954	1月1-10日	臺北 華山戲院		
宜人京班	1954	3月1-13日	苗栗 南庄戲院		
宜人京班	1954	6月11-20日	臺北 萬華戲院		
宜人京班	1954	7月11-20日	臺北 雙連戲院		
宜人京班	1956	1月11-20日	臺北 萬華戲院	日戲： 狄青出世五虎平西 夜戲： 包公案狸貓換太子	
宜人京班	1956	2月18日	關西 東泰戲院		
宜人京班	1956	3月11-20日	新竹 新舞臺		臺語口白 京調歌詞
宜人京班	1956	4月下旬	臺中市 新舞臺		
宜人京班	1956	5月11-20日	彰化市 民生戲院		
宜人京班	1956	7月1-10日	臺南白河 大眾戲院		
宜人京班	1956	8月21日	臺南戲院		挽友情商重金禮聘名震寶島獨一紅星李榮興，風雅瀟灑唱作小生李秋蓮，豔麗花衫李寶蓮，馳名全省

					青衣李瑞（按：純）蓮，南北名優驚人演出。
宜人京班	1956	9月1-10日	臺南 光華戲院		
宜人京班	1956	10月1-10日	高雄 岡鎮大戲院	日戲：狄青五虎平西 夜戲：三國誌演義	臺省著名國臺語平劇
宜人京班	1956	10月11日	高雄 新高戲院	日戲：狄青五虎平西 夜戲：三國誌演義	
宜人京班	1956	10月下旬	高雄苓雅寮 新寶戲院	日戲：薛仁貴征東 夜戲：包公案（加演三國誌）	國臺語平劇
宜人京班	1957	2月上、中旬	臺南戲院	日戲：薛仁貴征東 夜戲：七國誌	全省獨一無二京調臺語對白，老牌紅星李榮興、李寶蓮、李秋蓮、徐賢福。
宜人京班	1957	2月下旬	臺南 南臺戲院		角色齊全，服色全新，陣容堅強，布景堂皇，譽滿寶島，機會難得。
宜人京班	1957	9月1日	臺南新營 康樂戲院	日戲：三國誌關公大演義 夜戲：五虎平西狄青取旗	
宜人京班	1957	9月11-20日	臺南 南臺戲院	日戲：萬花樓 夜戲：孫龐演義	1、陣容堅強，南北名優，驚人藝術，服色全新，布景優雅，演唱高群，群芳匯演，南北馳名，李榮興領導。 2、全票2.80元，半票1.60

					元，英俊小生人氣絕頂，李秋蓮、李寶蓮一枝獨秀，花旦葉瑞蓮、徐玉枝。
宜人京班	1957	10月1-10日	臺北市華山戲院		
宜人京班	1957	11月21-30日	臺北市芳明戲院		
宜人京班	1957	12月1-10日	臺北市大橋戲院		
宜人京班	1957	12月11-20日	臺北市大中華戲院		
宜人京班	1958	1月1-10日	臺北市芳明戲院		
宜人京班	1958	1月11-20日	臺北市大橋戲院		
宜人京班	1958	12月6-10日	三重天南戲院		
宜人京班	1958	12月12-20日	臺北市大中華戲院		
宜人京班	1959	3月1-10日	臺北市芳明戲院		
宜人京班	1959	9月1日	臺南南臺戲院		
宜人京班	1959	9月30日、10月1日	臺南南臺戲院		李榮興退股出班
宜人京班	1959	11月23日至12月6日	鹽水永成戲院		
宜人京班	1960	2月10日	雲林縣大復戲院		
宜人京班	1960	2月12日	雲林縣鎮南戲院		
宜人京班	1960	8月2-10日	鹽水永成戲院		已由葉國道、外號「えびす」者接手經營。
宜人京班	1960	8月11-31日	臺南南臺戲院		
宜人京班	1960	9月30日起	臺南戲院	日戲：薛仁貴征東 夜戲：孫臏下	

				山、三國誌	
宜人京班	1960	11月21-30日	鹽水 永成戲院		
宜人京班	1961	2月初	基隆		
宜人京班	1961	2月底	桃園 文化戲院		解散

製表：徐亞湘

◎資料出處：

呂訴上，《臺灣電影戲劇史》，臺北：銀華出版部，1961。

徐亞湘主編，《日治時期臺灣報刊戲曲資料檢索光碟》，宜蘭：傳藝中心，2004。

《臺灣新生報》，1945-1949。

《聯合報》，1951-1959。

《中華日報》、《民聲日報》（感謝林永昌先生提供）。

《地方戲劇雜誌》（1946-1947）。

附表二：廣東宜人園、宜人京班成員一覽表

班名	姓名	性別	行當	備註
廣東宜人園	劉　英	女	正旦	
廣東宜人園 宜人京班	顏金雀（孔金雀）	女	老生	顏金生之姐、李和興之妻
廣東宜人園	楊蘆妹	女	小生	葉祥雲（關公雲）之妻
廣東宜人園	小玉蘭	女	武生、小生、花旦、正旦	
廣東宜人園	粉白燕	女	花旦、老生	
廣東宜人園	楊柳綠	女	小生、三花、老旦	
廣東宜人園	紅玉蘭	女	青衣	
廣東宜人園	夜月嬌	女	小生、二花	
廣東宜人園	廖月明	女	小生、花旦	
廣東宜人園	紅林杏		老旦	
廣東宜人園	申膺妹（1916 年生，龍潭人）	女	旦	1925 年入班學戲。
廣東宜人園	柳鶯鶯	女	正旦	
廣東宜人園	吳因春	女	花旦	
廣東宜人園	桂花香	女	小生、彩旦	
廣東宜人園	顏金珠	女	老生	
廣東宜人園	顏秋雲	女	花旦	
廣東宜人園	梅先春		旦	
廣東宜人園	杏花紅	女	老旦、花旦	
廣東宜人園	早春梅	女	貼旦	
廣東宜人園	賽玉蘭	女	正旦	
廣東宜人園	賽碧玉	女	小生	
廣東宜人園	八雅粉	女		
廣東宜人園	秋月圓	女	小旦	
廣東宜人園	雙金扇	女	正旦	
廣東宜人園	歐芹花	女	花旦	後嫁「小美園」班主王裕豐
廣東宜人園 宜人京班	曾玉英	女	小生	曾雙立之女
廣東宜人園	葉員妹	女	武生	葉日旺之妻
廣東宜人園 宜人京班	黃桂妹	女	老旦	徐本火之妻
廣東宜人園	曾雙立（生於 1904 年左右）	男	武生、老生	其妻亦爲班中演員 戰爭期赴滿州國發展
廣東宜人園 宜人京班	黃玉麟（阿祥）	男	小生	曾雙立女婿，1956 年左右離開宜人京班。
廣東宜人園	曾更輝	男	老生、三花、	

			小生	
廣東宜人園	葉祥雲（關公榮，楊梅人）	男	紅生、老生、大花	小生楊蘆妹之夫
廣東宜人園	陳換（煥）榮	男	二花、大花、老生、武生	
廣東宜人園 宜人京班	葉日旺	男	二花	葉員妹之夫
廣東宜人園 宜人京班	劉石樹（阿細妹，龍潭人）	男	小生、三花、老生、武生	妻許蒜妹於班中煮飯
廣東宜人園 宜人京班	徐本火（竹東人，1949 年歿）	男	武生、武二花、老生、紅生、刀馬旦	黃桂妹之夫
廣東宜人園 宜人京班	顏金生（阿坤，新竹人）	男	武生、老生、大花、武二花	顏（孔）金雀之弟
廣東宜人園 宜人京班	徐賢福（1904-1983，龍潭人）	男	大花	徐仁光之父 其妻田金妹於班中管衣箱
廣東宜人園	張國才（1880-1966，福建永定人）	男	教師	整「同樂春」傀儡戲班
廣東宜人園	范姜文賢（1894-1975，新屋石磊人）	男	教師、股東	張國才之徒，整「錦華軒」傀儡戲班
廣東宜人園	金有倫（外省人）	男	教師	
廣東宜人園	何振奎（外省人）	男	教師	留臺京劇演員
廣東宜人園	張玉順（青島人）	男	教師	留臺京劇演員
廣東宜人園	趙福奎（外省人）	男	教師	留臺京劇演員
廣東宜人園	閻鳳霞（外省人）	女	教師	留臺京劇演員
廣東宜人園	閻鳳雲（外省人）	女	教師	閻鳳霞之妹
廣東宜人園	芮桂芳（外省人）	男	教師	留臺京劇演員
廣東宜人園	芮童寶（外省人）	男	教師	芮桂芳之子
廣東宜人園	一平（福州人）	男	教師，二花臉	留臺京劇演員
廣東宜人園	德福（福州人）	男	教師，武行	留臺京劇演員
廣東宜人園	徐天發	男	武生	
廣東宜人園	徐家出	男	三花	
廣東宜人園	石耀宗	男		
廣東宜人園	莊接喜（桃園觀音人）	男	三花、小生、武丑	
廣東宜人園	莊如神	男	文丑、二花	
廣東宜人園	李和興（龍潭三合水人）	男	武生	李榮興之兄、顏金雀之夫，其子李鏡鑑後於宜人京班中管帳。
廣東宜人園	李榮興	男	老生、紅生、	民國五十年代曾任臺北市

宜人京班	（1903-1980 年代，龍潭三合水人）		武生	中山區里長，住臺北市松江路 19 號。
廣東宜人園	范姜新露（新屋人）	男	創班班主	網球國手、教練范姜國雄之祖父
廣東宜人園 宜人京班	葉國道（葉雲庚）（1909-1976，楊梅老飯店人）	男	班主、股東	於現楊梅紅梅里市場邊經營「濟安藥房」，戰爭期組「勝美新劇團」，戰後曾整「勝美歌劇團」及任楊梅鎮民代表，住楊梅鎮市場街 17 號。
廣東宜人園	李鏡鑑（阿番）	男	小生	李榮興兄李和興與孔金雀之子。
廣東宜人園	李阿美			
廣東宜人園	邱炳漢	男	二花	
廣東宜人園	余玄福	男	三花、花旦	
廣東宜人園	戴阿木	男	彩旦	
廣東宜人園	九齡童	男		
廣東宜人園	白海棠	男	二花、小生、大花	
廣東宜人園	陳大目	男		
廣東宜人園	陳秋承	男		
廣東宜人園	白蝴蝶			
廣東宜人園	李笑春			
廣東宜人園	盧興祥	男	二花	
廣東宜人園	黃採介	男	老生	
廣東宜人園	夜下紅			
廣東宜人園	王碧玉			
廣東宜人園	楊瑞青			
廣東宜人園	傅錦祥（苗栗大湖人）	男	二花、武生	京戲演員朱陸豪的外祖父，戰後於「勝美園」任文管事。
廣東宜人園 宜人京班	羅秀鑑（1924-2008，龍潭人）	男	武生、紅生	民國四十年代後期曾至麥寮「拱樂社」、高雄「日光」等歌仔戲班擔任戲劇指導。其妻吳甚爲「日光」出身的歌仔戲演員。
廣東宜人園 宜人京班	羅冉飛	男	武二花、武生	戰後曾搭高雄「日光」歌仔戲班，娶「日光」女演員蘇梅花爲妻。
廣東宜人園 宜人京班	吳玉通（苗栗大湖人）	男	三花、武生	
廣東宜人園	李玉榮（阿妹	男	老生	後曾搭「新榮鳳」於臺南演

宜人京班	叔，苗栗大湖人）			出外臺京劇。
廣東宜人園 宜人京班	范振聲（新竹芎林人）	男	頭手絃	芎林國小第六屆(1911年3月）畢業。 范月鳳之父。
廣東宜人園 宜人京班	黃金運	男	京胡	
廣東宜人園 宜人京班	宋文盛	男	打鑼鈔	宜人京班二花臉宋乾鳳之父。 其妻陳友妹於班中煮飯。
宜人京班	李秋蓮 （1925-2009，埔里人，原姓白）	女	小生、花旦	李榮興長女。
	李純蓮 （1929-，楊梅老坑人）	女	青衣、花旦	李榮興次女，3歲爲李榮興收養，現居宜蘭市。
	李玉蓮 （1933年生）	女	小生、武生	李榮興三女，現居花蓮新城。
	李綉蓮（1933年生，虎尾人，已歿）	女	二路旦角	李榮興四女。
	李寶蓮 （1936年生）	女	刀馬旦、青衣、花旦	李榮興五女，出生70天即被收養，後曾嫁京戲乾旦程景祥。
	李青蓮	女		李榮興六女，現居高雄。
	李麗蓮	女		李榮興七女，現居菲律賓。
	徐玉枝 （1939年生）	女	花旦	徐賢福之養女、徐仁光之妹。
	顏麗玉 （1938年生）	女	武生、老生	顏金生之養女。
	范月鳳（阿妹嬤，已歿）	女	旦	廣東宜人園絃師范振聲之女，後搭「新榮鳳」、「華美」等班。
	吳美玉(みじこ)	女	旦	絃師吳明漢之女，學戲時亦被張慶樓教過。
	蘇梅花	女	旦	羅冉飛之妻，現居桃園平鎮，高雄「日光」歌劇團出身。
	何蓮英	女	青衣	本名何香妹，後轉搭「勝美歌劇團」，嫁班主葉國道長子葉佐凱爲妻。
	劉碧雲 （1937年生）	女	小生	劉石樹長女、陳秋生之妻，小學畢業後入班學戲，現居汐止。

宜人京班	劉菊枝	女	青衣	劉石樹次女。
	賴寶貴（1936年生）	女	旦角	打鼓佬賴樹之養女、阮榮全之妻。
	葉瑞蓮	女	青衣	葉日旺之女、李慶源之妻。
	黃金枝（1936年生，鳳山人）	女	文武小生	13歲入宜人京班學戲，黃玉麟、曾玉英之養女、蔡伯良之妻，現居鳳山。
	李振銀（浙江溫州人）	男	三花	外號「歐ㄉㄟ」。
	胡延林（江蘇鎮江人）	男	老生、紅生	票友出身，後搭「明駝國劇隊」、臺北今日世界麒麟廳周麟崑之班。
	呂建亭（1901-1950，河北大興人）	男	武生	歌仔戲演員呂老虎、呂福祿之父。
	張慶樓（江蘇鎮江人，1900年左右生，已歿）	男	老師	
	張君武（江蘇鎮江人，1910年左右生）	男		張慶樓之弟。
	張富根	男		張君武之子，後入電視臺當演員，藝名張鵬。
	張富椿	男		張君武之子，後入小大鵬學戲，現爲臺灣戲曲學院教師。
	徐仁光（1932-2015年）	男	大花	徐賢福長子。其妻巫鳳珍亦於班中任箱管一職。
	宋乾鳳（阿鳳，已歿）	男	武二花	廣東宜人園、宜人京班鑼鈔手宋文盛之子。 散班後搭新榮鳳。
	蔡伯良（1931-2007）	男		頭手絃蔡泉長子，散班後於鳳山當總舖師。
	蔡伯崑（1934年生）	男		頭手絃蔡泉次子，離班後向曾雙立之子曾精榮學習照相，後開設「國際照相館」，現居桃園。
	阮榮全（已歿）	男	二花臉、鼓師	賴寶貴之夫，離班後擔任隨車捆工，後意外死亡。
	李慶源（已歿）	男		葉瑞蓮之夫。
	陳秋生（陳勇，1932-2010，浙江鎮海人）	男	老生、琴師	劉碧雲之夫。

宜人京班	邱雲盡	男	彩旦	
	邱綿火	男	武二花	
	謝雲宏（已歿）	男	武行	劉石樹繼子。
	葉□水（1937 年生，竹東人）	男		
	古金水(龍潭水）	男	下手、武行	
	張文聰（1942-2011，竹東人）	男	武行	張鐵山之弟，13 歲入班，綁戲 5 年。
	張鐵山（1940 年生，竹東人）	男	武行	現居臺南。
	何維雄（1941 年生，新竹寶山人）	男	武行、花臉	1955 年入班，綁戲 5 年，後搭金興社、民安、福昇、大鵬等班，現居新竹市。
	彭勝雄（阿槌仔，1944-2014，楊梅人）	男		「勝美歌劇團」出身，後整「勝拱樂」。
	吳再添（1935 年生）	男	雜角	絃師吳明漢之子。
	李則家	男		戲沒學成僅一年多即離班，現住中壢。
	張功益（屏東內埔人，已歿）	男		戲沒學成僅一年多即離班。
	徐瑞雄	男		徐本火之子，出班後長期服務於鐵路局，現居花蓮玉里。
	麥金龍	男		
	茂昌（屏東內埔人，已歿）	男		戲沒學成即離班。
	大郎（新竹北埔人）	男		戲沒學成即離班。
	四郎（龍潭人）	男		戲沒學成即離班。
	蔡泉（水先，已歿）	男	頭手絃、教師	日治時期臺南藝妲曲師，從肉粽先習藝。
	賴樹（惡仔叔，已歿）	男	打鼓佬	賴寶貴之父
	吳明漢（阿漢伯，已歿）	男	二胡	
	阿發	男	武場	
	徐仁統	男	打鼓佬	徐賢福次子。

製表：徐亞湘

知識分子眼中的歌仔戲圖像

——以日治時期知識分子對歌仔戲的接受史為中心

一、前言

儘管發展的時間尚短，歌仔戲在日治時期因民間性及商業性的雙重關係交互影響之下，迅速從小戲階段跨越至商業內臺，進而取代京戲而成爲臺灣商業劇場的新主流。於此同時，也因爲其「快速流行／藝術早熟」的現象特質與演員的素質對社會造成許多「負面」的影響，導致了當時新、舊知識分子因不同的原因而對其一致的撻伐與議禁，雖然，其中不乏有同情、理解者。

日治時期知識分子面對歌仔戲此一新興劇種的態度，在抗拒與接受之間，到底對臺灣歌仔戲的發展起著什麼樣的作用？新、舊兩派知識分子在抨擊、議禁歌仔戲的背後，究竟有何更深層的概念驅使？新、舊知識分子是對立抑或重疊的關係？經過選擇、再呈現的「歌仔戲圖像」，反映了多少的真實性？當時知識分子對歌仔戲的批判傳統，對歌仔戲後來的發展可有影響？而當戲曲環境已迴異於以往，當代戲曲必須站在藝術的高度面對未來的時候，知識分子到底對歌仔戲發展從歷史的理解中又能夠發揮什麼樣的專業關鍵功能？凡此種種疑問，引發筆者研究此題的興趣。

目前，歌仔戲相關研究成果已相當豐碩，在劇種史、劇場史、研究史、藝人生命史、戲班史、兩岸發展比較、編劇、表演、導演、舞美、生態等面向的論述已汗牛充棟，唯鮮少有從此角度切入者。是故，本文主要嘗試透過日治時期知識分子對歌仔戲發展歷程中所抱持的「抗拒／接受」態度，及其背後潛藏的因素做更細膩的分析，以便考察「歌仔戲／民間性」與「知識人／現代性」間的磨合過程，以及觀察當時知識分子在新興劇種發展歷程中所扮演的角色及其影響，並循此討論軸線對當代臺灣歌仔戲的發展提出看法。

必須先聲明釐清的是，本文所言之日治時期知識分子的概念，乃因人民受教育、具備知識基礎的不同而分成兩類，但皆帶有一定程度的菁英傾向。一是傳統知識分子，乃是接受私塾漢學教育，以漢文化爲本位、儒家思想爲核心的舊文人及地方仕紳，二是新式知識分子，指的是接受現代教育的養成，多有留學經驗之新文學作家、參與文化運動、政治運動者。

二、早熟的劇種與「歌仔戲圖像」

歌仔戲形成於日治時期，至遲在明治三十八年（1905），宜蘭東勢一帶的酬神賽會，已動輒有「鄉間之浮浪子弟」登臺演出歌戲（歌仔戲的早期稱謂）的情形，當時歌戲的演出被「有識之士」批評爲「其聲淫其狀醜。其所搬演之齣。不外淫女私奔之情事。」的民間「惡習」之一。[1]大正二年（1914）的艋舺亦已出現「近時俗不可耐」的歌仔戲演出。[2]

之後的一、二十年，臺灣因都市化的速度加快，商業劇場活動逐漸興盛，上海京班、福州徽班、福州戲班、潮州白字戲、外江戲班等相繼渡臺商業巡演，[3]加上本地戲班如七子戲、京戲班的嘗試跨進內臺，一時臺灣的商業劇場活動可謂熱鬧空前。在這一波熱潮中，新興的歌仔戲並未缺席，但是，當歌仔戲嘗試從鄉間小戲演出走進城市商業劇場，從業餘走向職業之時，與其他相對發展成熟的劇種一比，就馬上意識到自身在劇目及藝術表現手段上的不足，[4]於是， 在其原本「以臺語爲說白及歌唱。男婦老幼俱曉」的語言優勢之外，向藝術相對成熟、豐富的劇種借鏡，移植所需的劇目與表現元素，就成爲其迅速發展的必要手段。

---

[1]〈惡習二則．歌戲〉，《漢文臺灣日日新報》，1905 年 8 月 18 日。

[2]〈艋舺御前清唱 準備演半月間〉，《臺灣日日新報》，1914 年 8 月 28 日。

[3] 有關日治時期來臺演出之中國戲班的巡演情形及其影響，參閱徐亞湘：《日治時期中國戲班在臺灣》，（臺北：南天書局，2000）一書。

[4] 林鶴宜：〈從戲種的歷史進程看日據時期歌仔戲唱片的價值〉，《聽到臺灣歷史的聲音》（臺北：國立傳統藝術中心籌備處，2000），頁 21。

從 1920 年代中期至昭和十二年（1937）中日戰爭爆發爲止是內臺歌仔戲的發展高峰，從大正十一年（1922）7 月，第一個目前可考的內臺歌仔戲班——桃園清樂社在嘉義「南座」演出開始，[5]一直到 1937 年，僅是可考的歌仔戲班數量即超過五十個。[6]

短時間之內，歌仔戲在內臺市場所獲致的成功，並不意味著藝術上有相對速度的提升。語言的可親性、音樂易於傳唱及表演內容易得情感共鳴等特點，才是歌仔戲深獲一般大眾歡迎的主因。至於藝術的表現，歌仔戲則呈現出明顯的拼貼性，亦即在歌仔戲中得見各劇種的移植痕跡而未見有機的消化及達到相應的藝術水平。另外，從供／需的角度觀察，戲班數量的快速成長顯示出演員的需求量大增，而這批演員隊伍得以迅速成軍，亦透露出早期內臺歌仔戲演員的養成素質，及劇種本身的藝術層次。

歌仔戲這個新興劇種的誕生與崛起，一直與她的民間性有關，採用庶民的生活語言、音樂，表達庶民的思想感情，受到普羅大眾的接受與歡迎自是當然，文化藝術，似乎並不是他們主要的審美需求與追求，演員的人品特質也非他們所在意。但是，在知識分子的眼中，這些都成了理應抨擊和批判的對象。

日治時期歌仔戲受歡迎的程度與其藝術表現的嚴重失衡，被稱爲「早熟的劇種」似乎並不爲過。[7]亦即當時歌仔戲迅速達至的藝術形式與內容，並非是在一定的時間長度裡靠著自身的藝術積累與觀眾間的審美磨合互動而自然產生，而是受到現代化、城市化、商業化的影響，在整體商業劇場生態蓬勃發展的刺激下，而迅速移植、拼貼出來的。歌仔戲在藝術上因拼貼所顯現的「早熟」，及因此所造成廣泛的社會影響，挑戰著當時一部分知識分子既有的戲曲印象及教化功能的期待，在現代

[5]〈改良白字戲〉，《臺南新報》，1925 年 4 月 9 日。

[6] 關於日治時期臺灣各劇種內臺戲班的資料，參閱徐亞湘：《日治時期臺灣戲曲史論：現代化作用下的劇種與劇場》（臺北：南天書局，2006），頁 175-194。

[7] 此處「早熟」的概念，乃借自於矢內原忠雄稱日本在臺灣的殖民統治是一種「早熟的帝國主義」一語。見矢內原忠雄著，陳茂源譯：《日本帝國主義下之臺灣》（臺中：臺灣省文獻委員會，1952），頁 187。

化的進程中，另一部分的知識分子則質疑歌仔戲的風行將對臺灣亟需的現代化促進及提升產生不利的負面影響。

透過對日治時期報紙如《臺灣日日新報》、《臺南新報》和《臺灣民報》、《臺灣新民報》上對歌仔戲相關報導的考察，可以瞭解當時新、舊知識分子眼中歌仔戲的「公共形象」。[8]他們對歌仔戲的總體印象是「紊亂風紀、敗壞風俗，爲社會之流毒」，而對其藝術個別方面的觀感則如下述：

音樂：「歌仔戲之調。卑卑靡靡。僅僅一調。所唱即臺灣話。極易曉。狹褻詞句。故無知男女。趨之若狂。」[9]、「歌詞很淫蕩、所用的樂器是很低級、調子也很淫蕩、使一般男女聽之會挑發邪情、又所唱的歌詞也是很邪淫的」[10]等。

表演：「丑角……賣弄其狡獪說白打科。挑撥婦女」[11]、「在表演中每逢男女談話等表情過於猥褻、所用的科白也多淫詞、所以引誘挑動邪情的尤更直接」[12]等。

劇目：「穢褻不堪寓目。因之人家婦女。被蠱惑者頗多」[13]、「均係淫齣。藉博婦女歡迎」[14]、「雖標榜忠孝節義。其實皆淫詞穢曲」[15]等。

演員：「男多屬無賴者流。女亦有淫奔之輩。故每扮演臺上。聲歌無非豔曲。彈唱盡是淫詞。翩翩舞袖。媚態百端。必使觀者目眩心迷」[16]、「男優多是不良分子、常有引誘挑發女觀客陷入迷途、而女優多行蜜淫迷惑男觀客的很多」[17]等。

知識分子及地方仕紳對歌仔戲進入商業劇場初期連續、猛烈的群起

---

[8]《臺灣日日新報》、《臺南新報》等親日報紙為當時臺灣舊詩壇、舊文學陣營的大本營，而《臺灣民報》及其後的《臺灣新民報》，新文學陣營則以此抗日政治運動的機關報為其堡壘。

[9]〈無腔笛〉，《臺灣日日新報》，1928年4月23日。

[10]〈歌仔戲怎樣要禁？〉，《臺灣民報》，1927年1月9日。

[11]〈優伶之淫惡 不舞臺歌仔戲 丑角游阿照〉，《臺南新報》，1926年6月15日。

[12]〈歌仔戲怎樣要禁？〉，《臺灣民報》，1927年1月9日。

[13]〈臺中・劇場為淫窟〉，《臺灣日日新報》，1926年5月23日。

[14]〈屏東通信・淫戲宜禁〉，《臺南新報》，1926年4月25日。

[15]〈淫戲宜禁〉，《臺灣日日新報》，1926年8月13日。

[16] 黃梧桐：〈戲劇與風紀〉，《臺灣日日新報》，1928年5月1日。

[17]〈歌仔戲怎樣要禁？〉，《臺灣民報》，1927年1月9日。

攻之，並要求地方行政、警察機關予以查禁，實際上反映出的是歌仔戲在民間受歡迎的程度及其社會影響力，同時，也顯現出知識階層所重及民間所好的巨大歧異。在飽受抨擊、議禁的同時，歌仔戲界曾有部分戲班「自清」標榜所演爲忠孝節義者以示與他者不同，更大部分則是爲了改變給人一般刻板的淫惡印象而權宜地變換名目，而以「白字戲」、「改良班」、「男女班」等中性名稱行藝，[18]但此並未減少被批評的次數，反而被指責爲「掛羊頭賣狗肉」、「換湯不換藥」的惡劣行徑。

大正末期至昭和初年，是報刊議禁歌仔戲相關報導數量最多的一段時間。昭和五年（1930）之後，對歌仔戲的議禁之聲已明顯減少，但取而代之的是歌仔戲班的巡演消息和對戲班及演員，諸如與鬧事、偷竊、誘拐、賭博等負面形象相連結的報導。[19]

一如薩依德（Edward W. Said）在其《東方主義》（*Orientalism*）一書所說，西方殖民者還未到達並理解東方之前，就已事先建構一個東方圖像。[20]同樣的道理，日治時期的知識分子，也是在理解歌仔戲之前就先用他們自身的價值、經驗框架來建構他們觀看這個新興劇種的角度，於是便產生了他們的「歌仔戲圖像」。這些知識（文字）／權力的掌握者對歌仔戲缺乏理解下的刻板、扭曲、片面印象，透過同質性極高的報紙輿論，鞏固和加深了知識階層對歌仔戲負面形象的強度，大多數喜愛歌仔戲民眾的聲音被忽略掉了，尤其是歌仔戲觀眾主體的女性的觀點，同時，歌仔戲風行背後更細緻的真實意指也被湮滅，最後，歌仔戲就被知識分子以一種「有傷地方風紀」、「社會蛇蠍流毒」的化約形象所呈現出來。這種選擇性呈現的「歌仔戲圖像」，是我們在閱讀日治時期報刊中有關歌仔戲的相關報導時所必須小心留意的。

三、選擇性圖像的背後

[18] 徐亞湘：《日治時期臺灣戲曲史論：現代化作用下的劇種與劇場》，頁 243。

[19] 參閱《日治時期臺灣報刊戲曲資料彙編（三）》（宜蘭：國立傳統藝術中心，內部出版）一書之相關報導。

[20] 關於西方人對東方的想像及其再現，可參閱愛德華・薩依德著，王志弘等譯：《東方主義》（臺北：立緒出版社，2003）頁 69-102。

日治時期新、舊知識分子的立場迴異、壁壘分明且曾引發激烈論戰，[21]但是，他們對新興歌仔戲的議禁、批判態度，卻相當一致。這一致性的背後，是否有著各自不同且更爲深層的動機、概念驅使及背景投射？現在，即以傳統知識分子較爲親近的《臺灣日日新報》、《臺南新報》與新式知識分子的言論堡壘《臺灣民報》、《臺灣新民報》上對歌仔戲相關的議論爲資料運用的對象，並結合對他們背景及文化觀的考察、進一步探究這選擇性「歌仔戲圖像」背後的細節。

（一）傳統知識分子：將戲曲等同於教化的思考主軸

中國歷代以來，不論是朝廷律令或社會輿論，禁戲的記載屢屢不絕，[22]而其議禁的原因，多以維護社會風化及秩序爲主，教化與戲曲之間的拉鋸與消長，標誌出士人所重與民間所好的不同。而在中國戲曲發展史上，被士人所指爲「淫戲」者，又常常是「屢禁不止」而持續存在的。

日治時期接受漢學、私塾教育的傳統知識分子及地方仕紳，他們承繼的是中國傳統以儒家思想爲核心的戲曲觀，亦即戲曲除了可供娛樂之外，尚須具備勸善懲惡、匡正世道人心的教化功能。他們對於劇種本身或劇種中的某些戲齣，只要認爲有「淫邪」傾向而有害於人心風俗，有損於國家社會者，通常會義不容辭地發動輿論予以抨擊，並「訴諸當道，懇爲禁止」以「及早預防，免其傳染」。如日治時期，《臺灣日日新報》即出現多則議禁「傷風敗俗」的採茶戲、車鼓戲的報導，[23]而議禁戲齣者，如彰化崇文社[24]大正七年（1918）徵文的課題之一「淫戲淫書禁革

[21] 有關新舊文學論戰的最新研究，參閱翁聖峰《日據時期臺灣新舊文學論爭新探》（臺北：私立輔仁大學中文研究所博士論文，2002）。

[22] 關於中國歷代禁戲輿論與法令，參閱《元明清三代禁毀小說戲曲史料》（臺北：河洛圖書，1980）一書。

[23] 參閱《日治時期臺灣報刊戲曲資料彙編（一）》（宜蘭：國立傳統藝術中心，出版中）一書之相關報導。

[24] 關於日治後臺灣第一個文社——彰化崇文社（1917-1941）的相關研究，參閱施懿琳：〈日治中晚期臺灣漢儒所面臨的危機及其因應之道——以「崇文社」為例〉，收錄於氏著：《從沈文光到賴和——臺灣古典文學的發展與特色》（高雄：春暉出版社，2000），頁 271-312。

議」，觀察刊登於《臺灣日日新報》上入選的文章，即有多人因認爲《翠屏山》、《飛蛾洞》、《買胭脂》等戲會「蠱惑人心」、「挑動春情」、「誘人淫奔」而予嚴厲抨擊。[25]

傳統知識分子是反對淫戲而非反對戲曲的，而且他們多爲戲曲的愛好者，只不過他們所喜愛的是諸如京戲、福州戲、亂彈戲、七子戲等劇種的演出，當這樣的戲曲經驗及美感經驗穩固之後，面對相對俚俗卻又迅速興起於商業劇場的歌仔戲，尤其是指演出劇目及表演有「妨礙風化」之嫌者，他們的反應是保守和防衛的，甚至是充滿著憤恨感和恐懼感的。前者是因爲挑戰了他們的戲曲經驗及戲曲理想典型而將其定位成爲異類、洪水猛獸，而後著則是憂慮和放大了歌仔戲將帶給社會人心的負面影響而產生的情緒。這二者的背後，更深層的憂慮恐怕與父權、夫權的受到挑戰有關。

在傳統知識分子所喜觀的劇種當中，何嘗沒有粉戲戲齣和「挑動春情」的表演，但是，在以男性爲主的觀眾群中，這些是可以被接受甚至受到歡迎的。但是，歌仔戲的觀眾群體主要是女性，在女性心理欲求受到壓抑、忽視的當時，大批女性公然奔赴劇場此一「公共空間」觀戲，看的又是會「挑動春情」、「誘人淫奔」的歌仔戲表演，傳統知識分子在父權、夫權觀念的作祟下，包裝以「維護社會風教」的正當性，歌仔戲在壯大初期旋遭議禁，似乎成爲難以避免的命運。

當議禁之聲達到一定的強度，地方當局通常會因輿論的壓力而配合禁止歌仔戲的演出。或爲演出時發現有紊亂風紀、導人爲惡的情形，臨監警官喝命令其停演並處罰，[26]或著根本就禁止歌仔戲班入該地演出。不過，因爲缺乏中央統一的法令，致使各地禁演歌仔戲的實際執行情形並不一致。而此查禁程度鬆緊不均的問題，的確引起當時部分「有識人士」發出「不解有地官憲。何不令保民一同排斥。又不解各地紳商。何

[25] 參閱《日治時期臺灣報刊戲曲資料彙編（二）》，（宜蘭：國立傳統藝術中心，內部出版），頁 160-171。

[26] 如 1928 年有歌仔戲班蓬萊社到竹南頭分輕便發著所演出十天，因「該社的藝員要博觀眾的快感，在舞臺上生與妲時演傷風敗俗的癡態」，於是被臨監警官叫到郡役所拘留三天。見〈地方通訊・竹南・淫戲的取締　大有裨益於地方〉，《臺灣民報》，1928 年 10 月 14 日。

不力請官憲。厲行禁止」的憂慮之聲。[27]他們如此議禁「不落人後」的心理，實際上反映出的是在現代化思潮衝擊下對於傳統價值觀及道德觀的即將崩解，以及無力匡正頹靡世風、維護社會倫常的恐懼。

有趣的是，在一片議禁之聲中，還曾出現過有人將臺灣文化協會的宣傳自由戀愛，意有所指的與歌仔戲的「傷風敗俗」劃上等號。[28]

當然，在面對議禁歌仔戲的立場上，傳統知識分子也不一定是那麼的絕對而單一，其中也不乏有一、二對歌仔戲同情、理解且提出「改良」之策者。如大正十四年（1925）底《臺灣日日新報》一則「有心人」的〈歌仔戲改良即可〉一文即說道：

> 本島之歌仔戲。以臺語為說白及歌唱。男婦老幼俱曉。故觀者趨之如鶩。若刪去一切挑發淫興之劣劇。而易以忠孝節義。有益世道人心者。實比之演支那劇。以支那語說白及歌唱不易者。較為有益。近時之歌仔戲。與舊時之歌仔戲。間已多改良。如演大舜耕田及孟麗君等劇。則皆優美之劇。亦不必盡訾之也。惟演戲之優伶。要保持品格。知演劇旨趣。不可以此為淫媒。……又為班主者。最要監查優伶之品格。是望。[29]

而昭和三年（1928）〈禁演歌仔戲　有一利一害〉一文，也提到在禁演歌仔戲但又無替代劇種出現之前，民眾的娛樂需求是必須被照顧到的，故籲請當局在查禁歌仔戲演出時，宜深加籌度。[30]

傳統知識分子視戲曲應以維護風教爲先、爲重的思考主軸，導致歌仔戲在進入商業劇場之初，因劇目及表演多「有傷風化」而馬上與採茶戲、車鼓戲一樣被迅速貼上淫戲的標籤，當他們眼中的歌仔戲圖像被狹隘地集中在「傷風敗俗」時，歌仔戲將注定被片面地看待（儘管有少數

---

[27]〈歌戲急宜禁止〉，《臺灣日日新報》，1926年12月15日。關於日人當局在查禁歌仔戲的態度上，當時部分文化界人士認為過於消極，甚至有人懷疑歌仔戲是日人當局用來打擊民族運動者的工具。後者其實言重了，會如此認為應該是日人當局對新劇的刁難、取締，遠較歌仔戲和其他舊劇為甚之故。

[28]〈臺中禁止演歌仔戲〉，《臺灣日日新報》，1926年6月11日。

[29]〈歌仔戲改良即可〉，《臺灣日日新報》，1925年12月13日。

[30]〈禁演歌仔戲　有一利一害〉，《臺灣日日新報》，1928年5月3日。

不同的聲音）。而這成爲他們對歌仔戲唯一的觀看角度與認知方式時，歌仔戲爲什麼在民間廣受歡迎？滿足了觀眾什麼樣的文娛需求？反應出觀眾什麼樣的心理現象？民間俗文化可能的價值所在？……等，這些疑問當然就不會在他們心中生成及受到關切。

（二）新式知識分子：「遲到的現代性」的危機意識反射

相對於傳統知識分子將戲曲等同於風教的思考主軸，新式知識分子的抨擊、議禁歌仔戲則是一種追求現代性的危機意識反射。與歐美及日本相比，日治時期的臺灣，現代性到達島上是遲到的，這「遲到的現代性」（belated modernity）使得一般臺灣人會誤以爲日本人是先進的，臺灣人是落後的，這時間的落差於是產生一種文化上的自卑。如何克服這種文化上的落後感，「啓發民智」並「即起直追」就成爲了當時臺灣新式知識分子、文化運動者的嚴重焦慮。[31]大正十年（1921）成立的臺灣文化協會，即是一個以新興知識分子爲主體，以知識、思想及文化啓蒙爲目標的團體。

新式知識分子對於臺灣現代性背後所隱藏的殖民性及資本主義認知是較爲敏感與清醒的，當他們在抗拒殖民者的外來文化時，總是會回頭尋求自己文化的根鬚。但是，當他們發現，某些本土文化並不能當作抵抗行動的利器時，他們對這些本土文化的批判力度其實是強烈的，因爲他們深恐落後的本土文化變成了社會提升、進步的障礙。[32]對「閒人把戲」的舊詩如此，對發展自「下流社會」的歌仔戲亦復如此。

在探討新式知識分子對歌仔戲的態度之前，我們有必要先瞭解他們的戲劇觀，甚至於他們的戲劇想像是什麼？其實，他們與五四運動以來中國知識分子的戲劇觀一樣，認爲最能夠用來改革社會弊習、啓發民智

---

[31] 陳芳明：《殖民地摩登：現代性與臺灣史觀》（臺北：麥田出版，2004），頁 30、54。關於殖民地「落後的時間性」概念，可參閱邱貴芬：〈落後的時間與臺灣歷史敘述——試探現代主義時期女作家創作裡另類時間的救贖可能〉一文，收入氏著：《後殖民及其外》（臺北：麥田出版，2003），頁 83-111。

[32] 陳芳明：《殖民地摩登：現代性與臺灣史觀》，頁 74。

的戲劇形式是具進代性、進步意義的新劇、文化劇，而非已與時代脫節、無法反映社會現實的傳統舊劇，但是舊劇仍有其存在的必要，不過必須經過改良。1920 年代起新式知識分子即有許多人投身至新劇運動當中。

面對日本殖民者，新式知識分子對於臺灣主體性的把握要求更爲明確，同時，因爲憂慮臺灣「遲到的現代性」，又必須積極地接近大眾以啓發民智、文化向上提升。基於這樣的背景，首先，有人提出「中國式的正音劇」（京戲）雖然有其藝術上的價值，但只適合特殊階級的欣賞而「不配做臺灣人普遍的娛樂機關」這樣的說法。[33]如果依其所言，戲劇不再是特殊階級的專有物，而應該更接近大眾、提供大眾以娛樂及慰安的話，那麼，民間性、通俗化兼具的新興歌仔戲不是正適足以擔負起這樣的任務嗎？這裡我們不禁要問，新式知識分子可曾思考過可以利用歌仔戲深入大眾、啓發民智？答案是肯定的。

昭和二年（1927）《臺灣民報》的〈歌仔戲怎樣要禁？〉一文就提到，新興的文化劇雖然不錯，但是「過些高級，近於有識方面的趣興，一切的科白也是很深，一般的民眾是不易理解的」，通俗化的程度並不夠。[34]而民眾最感興趣的歌仔戲，因爲劇目多取材自民間的傳說，且科白使用臺灣話，實遠勝於演出歷史題材，唱白使用正音的其他舊劇劇種，如果能得到有識者的研究、指導，並加以改革，將「使臺灣的演藝界進步，那麼對將臺灣文化向上貢獻也就算不少了。」[35]這裡，出現了一個前提，亦即歌仔戲雖然合乎時勢所需，但必須先得到有識者的指導並加以改革成功，方能擔負起合乎時代要求的社會責任。可惜的是，部分新式知識分子對歌仔戲改革的行動，僅僅停留在呼籲的這個層次，事實上，當時歌仔戲的「公共形象」，根本就難讓分屬不同的階層的「有識者」出現，更遑論投入歌仔戲的改良工作。此極少數對歌仔戲的改良議論，聲音微弱，難得共鳴，維持的時間其實並不長，觀察昭和三年

---

33 〈歌仔戲的流弊〉，《臺灣民報》，1927 年 7 月 10 日。

34 此處對文化劇的批評，一《臺灣民報》的記者亦曾表示，他本來對文化劇的期待很大，但是他常感覺文化劇的演出流於乾燥無味、缺乏藝術的表現，甚至淪為變相的演講會。見〈歌仔戲的流弊〉，《臺灣民報》，1927 年 7 月 10 日。

35 〈歌仔戲怎樣要禁？〉，《臺灣民報》，1927 年 1 月 9 日。

（1928）之後《臺灣民報》及《臺灣新民報》的歌仔戲相關報導，已是一面倒的議禁言論了。

另一個較為人知排斥歌仔戲的例子，為自文化協會分裂出來的臺灣民眾黨在 1927 年成立時，面對歌仔戲在民間風行所造成的種種「負面」影響，而把「反對歌仔戲」列為綱領，且於昭和五年（1930）年底修改黨綱時，由中央委員會追認，列為社會政策第八條。[36]當時臺灣民眾黨對歌仔戲的反對動作，主要透過地方黨部「排斥歌仔戲」講演會的舉辦，[37]或由地方幹部向戲園主人及派出所抗議歌仔戲的演出等方式來進行。[38]

觀察新式知識分子對歌仔戲的接受態度過程可以發現，剛開始有一些有條件接受、批判性接受的聲音，這種聲音是站在大眾文藝、臺灣主體的角度而發，不過，他們所期待對歌仔戲進行改良的「有識者」並未出現，歌仔戲在民間、商業思維下運作發展，一切知識分子眼中的「負面」形象仍然持續地被鞏固、壯大著。當然，這些微弱的聲音，隨後即被一致的討伐聲浪所淹沒。

另外，我們亦可發現，新式知識分子對歌仔戲的批判與議禁，除了反應出與傳統知識分子同樣的憂慮之外，更深一層所顯露出的是他們因臺灣「遲到的現代性」所產生的危機意識反射，這才是他們對歌仔戲口誅筆伐這個「動作」的主要「動機」所在。簡單的說，就是當啓發民智、文化向上成為他們努力的主要目標時，歌仔戲不僅無法擔負起時代的責任，反而成為阻礙的絆腳石，搬開這塊石頭，也就成為他們向前邁進的必要動作。

---

[36] 邱坤良：《日治時期臺灣戲劇之研究》，（臺北：自立晚報文化出版部，1992），頁 209。

[37] 如 1929 年臺灣民眾黨竹南支部開排斥歌仔戲演講會。見〈地方通信・竹南・開講演會　排斥歌仔戲〉，《臺灣民報》，1929 年 7 月 14 日。

[38] 如 1930 年初，臺灣民眾黨汐止支部主任吳友土向地方派出所和戲園主人抗議許可開演歌仔戲。見〈地方通信・汐止・民黨支部主幹　抗議許演歌仔戲〉，《臺灣民報》，1930 年 1 月 12 日。

四、斷裂與對立：觀者與被觀者的關係

當時知識分子的議禁、排斥，加上警察機關查禁的壓力，歌仔戲班是如何因應的？從有限的資料中可以發現，為爭取更大的演出空間，有的戲班敷衍應付，如前述之更換名目行藝，或標榜演出忠孝節義戲齣而實則「舉止動作仍不免有傷風化」之嫌，[39]有的戲班則是將「紊亂風化之劇」刪去，日夜改演忠孝廉節之齣，[40]或者乾脆演起「良俗宣傳戲」，如桃園江雲社女優團班主林登波「為宣傳社會美俗及增進道德起見」，演出「社會實況，竝處世苦情。立志勤學。忠孝廉節諸齣目」以為因應。[41]從另一個角度觀之，議禁的壓力對歌仔戲的發展還有其積極面的作用，至少表現在劇目的拓展和藝術俗雅問題的思考、修正這兩個面向上。

一個劇團隨著觀看者的立場、背景、角度與生活方式的不同而呈現出相異的形貌，歌仔戲在大眾眼中的可親與知識分子眼中的可鄙，完全視觀者與被觀者的對應關係而定。當時，知識界與歌仔戲界二者之間一直並未搭建起理解、對話的機制，因階層的差距導致了兩者間的斷裂與對立。一方是言論的掌握者，另一方則是無法為自己發言、辯護的沉默者；一方是以狹隘的功利觀念宰制了戲曲功能的多樣性，而另一方則是受制於民間、商業思維而忽略了娛樂之外的社會期待。這種在面對劇種發展及存在價值態度上的殊異，導致了後者在面對前者的施壓時，多選擇被動、應付、投機式的回應與調整，而非有意識地在劇種發展上做藝術的思考及提升，畢竟，歌仔戲在商業劇場中獲致的空前勝利，使得「改良」變得不那麼急迫和必要，而可以在原有的思維機制下兀自運作發展，當然，歌仔戲從業人員的素質及修養也是其中的關鍵。[42]

---

[39]〈淫戲宜禁〉，《臺灣日日新報》，1926年6月27日。

[40]〈是是非非〉，《臺灣日日新報》，1926年6月14日。該班為「同聲樂」，班中演員有歌仔戲前輩溫紅塗。

[41]〈江雲社女優　演良俗宣傳戲〉，《臺灣日日新報》，1926年9月12日。

[42]關於演員素質與歌仔戲的發展關係，呂訴上曾在其〈論臺灣歌仔戲改良的我見〉一文（收錄於氏著《臺灣電影戲劇史》，頁571-575）中指出「演員藝術修養的不夠是歌仔戲的致命傷」，他認為歌仔戲在幕表制、演活戲的前提下，一齣戲的好壞完全取決於演員的素養與修養。筆者認同此一看法，當時歌仔戲被批評為淫戲，被視為洪水猛獸，其實相當大的部分並非

其實，觀察日治時期知識分子對歌仔戲的接受過程，既不困難瞭解，也很容易解釋得通，因爲一般人傾向抗拒未被自己內心處理過的陌生事物是很自然的，[43]只不過，這其中還加上了階層認知、追求現代化等因素的影響。因此而導致知識分子對歌仔戲一概貶抑鄙夷的態度，使得這種一再強化的區別意識及化約觀點，間接排除了知識分子自己得以介入、參與歌仔戲創作的可能。反頭過來，歌仔戲界因爲缺乏知識分子的投入，想當然耳地持續向民間性及商業性傾斜，所有「負面」形象的繼續留存，又再度招致知識分子的批判、議禁及加深「他們的」歌仔戲印象，就這樣二者形成了一種不斷循環的辨證關係。

五、結語

日治時期知識界與歌仔戲界的斷裂、對立關係，使得知識分子在歌仔戲的發展過程中，多以一種高高在上的批判者的角色形象出現，因階層所衍生的距離及刻板印象，又導致了知識分子在歌仔戲發展上關鍵時刻的必然缺席，致使歌仔戲在民間性及商業性的影響之外，缺少了其他刺激、提升的可能，這對一個源自民間又迅速壯大的新興劇種來說，很難論定這是好是壞，畢竟歷史已經走了過來，事後諸葛既無必要也無意義。不過，透過上述對日治時期知識分子對歌仔戲接受史的觀察及分析，我們卻可以鑑古知今，從過去的經驗裡找出有助於思索當代歌仔戲發展的地方。

臺灣在解嚴後，藝術發展掙脫了政治權力的干涉，歌仔戲得到知識分子、戲劇專業人士的重視、協助及參與創作，一個長期於民間發展的劇種一下子躍升至學術及藝術的層次。歌仔戲身爲現代藝術群體的一分子，在藝術生態的競爭場域中，面對迥異於過去、多爲知識分子的觀眾群體，臺灣歌仔戲的發展確已經達到必須擺脫「歌仔戲／臺灣戲曲／中國戲曲」思維框架的時候，也就是歌仔戲必須站在世界藝術的高度上去

劇種本身或戲齣的問題，問題主要出在演員的「詮釋」上。

43 愛德華．薩依德著，王志弘等譯：《東方主義》，頁94。

思考未來及自我要求，而非一直停留或耽溺於本土戲曲藝術的代表。如何以更爲主動的姿態來回應觀眾及時代對其之期待，將是臺灣歌仔戲界及關心歌仔戲曲發展的知識分子間重要的課題。

從外江到國劇

——論臺灣民間京劇傳統的形成與失落

一、前言

2008年10月4日，在客家戲界有「活關公」之稱的羅秀鑑[1]老師告別式場前，他的弟子們合演了一齣京劇《古城會》爲老師送行。演員和樂師中，可見宜人京班的老演員和他們的再傳學生、軍中小班[2]出身的外省籍演員、復興劇校出身的本省籍演員和樂師，以及高雄「日光」、麥寮「拱樂社」出身的歌仔戲演員。他（她）們的年齡層分佈在30至70之間，族群則客家、閩南、外省皆有，雖是京劇演出，但可見多數爲客家戲、歌仔戲演員的身影。那一次的「演出」，實則具體而微地展示了行將消失的臺灣民間京劇演出傳統樣貌。

長期以來，京劇在臺灣一直有著「國劇／官方／外省」，並形成與「地方戲／民間／本省」文化對立的刻板、固著形象，但在民間劇界的認知，卻全然無此過簡的二分概念。京劇早在日治時期即已成爲臺灣的「在來」劇種，並深刻地影響著臺灣劇界的發展及民眾的文娛生活。對此形成巨大認知落差的原因爲何？什麼才是臺灣京劇發展的實（全）貌？臺灣民間對京劇藝術欣賞、學習的「接受／選擇／適應」的情形？身分改換爲「國劇」後對臺灣京劇發展造成何種影響？凡此諸多問題的探討與釐清，皆爲本文寫作的目的。

過往對臺灣京劇史的研究焦點多集中在國府遷臺後的歷史段落及

---

[1] 羅秀鑑，1924-2008，龍潭客家人，日治時期臺灣本土京班廣東宜人園出身，工武生，戰後長期搭演於宜人京班，擅武生、老生，後擔任高雄「日光」、麥寮「拱樂社」歌仔戲班導演、教戲老師，其妻吳甚為「日光」出身之歌仔戲演員。近三十年來羅秀鑑活躍於外臺客家戲、歌仔戲班，以擅唱關公戲知名於戲界。

[2] 指大鵬戲劇職業學校（小大鵬）、陸光國劇訓練班（小陸光）、海光國劇訓練班（小海光）等軍中培育京劇人才的教育單位。

外省劇人、劇團、劇校及其藝術表現上，[3]近年則較多集中在京劇現代化及國光劇團新編戲的討論，至於本文關注的臺灣民間京劇傳統相關研究，則始自呂訴上、李獻廷、徐瑞雄諸君的片段記述，[4]繼有邱坤良教授及筆者對於日治時期及戰後部分的探討，[5]後陸續有季季、范揚坤、柯美齡、陳慧珍、謝昌益、高美瑜等對顧劇團、留臺京班藝人、本地京調教師、京調女班、京調票房及正義京班等進行主題式研究並取得不錯的成績。[6]可惜，除了邱坤良教授〈京劇‧臺灣‧國劇團〉一文[7]有較高的歷史視野及研究企圖外，點狀式的研究成果目前尚未有機地進行統整，並得出相對立體的歷史發展形貌。

進入本文討論前必須釐清的是，本文論述之臺灣民間京劇傳統，所指乃是「於臺灣歷史發展過程中，以民間戲曲市場機制運作下之自發性京劇觀演、學習傳統」，在此概念下，排除了國府時期迄今由國家資源資助成立、與京劇相關之軍中劇團、公立劇校及劇團演劇活動。[8]同時，特定的族群、藝術風格等區別意識，在此定義下亦不復存在，亦即「外省／本省」、「京派／海派」等概念，我們在討論時實不宜簡化對立看待，

---

3 相關研究可參考王安祈：《臺灣京劇五十年》；毛家華：《京劇二百年史話》；溫秋菊：《臺灣京劇發展之研究》；李浮生：《中華國劇史》等書。

4 參見呂訴上：《臺灣電影戲劇史》、李獻廷：《梨園瑣談》等書及徐瑞雄：〈由本省人組演平劇的宜人京班〉《新萬象》第12期，頁64-68。

5 參見邱坤良：《日治時期臺灣戲劇之研究》、《移動觀點：藝術‧空間‧生活戲劇》；徐亞湘：《日治時期中國戲班在臺灣》、《日治時期臺灣戲曲史論：現代化作用下的劇種與劇場》、《客家劇藝留真：臺灣的廣東宜人園與宜人京班》等書。

6 參見顧正秋口述、季季撰述：《休戀逝水：顧正秋回憶錄》；范揚坤：《雙桂長春：王慶芳生命史》、〈穿梭北管亂彈與京劇——玉如意許嘉鼎先生早年的追尋〉《彰化藝文》7，頁25-31；柯美齡：《一段女性表演史研究——以日治時期臺灣藝妲戲與查某戲為論述中心》（臺北：中國文化大學藝術研究所碩士論文，2005）；陳慧珍：〈日治時期臺灣藝妲之演出及其相關問題探討〉，《民俗曲藝》第146期，頁219-261；謝昌益：《臺灣本地京調票房之研究——兼論其本地化發展的文化意義》（臺北：臺灣藝術大學表演藝術研究所碩士論文，2006）；高美瑜：《戰後初期來臺上海京班研究——以「張家班」為論述對象》（臺北：中國文化大學藝術研究所碩士論文，2007）。

7 收錄於氏著《移動觀點：藝術‧空間‧生活戲劇》，頁44-53。

8 但是軍中劇團在任務性演出（如勞軍）之外，於民間的對外營業性演出部分，仍為本文論述範圍。必須說明的是，以外省人為主所組織之京劇票房，當代軍中劇團出身演員所組之京劇團體（雅音小集、當代傳奇、盛蘭等）原屬本文「臺灣民間京劇傳統」研究範圍，但因資料掌握未周，待來日再為文討論。

否則許多歷史現象將無法解釋，此亦違逆了民間的藝術認知及歷史經驗。

本文論述的展開共分四節，除第一節說明全文主旨之外；第二節分析日治時期臺灣民間京劇傳統的形成、發展階段及面向；第三節分析戰後至國府遷臺後，在其中華正統的文藝政策作用下，臺灣民間京劇傳統的發展變化，並指出「國劇」概念的提出及資源集中挹注所導致臺灣戲曲發展的失衡現象，加上庶民娛樂生態本身的巨變，基本上是導致臺灣民間京劇傳統消亡的原因；第四節針對歷時百年的臺灣民間京劇傳統，分別就其藝術屬性、民眾記憶形塑、意識型態與戲曲發展等面向進一步分析並提出看法。

二、外江的正音嘹亮

清領後期以來臺灣民間習稱京調、京劇爲外江[9]、正音，在當時頗有具備從外省傳來、講官話、藝術相對成熟等特徵之高尚時髦新曲（劇）的形象意涵。一般認爲，臺灣初有京劇傳來始自光緒十七年（1891）臺灣布政使唐景崧爲祝母壽，特招上海班來演。[10]不過，在此之前的光緒十四年（1888）10 月，時任臺灣巡撫的劉銘傳已自福州招請「祥陞」徽班並「益以上海戲子數人」來臺演出，而令臺人「眼界頓爲一開」。[11]亦即清領末期，演唱皮黃的徽戲與京劇已經開始慢慢地影響、滲透進入

[9] 外江一詞在民眾的認知上含有外地、外來的地理指涉。運用在戲曲劇種的認知上，會因觀看所在地點位置的不同而產生不同的外江戲概念，如中國北方所稱之外江戲，係指以上海為發展中心的海派京劇；廣東潮州、福建閩西的外江戲（後在地化成為廣東漢劇、閩西漢劇，二者皆有「亂彈」別名），則指的是從外省傳來的皮黃劇種；清初廣州戲界的外江概念，亦指的是由外省傳來的皮黃劇種戲班，如乾隆二十四年（1759）在歸德門魁星巷建立外江梨園會館（行會組織），在其 1761 年的碑記中所載之 15 個外江班中，即有 4 班確定是徽班。

[10] 連橫：《雅言》，頁 15。

[11] 〈菊部陽秋〉，《漢文臺灣日日新報》，1906 年 8 月 28 日；劇樵：〈戲言（一）〉，《漢文臺灣日日新報》，1906 年 12 月 9 日。劉銘傳任臺灣巡撫的時間為 1885-1891 年，而祥陞班確定來臺時間見於新加坡《叻報》1888 年 11 月 15 日的報導「……祥陞班近日調赴臺灣聞每月收費可得一千一百元已於前月念三日赴臺……」。

省會臺北之官宦、紳商、文人等階層人士的文娛生活了。

（一）植入與傳唱

流風所及，專爲仕紳文人提供彈唱戲曲娛樂之藝姐界，音樂學習風尚亦漸捨南管而尚外江京調。清領末期、日治初期，除了自對岸來臺樹幟營生之外江歌女頗多之外，[12]本地藝姐隨即改學外江調者亦眾，[13]此與當時紳商階層喜新厭舊的音樂喜好互爲表裡、相互作用，以致外江京調此一流行時曲迅速地在上層社會中流傳，酒樓筵席間傳唱。[14]一則明治三十年（1897）《臺灣新報》的報導，生動地描繪此一現象：

> 彰化自七月。有妓自臺中來。云是臺北人。一曰阿乘。一曰阿行。歌音作外江調。於是各富紳子弟。爭喚唱曲陪酒。爭逐無已時。聞已得纏頭金數百。其可謂大吉利市云。然色藝亦殊平手。可見趨之若鶩者。不過厭故喜新之情耳。[15]

此爲紳商階層所崇尚的外江京調，並未因臺灣主權的轉易而受影響，日人統治初始對臺灣文化舊俗的寬容、尊重，使得臺人漢文化傳統得以延續，伴隨著社會的漸趨穩定及現代化進展，外江京調反而在酒肆酬唱的音曲聆賞之外，多了藝姐登臺彈唱[16]、組班串戲[17]的公開演出，使得原本在臺灣有著明顯階級色彩的外江調，開始悄悄地模糊了階級的界線，面向庶民大眾展示其藝，擴大了她的民間基礎並成爲當時臺北極

---

[12] 〈熟路重遊〉，《臺灣新報》，1897 年 8 月 31 日。通常一名歌妓，同行男性伴奏曲師可多達四、五人，他們多有留臺發展，教授本地藝妲，成為京調的有力傳播者之一。

[13] 當時教授本地藝妲京調者多為來自上海、福州的曲師。

[14] 根據一份對大稻埕 100 名藝妲所做的調查（見〈北里燕脂譜〉，《風月》，1935 年 9 月 6 日）顯示，10 位擅唱南管，87 位擅唱北管，3 位南北管兼擅。此處所言之北管，實指外江京調、小曲。

[15] 〈人情喜新〉，《臺灣新報》，1897 年 8 月 10 日。（原文無標點，標點及底線為筆者所加）

[16] 〈煥然一新〉，《臺灣新報》1897 年 11 月 6 日；〈藝妓角逐〉，《臺灣新報》，1897 年 11 月 12 日；〈慶祝平安〉，《臺灣新報》，1897 年 12 月 4 日；〈滬津建醮〉，《臺灣日日新報》，1898 年 5 月 29 日等。

[17] 日治初期出現的藝妲女戲班計有艋舺大女班（怡紅園女優）、小女班、平樂遊女班等。參見徐亞湘：《史實與詮釋——日治時期臺灣報刊戲曲資料選讀》，頁 30。

具特色的都市娛樂景觀。我們可以說，藝姐在京調於臺灣傳播的初期階段起著一定的促進作用。

雖然民眾於官方、地方活動以及神誕祭典時，可見受邀藝妲之結壇彈唱、演劇的身影，一睹其神秘芳容及藝術展現，但是，此畢竟爲偶而之例，真正京調（劇）在臺灣欣賞的普及化及促進藝術的在地化，一批批自中國來臺商業演出的徽班、京班、福州班則是主要功臣。

（二）演出傳播與繼承交流

自明治三十九年（1906）演唱皮黃的福州徽班三慶班來臺起，至昭和十二年（1937）福州戲、京戲兼演的福州舊賽樂班回閩止，32 年間總計超過 50 個以上的上海京班、福州徽班、閩班來臺於大小城鎮巡演，各班演期則自數月到十數年不等。[18]換句話說，此一在供需、付費概念下之商業劇場操作模式，是真正大規模、長時間養成臺灣京劇欣賞人口的關鍵，爲數眾多的劇場和演唱皮黃的中國戲班，在商業宣傳的反覆刺激下，京劇開始滲透進入臺灣城鎮市民的日常生活。同時，此並與本地京班、本地票房的形成、本地戲班的加演京劇、藝妲演唱京調、京調唱片的發行與放送局的京調放送等形成臺灣京劇傳統的戲曲現象相互作用、影響。

明治四十四年（1911），臺灣第一個本地京班「小羅天」在臺南市成立，此第一批職業京劇演員的培養，是爲臺灣民間京劇傳統形成的重要標誌。[19]因其活動場域爲南部的廟會野臺，面對的觀眾是一般的城鄉庶民，致使在較大都會劇場[20]才得見自對岸來臺演出之京劇與徽戲，其原有欣賞群體的階級性、性別特色，以及活動區域的侷限性開始有了重大的突破。觀察該班在臺南、嘉義地區至少持續演出六年的時間長度，

[18] 參見徐亞湘：《日治時期中國戲班在臺灣》一書。上海鴻福京班在臺商業巡演時間長達近二十年，由此逆推可知當時臺灣京劇市場之需求情形。

[19] 徐亞湘：《日治時期臺灣戲曲史論：現代化作用下的劇種與劇場》，頁 155-156。

[20] 當時臺灣的劇場數量尚少，僅有臺北、新竹、臺中、嘉義、臺南等地之劇場可見上海京班、福州徽班的演出。

我們可以合理地推想，在上海京班、福州徽班開始來臺商業演出後僅僅五年光景，京劇已經以時髦娛樂之姿於南部城鄉生活中不時出現了，此亦側面反應了京劇在民間的高接受度以及其朝向在地化發展的趨向。

其實，在當時商業劇場及廟會野臺的界線也不是那麼的截然二分，二者互有流動一直是彼時的戲界常態，此演出場域的重疊性，恰爲京劇在民間影響的擴大提供了土壤。如「小羅天」班即偶與上海伶人或臺北藝姐、京調票友合作於商業劇場演出，[21]而上海京班與福州徽班亦在劇場商業演出之餘，受邀於民間廟會神誕中外臺開演，如明治四十四年上海老德勝班於基隆演出後，受艋舺北管子弟「合義軒」爲慶其樂神西秦王爺誕辰之邀，於艋舺大溪口街演出；福州徽班「新福連陞」巡演至臺南時，受邀於小媽祖街盂蘭盆會時演出等皆是。[22]商業劇場之外，上述之例動輒「觀者數千人」、「人山人海，絡繹不絕」的外臺景象，應該可以說明，臺人得以觀賞普遍認知其爲「高尚的」外江戲、正音戲的機會是越來越多了。

如果說相對於藝姐京調唱曲、串戲的業餘性質，本地職業京劇演員的養成更具臺灣民間京劇傳統發展及影響層面的指標性意義的話，觀察大正四年（1915）成立的桃園「永樂社」女班[23]及 1920 年代由原唱廣東二黃改習京劇的廣東宜人園[24]演出歷程，這兩個全由臺人所組演的京班，長至一、二十年於全臺各商業劇場巡演的事實，間接證明了臺灣京劇演員的藝術能力、觀眾群體的數量，以及京劇在彼時受歡迎的程度。

---

[21] 〈南之戲況〉，《臺灣日日新報》，1912 年 10 月 3 日；〈藝妓演藝〉，《臺灣日日新報》，1913 年 4 月 22 日。

[22] 〈蟬琴蛙鼓〉，《臺灣日日新報》，1911 年 8 月 20 日；〈盂蘭盛會〉，《臺灣日日新報》，1911 年 9 月 19 日。

[23] 1915 年由桃園人林登波、大稻埕人簡元魁合創之京調女班，班中有名角月中桂、紅豆等，1918 年改組為「鳳舞社」，1922 年再改組為「天樂社」，班中有名角清華桂、早梅粉、武陵春等，後再改為「詠樂社」、「重興社」至 1925 年。該班不同階段合計營運時間超過 10 年，對臺灣京調演員的養成，京劇藝術的傳播影響極大。林登波後組有歌仔戲班「江雲社」。（參見徐亞湘：《日治時期臺灣戲曲史論：現代化作用下的劇種與劇場》，頁 157-162）

[24] 1915 年由楊梅人范姜新露創立，1920 年代初期改廣東二黃為京劇，1940 年解散，為日治時期臺灣經營時間最長之本地京班。戰後更名為「宜人園」、「宜人京班」，至 1961 年解散。（參見徐亞湘：《客家劇藝留真：臺灣的廣東宜人園與宜人京班》一書）

[25]類似廣東宜人園捨原唱劇種改習京劇之例，尚有原爲七子戲名班的臺南「金寶興」。該班亦是受流風影響，在 1910 年代於商業劇場演出時，先嘗試京劇、南管插演，後再另行成立獨立之同名京班而爲民眾所熟知。[26]

上述所言臺灣第一代本地京劇演員的訓練養成，皆爲福州徽班、上海京班之留臺演員之功。如小羅天班爲福州徽班演員華嫩妹、陳淡淡所教，永樂社之於馬長奎，廣東宜人園之於金有倫、張玉順、何振奎，金寶興（京）班之於陳德祿、劉永紅等皆然。[27]本地京班除了師資的需求之外，同時，也提供許多留臺京班藝人如王秋甫、張慶樓、趙福奎、呂金培、李蘭亭、芮桂芳、薛德瑞等搭班演出及授徒傳藝的機會，[28]當時這一批臺灣第一代京劇演員於是繼承了老師們京劇藝術的傳統，並透過舞臺實踐，加大了京劇在臺灣的影響廣度以及審美形塑。

（三）內化

待京劇在臺灣的發展基礎穩固之後，1920 年代新興的歌仔戲與客家改良戲漸成商業劇場主流，爲吸引原有京劇人口觀賞新劇種的演出，以及提昇自身之藝術位階、增加商業市場的競爭力，一些規模較大的戲班如歌仔戲班豐原「富春社」、嘉義「寶銀社」、臺北「新舞社」、臺南「丹桂社」、臺中「日月園」，以及客家改良戲班苗栗「新樂社」、「小美園」、新竹「明興社」、「中明園」等，開始於正戲演出前「加演京劇」，最常演者爲《三國誌》中之關公戲及武戲，此並形成延續至戰後之演劇慣例。至此，京劇在臺灣開始有了另一種生存方式，而且幅度更大、距離更近地向本地戲劇滲透和影響。

---

[25] 日治時期可考之本地京班尚有嘉義「娛樂園」、大溪「大雅園」、彰化「草厝班」、「勝梨華」班、新竹「博愛園」、嘉義「義興京班」等。

[26] 至遲於 1919 年該班已由「上海頭等名角教授」而開始穿插演出京劇，成為「梨園七子兼能演京滬正音」之班，1923 年起，該班已有獨立之京班行藝演出，並多次與上海京班合演。

[27] 徐亞湘：《日治時期臺灣戲曲史論：現代化作用下的劇種與劇場》，頁 155-164。

[28] 徐亞湘：《日治時期中國戲班在臺灣》，頁 206-210。

「加演京劇」的演員主要來自上海京班的留臺演員，[29]他們加入歌仔戲、客家改良戲班演出後，同時也負擔部分訓練演員的任務，並培養出了一批功底紮實的臺灣武腳演員，如知名的歌仔戲前輩莊仔角、蔣武童、喬財寶、蕭守梨及客家改良戲前輩官漢樓、吳炳明、蕭運寶等皆是。當他們具備一定的程度時，即可與飾演主角的老師、師叔們一同登臺，從演出龍套、邊配角色中學習、觀摩，並進而成為本地能演京劇的一員，甚至獨當一面。而此又對本地新興劇種表演藝術的提昇與規範化，起著積極的反饋作用。

不能忽略的是，「加演京劇」不僅僅是前場演員的表演而已，還必須要有外江音樂的後場配合方能完成。所以，當京劇於臺灣具備一定的藝術高度及市場價值時，本地戲班的後場樂師學習（會）「時曲」外江音樂，遂成為他們能夠在戲界同行中建立優勢及在劇種間從容游走的技藝本錢。

經過本地京班的陸續成立，以及地方戲班「加演京劇」風氣的形成，第一批本地京劇演員及樂師隊伍於焉建立，並在反覆地與觀眾互動的過程中，立基於本地觀眾的審美需求之上，針對所繼承的京劇劇目、音樂及表演等，進行必要的選擇、消化、調整及再現。於是，臺灣京劇——民間京劇傳統的形成及其特色的建立，即在日治時期商業劇場的運作機制下成型並逐漸鞏固。

京劇觀眾基礎的不斷擴大，對應的是 1920-1930 年代二十年間商業劇場中以上海京班、福州班、本地京班的京劇演出及本地戲班「加演京劇」所共構出臺灣京劇演出的繁盛景象。旅居北京的臺籍前輩吳克泰（原名詹世平，1925-2004）在他的回憶錄中，即有幼時於羅東觀看京劇經驗的記述以為證：

> 我上（公學校）二年級（按：1932 年）的秋後農閒季節，大伯父從老家趕來看「正音戲」。「正音」就是正確發音的意思；「正

[29] 亦有部分之福州班演員，因當時來演之福州班如「舊賽樂」、「新賽樂」、「三賽樂」、「新國風」等多為福州戲、京戲兼演，演員兼擅京劇者眾。

> 音戲」指的是京劇，一般認為它比地方戲曲高雅。這時，從臺北來了一個京劇團，演的是《岳飛全傳》。……大伯父每天晚上都帶我去「羅東座」看。我逐漸被京劇的動作和唱腔迷住了。……《岳飛全傳》連演了一個月，場場滿座。不僅我一個人愛上京劇，班上的一些同學在課後玩耍時也拿著小竹棍當鞭子，哼上幾句，表演京劇。[30]

此時，如果把焦點再從喧鬧的職業性京劇演出舞臺移開，我們便會發現，業餘性的京調票房正快速地在臺灣各地開枝散葉。這反映了臺人對京劇的興趣已無法滿足僅是一名旁觀的觀眾而已，進一步的主動透過音樂學習並參與京劇演出活動成爲必要及一種趨勢。根據謝昌益的研究，大正八年至昭和十二年（1919-1937）年間臺灣各地大小城鎮計有超過 50 個京調票房成立，[31]其中有的是新學而爲一純唱京調的業餘音樂團體，有的則是原唱北管後來改習京調者，或者是北管、京調這樣兩種戲曲音樂並存於同一團體之中，無論哪一種性質，都顯示出民間自發性學習當時之流行時曲——京調的高度興趣。

特別的是，日治時期京調票房的活動模式幾乎完全複製臺灣民間的音樂學習傳統——尤其是北管班社，舉凡組織型態、戲神信仰、出陣繞境、排場清唱、登臺演戲等莫不如是，並積極參與地方的宗教祭祀、慶典活動等事務運作，於是，遂逐漸發展出來一套迥異於中國京劇票房「純粹休閒自娛」的「臺式」運作模式。京劇在傳入臺灣後深刻的內化痕跡，反應在京調票房上最爲明顯。

另外一個值得重視的現象，則是本地京調（劇）師資的出現。初始本地京調票房的師資來源主要是留臺之上海京班演員、樂師，[32]但票友經過一段時日的學習與磨練，技藝較爲純熟出色者，他們除了於所屬票

---

[30] 吳克泰：《吳克泰回憶錄》，頁 36-37。（底線為筆者所加）

[31] 謝昌益：《臺灣本地京調票房之研究——兼論其本地化發展的文化意義》，頁 66-68。日治時期臺灣的京調票房以艋舺、新竹、鹿港、彰化、臺南市等地最多，基隆、大稻埕、淡水、北投、新莊、大甲、梧棲、虎尾、嘉義、朴子、鹽水、高雄市、羅東等地亦有。

[32] 如新竹「遏雲聲」的李國斌、王耀宗、王百祿、劉永紅、呂君培；斗南「京調研究社」的王吉芳、汪月儂；鹿港「頌天聲」的王秋甫；「天籟京調音樂會」的卞筱奎等。

房內擔任教師外，亦開始受邀至外館授藝，如在中部票房知名，鹿港「玉如意」出身的許嘉鼎、黃世清、陳神助、陳天賞、曾溫州等皆是，[33]他們自成一套的師承系統，標示出臺灣本地票房穩定且成熟的發展脈絡及民間性格，而且，亦因他們的高知名度及藝術水準，上述五位除陳天賞外，當時皆有灌錄京調唱片行世。而廣東宜人園的老生劉石樹、大花徐賢福亦有至苗栗「小美園」客家改良戲班教授京劇表演的經驗，甚而徐賢福於苗栗大湖所教的京劇弟子吳玉通、李玉榮、傅錦祥三人，後來還成爲職業的京劇藝人。[34]

（四）科技與聲音

隨著現代化腳步的進展，唱片、廣播等新式科技媒體亦於日治中期在臺灣開始發展，戲曲此一極具商品價值的文化娛樂主流，當然爲深具商業性之唱片業率先結合的對象。[35]自大正後期至昭和初期的十餘年間，臺灣發行的京劇唱片幾近百張，灌錄者涵蓋知名藝妲、本地京班演員、京調票友以及上海京班留臺演員，這些「明星」的京劇演唱內容，忠實地反應出當時臺灣京劇的發展面貌、流行劇目及演唱風格水平，[36]這不僅是京劇在臺灣流行繁盛的印證，同時，又反過頭來以另外一種載體的「聲音演出」擴大了京劇本身的流傳及影響。其可反覆聆聽、不受時地限制的特性，也更加鞏固了一批具備消費能力的本地京劇愛好者。

當時除了可以買到在臺灣發行的京劇唱片，同時也可以輕易購得價格較爲昂貴、自中國進口由百代、勝利、高亭等唱片公司發行之京劇名

---

[33] 范揚坤：〈穿梭北管亂彈與京劇——玉如意許嘉鼎先生的早年追憶〉，《彰化藝文》第 7 期（2000），頁 25-31。

[34] 徐亞湘：《客家劇藝留真：臺灣的廣東宜人園與宜人京班》，頁 10。傅錦祥為京劇武生演員朱陸豪的外祖父。

[35] 關於日治時期臺灣戲曲唱片相關討論，可參閱徐亞湘：〈另類聽戲曲——從日治時期的臺灣戲曲唱片談起〉（大阪：日本コロムビア外地錄音の文化史意義研究會之宣讀論文，2006）一文；江武昌主持，《聽到臺灣歷史的聲音：1910-1945 臺灣戲曲唱片原音重現》（臺北：傳統藝術中心籌備處，2000）一書中李坤城、林鶴宜、江武昌、劉美枝、徐亞湘、蔡郁琳、范揚坤諸文。

[36] 徐亞湘：《日治時期臺灣戲曲史論：現代化作用下的劇種與劇場》，頁 78。

家（如梅蘭芳、馬連良、李多奎等）唱片。在以南派京劇爲主流的臺灣京劇市場中，上述京朝派名家唱片在臺灣的流通，顯示出臺灣已經出現一批具備相對高京劇唱腔欣賞能力的內行觀（聽）眾。

昭和三年（1928）臺灣廣播之肇始的臺北放送局成立之後，京劇也常成爲該局常態性臺灣音樂節目的放送內容，無論是來臺上海京班、福州班名伶，抑或本地京調票友或藝妲，皆常受邀至該局演唱京劇進行現場放送。[37]雖然京劇節目的比例不見得高，再加上受限於收聽戶數增長的速度，[38]而使得京劇透過此一「空中」傳播途徑的影響有限，但是，透過固定管道、不定時京劇節目的放送，仍然在京劇的傳播上起著一定的作用，其意義的展現主要還是在於京劇傳播媒介的多元化，以及聲音記憶之強化部分。值得注意的是，無論是唱片的消費者還是廣播的收聽人，都帶有伴隨著消費能力而來的階級侷限性。

中日事變後，伴隨著國民精神作興、皇民化運動的全面開展，臺灣或任何「支那式」戲曲演出，皆因不足以擔負時代責任且有違皇民化精神而遭禁絕，此即藝人口中的「禁鼓樂」。[39]上海京班、福州班來臺演出之路阻斷、本地京班解散、本地京調票房停止活動，長期於庶民生活中迴繞的京劇演出身影至此中斷，外江、正音僅以「聲音」的姿態，短暫殘存在收音機旁偶而可收聽到臺北放送局及第二放送的臺灣音樂節目之中。[40]

回顧日治時期的臺灣京劇發展，從移植到繼承，從外來到內化，她一直以流行時曲（劇）之姿，鮮明的商業性、娛樂性及民間性格，形成獨特的文化生態與氛圍。另一方面，京劇在與臺灣的土地及人民進行磨合的過程中，本地的京劇開始有了自身的傳統脈絡而與中國的京劇有了

[37] 徐亞湘：《日治時期臺灣戲曲史論：現代化作用下的劇種與劇場》，頁 80-81。

[38] 關於日治時期廣播媒體的討論，可參見柯佳文：《日治時期官方對廣播媒體的運用（1928-1945）》（臺北：淡江大學歷史系碩士論文，2004）。

[39] 關於戰爭期臺灣戲曲「禁鼓樂」的討論，可參閱石婉舜：〈「黑暗時期」顯影：「皇民化運動」下的臺灣戲劇（1936.9-1940.11）〉，《民俗曲藝》第 159 期（2008），頁 7-81；徐亞湘：〈試解「禁鼓樂」：一段戰爭期的戲曲命運〉，《戲曲研究通訊》第 2、3 期（2004），頁 66-78。

[40] 王櫻芬：《聽見殖民地：黑澤隆潮與戰時臺灣音樂調查（1943）》，頁 273-275。

不同，不論在劇目的選擇上、唱法上抑或表演上，都逐漸具有臺灣的民間特色和地方風格，尤其是口白部份嘗試使用本地語言以爭取觀客所作的調整最爲明顯。而京調票房除了原本的音樂自娛功能之外，受本地業餘音樂團影響尙積極參與宗教慶典之相關活動及地方事務，此亦爲京劇在地化的另一表徵。我們可以說，日治時期京劇開始了在地化的趨勢，而此在地化現象則標誌著京劇嘗試向本地生活環境及人民審美心態融入的過程。

日治時期，京劇確已成功地成爲廣受民眾歡迎且極具生命力的在地劇種。

三、國劇的形象重疊與取代

走過戰爭期黑暗蔭谷的臺灣戲曲，在戰後初期以百花齊放之姿再現於常民生活。延續前一時期的臺灣民間京劇傳統，戰後初期無論是在劇場、外臺、票房、酒樓等處所，皆可聽聞「外江」之音及觀賞京劇演出。隨著民國三十八年（1949）底國民政府的遷臺，京朝派京劇藝術開始大量傳入，乃至民國四十三年（1954）軍中劇團的整編，臺灣的京劇逐漸開始以「國劇」的形象取代原有的民間京劇傳統，而成爲大多數未及參與此傳統的後生青年的共同認知。事實上，原有的民間京劇傳統仍在持續地運轉著，並且透過這一批外省京劇演員及其藝術的交流，再度豐富了臺灣民間京劇傳統原有的內涵。而其後來的衰落，實與民間娛樂生態的巨變有關。現即以民國四十三年爲度，分別描繪之前及之後臺灣民間京劇傳統的發展與變異。

（一）傳統的延續

民國三十四年（1945）8 月臺灣脫離日本統治，日治時期知名的本地京班廣東宜人園舊伶，隨即糾合成立宜人園演出，隔年並以宜人京班之名行藝並創造了戰後十餘年的民間京劇內臺演出榮景。[41]除了宜人京班，戰後初期尚有陳就承之勝宜園京班、高榮武之國勝京班及日治時期留臺京劇藝人趙福奎、雲中飛之福昇班的短暫演出。[42]此時本地京班數量看似不及日治時期，實則此為日治後期臺灣商業劇場幾以歌仔戲演出為主的情形相呼應。值得注意的是，面對外省京班的競爭，宜人京班因地制宜全面地將口白改為閩南語或客家話、降低唱腔比例，以及由資深演員培訓出一批新生代京劇演員並皆能獨當一面的現象，顯示出臺灣民間京劇傳統所具有之靈活性、在地性以及人才供給的自足性。

另外，戰後初期內臺歌仔戲、客家改良戲班「加演京劇」的風潮依舊，如臺南「金寶興」、廣山「華臺興」、頂山「中華興」、[43]楊梅「勝美園」、新竹「明興社」、苗栗「小美園」、「新樂社」等班皆然，而且，他們於報紙上的廣告宣傳常以「京班」為號召，此或許為提高身價以及吸引外省籍觀客而設。此時，這些本地戲班「加演京劇」的演員結構，主要是以日治時期留臺京劇演員，[44]加上他們所培養出來的本地戲班演員為主。

臺灣的京調票房在戰後的發展亦頗為蓬勃，不僅有許多日治時期即已成立者恢復活動，亦多有新設的票房成立，兼具復甦與新生之景況。[45]據謝昌益的考證，戰後十餘年間，可考的本地京調票房超過 36 個，其中新設票房及本地音樂團改習京調者約占總數的四分之一，[46]而且，開始出現純休閒自娛性質的京調票房，如大稻埕的「中華票房」。另外，師資來源的更加多元為一特色，有上海京班留臺演員、外省京班演員、

[41] 關於廣東宜人園、宜人京班的討論，可參見徐亞湘：《客家劇藝留真：臺灣的廣東宜人園與宜人京班》一書。

[42] 呂訴上：〈光復後的臺灣劇運：臺灣省行政長官公署時期〉,《臺北文物》第 3 卷第 3 期(1954)，頁 79；呂訴上：《臺灣電影戲劇史》，頁 213。

[43] 林永昌：〈從商品經濟看臺灣內臺歌仔戲的變遷——以《中華日報》戲院廣告為對象〉，《民俗曲藝》第 146 期（2004），頁 124-134。

[44] 如王秋甫、趙福奎、張慶樓、李榮祥、呂君培、李蘭亭、江玉寶、潘文煥等人。

[45] 有些臺灣京調票友的表演水平之高，連外省戲迷都予以肯定：「試聽二十餘年老票友，歌來韻味抑揚，板槽磁實，且多擅長文武場面。較之內地票房，並不多讓。」（見李猷廷：《梨園瑣談》，頁 145）

[46] 謝昌益：《臺灣本地京調票房之研究——兼論其本地化發展的文化意義》，頁 70-78。

外省票友、本地票友、藝姐曲師等。與日治時期相同，此時的京調票房在娛樂的功能上，仍然維持與民間祭祀、地方事務等活動之高度參與，對於鞏固京調（劇）在民間的流傳基礎扮演著關鍵性的角色。另外，與外省票房之間的交流、合作關係亦開始發生。

民間京劇傳統的延續，還展現在外江布袋戲的形成這個面向上。李天祿於日治時期觀賞京劇及參與票房（臺北同志音樂會）的經驗，使得他在日治中後期即已嘗試將京劇的文武場音樂引進他的布袋戲班「亦宛然」的後場中，他認爲京劇有一整套完整的介頭（鑼鼓點），簡短有力，比北管更緊湊，更能推動劇情，所以，他除了吹介（嗩吶吹牌）保留北管的傳統之外，其他的都改成京劇的風格。[47]戰後，亦宛然在前場主演與後場樂師皆擅京劇的條件配合下，[48]此一外江表演風格益形確立，後並被稱之爲「外江派」布袋戲。

中斷了八年，臺灣再度成爲中國京班海外演出的碼頭。民國三十五年（1946）至國府遷臺期間，陸續有福州新國風、李少奎領軍的新生平劇團、曹畹秋領軍的正氣平劇社、張翼鵬（蓋叫天長子）與筱劉玉琴雙掛頭牌的張翼鵬劇團、徐鴻培的海昇京劇團、張遠亭的張家童伶科班、顧正秋的顧劇團、馬翔麟的福州三山京閩劇社及王振祖的中國國劇團等九個大陸民間京班來臺演出。[49]這些來臺的私人組班性質的戲班，演期一般不長，約二至五個月不等，且以演出符合臺人審美趣味之海派京戲中的武戲、麒（麟童）派老生戲、連臺本戲爲主（顧劇團除外）；其次，演出地點則多集中在臺北市各劇場，僅張家童伶科班和三山京閩劇社巡迴全臺演出，面向的觀眾更大比例以臺人爲主。後因兩岸阻隔，不及回返中國的張家童伶科班、顧劇團、三山京閩劇社及中國國劇團的演員、樂師們，則因時代的因緣巧合滯留臺灣，並爲臺灣的京劇發展做出極大

---

[47] 李天祿口述、曾郁雯撰錄：《戲夢人生：李天祿回憶錄》，頁 78-79、114。

[48] 戰後在「亦宛然」司鼓的何長生、正吹陳田、李九英等，皆與李天祿同為日治後期「臺北同志音樂會」之票友。（見王櫻芬：《聽見殖民地：黑澤隆潮與戰時臺灣音樂調查（1943）》，頁 215-222）

[49] 王安祈：《臺灣京劇五十年》（上冊），頁 152-54；呂訴上：《臺灣電影戲劇史》，頁 212-213、482。新國風與三山京閩劇社為福州戲、京戲兼演。

的貢獻。

軍中京劇團在民國四十三年整編前，數量非常的多，各軍種總部、司令部、軍團、軍，甚至師級的康樂隊都可能設有京劇團，以爲外省軍人勞軍慰安服務，演員來源主要是吸納整合軍中、民間來自各省份之京劇業餘愛好者或職業演員而成，據能訪查的資料顯示，當時的軍中京劇團至少超過 30 個。[50]由於尚未制度化，軍中亦無足夠經費支應劇團的龐大開支，以致各團在固定的勞軍任務之外，其他時間還是可以自行安排對外的售票演出，用「以戲養（劇）隊」的方式自謀生計，所以這些隨軍來臺或隸屬軍中的劇團，依舊可在臺灣各地的商業劇場中見其身影。[51]而此全然面向市場的演出，帶給本地觀眾更大比例的是京朝派的京劇藝術，此對臺人京劇欣賞範圍的擴大及不同審美標準的培養皆有助益。而與民間的接觸頻繁，因劇團解散、整併而離開後，受邀加入本地票房擔任師資、到本地京班擔任演員者亦多有其例。

基本上，民國三十四至四十三年間，臺灣民間京劇傳統的發展呈現出南派京劇形式與內容的延續、京朝派京劇藝術的奠基與接受，以及本省、外省京劇人才交流層面的擴大等這幾個面向。

（二）國劇的形象重疊與取代

爲解決各軍種各層級各規模大小不一軍中劇團的混亂現象，1954 年軍中劇團進行整編，於是軍團和司令部以上層級之大鵬（空軍）、海光（海軍）、陸光（陸軍）、明駝（聯勤）、大宛（陸軍第一軍團）、龍吟（陸軍第二兵團）、軍聲（預訓部）等七個劇團相繼成立。這些軍中劇團由國家之力支持，有正式員額編制，經費相對穩定，營運不受民間戲曲生態影響，在民國五十年（1961）本地唯一的本土京班宜人京班解散後，所有在戲院劇場、電視頻道中看到的都是軍中、公立劇團的演出，[52]逐漸地，這使得京劇「國家／軍方／外省」的階級、族群色彩愈加濃

---

[50] 王安祈：《臺灣京劇五十年》（上冊），頁 44-45。

[51] 高美瑜：《戰後初期來臺上海京班研究：以「張家班」為論述對象》，頁 61。

[52] 除了軍中劇團之外，尚有公立的復興劇團。

厚，形象趨於單一化，儘管其對於京劇在臺灣的延續及文化滋養有功。

1950 年代是臺灣民間戲曲發展的黃金期，亦是巨變期。根據民國四十九年（1960）臺灣省地方戲劇協進會的資料顯示，當時於該會登記的 295 團中，內臺戲班計 121 團（歌仔戲 89、新劇 20 團、南管戲 2、客家戲 10），外臺戲班則有 174 團（歌仔戲 31、亂彈戲 6、南管戲 2、客家戲 4、布袋戲 131），[53]顯見當時已受臺語電影衝擊甚深的臺灣劇界仍然維持一定程度的榮景，之前的繁盛可以想見。此時在臺灣各地劇場巡演京劇的戲班主要是宜人京班和三山京閩劇社，而內臺歌仔戲和客家戲班「加演京戲」的情形依然普遍。

1950 年代為宜人京班營運的鼎盛時期，當時該班巡演臺灣各地大小戲院一次需費時一年，滿滿的檔期使得年中幾無休息。宜人京班延續日治時期以來臺灣民間京劇傳統，演出以重情節變化的海派連臺本戲為主，[54]唱腔強調聯彈對唱，武打使用真刀真槍，再加上機關布景，使得其與以京朝派為主的軍中京劇團進行了市場區隔，其在地性格及藝術表現充分滿足了臺灣京劇觀眾的需求。尤其口白因地制宜改變為閩南話或客家話，更是其難被取代的競爭優勢。一位後被編入軍中正義京班的張家童伶科班演員即曾回憶道：

> 他們的曲調唱來唱去都是流水、搖板，劇目演來演去也就那麼幾齣，口白講臺灣話，京班根本是冒牌的，所以他們票房好。要是打對臺，我們打不過他們，他們紅我們倒霉。[55]

其實，外省京班演員所直言藝術上的「短處」，正是本地京班長期適應觀眾需求市場競爭上的「長處」，本地觀眾喜愛看一天一本劇情連續的連臺本戲，喜歡聽熟悉悅耳而非正腔滿調的京腔，親切的本地語言

---

[53] 呂訴上：《臺灣電影戲劇史》，頁 532-533。

[54] 「宜人京班」當時常演之連臺本戲有《三國演義》、《薛仁貴征東》、《薛丁山征西》、《武則天》、《狸貓換太子》、《楊家將》、《狄青征西》、《岳飛傳》、《封神榜》等。（徐瑞雄：〈由本省人組演平劇的宜人京班〉《新萬象》第 12 期（1977），頁 65-66）

[55] 高美瑜：《戰後初期來臺上海京班研究：以「張家班」為論述對象》，頁 200。（底線為筆者所加）

更是便利他們進入劇情之鑰。一位非梨園行的外省戲迷，對此則有較爲理解性的看法：

> （宜人京班）唱詞與唱腔完全按照國劇方式，惟口白則用臺語，為的是本省人與大陸人都能欣賞，這純粹是一種生意經，談不上藝術問題。且其所演唱的，大都是神怪故事，海派做風，唱腔亦只是流水、散板，場子亦有不同。[56]

宜人京班雖然是以客籍人士所組之本地京班，但他們與外省京班、演員的互動頻多，[57]班中亦有數名外省籍演員長期搭演，如三花李振銀（溫州人）及老生胡延林[58]。宜人京班後受內臺戲市場蕭條影響而於民國五十年解散，原本極具大眾化、通俗化性格，以本地內臺京班爲代表的臺灣民間京劇傳統至此走入歷史。

戲曲生態儘管丕變，但長期養成的本地京劇觀眾的需求仍在，以宜人京班舊伶爲主，結合其他能演京戲之本地戲班演員所組的外臺京班宜人園[59]和新榮鳳，[60]一北一南，仍然延續了十餘年的民間外臺京劇演出熱潮。

三山京閩劇社以京劇、福州戲兼演「兩下鍋」的方式在臺各戲院長期巡演，偏重武戲，並以低票價、念白加重臺語比例等策略爭取觀客及維持營運。一外省戲迷即曾描繪該班的演出特色：

> 該社最近在彰化演出十天，每場前一節目純為平劇，唱唸均係國語，武功身段，與平劇並無二致，表情亦極為深刻。後一節目即

---

56 李獻廷：《梨園瑣談》，頁 146。（底線為筆者所加）

57 徐亞湘：《客家劇藝留真：臺灣的廣東宜人園與宜人京班》，頁 23。

58 胡延林，江蘇鎮江人，票友出身，於「宜人京班」演出近十年，工老生，後亦以紅生知名，出班後曾搭聯勤「明駝」及今日世界麒麟廳周麟崑之「麒麟劇團」。

59 外臺京班「宜人園」成立於 1963 年，為關西客家人邱雲庚與宜人京班名淨徐仁光合股所組，演員以宜人京班舊伶為主，加上苗栗客家戲班「小美園」出身的劉錦祥與楊梅客家戲班「勝美園」出身的溫三郎等人，1965 年解散。（見徐亞湘：《老爺弟子：張文聰的客家演藝生涯》一書）。

60 「新榮鳳」原為中壢四平戲班，班主廖阿財，1950 年代中期後轉手予邱雲庚，1960 年代中期再轉賣給陳招妹，此後至 1970 年代中期，是為該班在臺南地區外臺京劇演出的黃金時期。（見范揚坤：《雙桂長春：王慶芳生命史》一書）。

> 為連（臺）本戲，忠孝節義不一而足，其中唱功有京調南調及少數福州腔，念白有三分之一國語，三分之二臺語，如此使在場觀眾均能瞭解，這是該社一大特色，即因此特色，乃能場場爆滿，盛況空前。[61]

該班「在地化」的藝術嘗試調整，是爲適應商業劇場機制及臺灣本地京劇觀眾之所好，相對於軍中劇團，該班充分地融入臺灣社會生活，雖於民國四十九年（1960）終因不敵內臺戲的潰敗而解散，但其部分演員後來搭演臺灣外臺戲班，繼續以「加演京劇」的方式爲臺灣民間京劇傳統的延續付出心力。

1950 年代中期開始，受臺語電影衝擊，臺灣的內臺戲發展由盛轉衰，及至 1960 年代中期，再受電視臺開播的影響，內臺戲班幾乎全部退出戲院，演員轉向賣藥團、廣播電臺及外臺戲市場發展。原來內臺戲班「加演京劇」的模式，於是開始在外臺戲市場中複製，繼續延續臺灣民間京劇演出傳統。隨著本地京劇觀眾的逐漸凋零，能「京劇加演」的戲班及搬演的次數越來越少，終至在 2000 年代初期幾近消失。而與民間祭祀活動緊密結合的本地京調票房，也因爲社會、經濟結構的改變，導致其發展空間與活動場域受到嚴重壓縮，再加上票友年齡老化問題，而在 1960、70 年代急速衰微。[62]

1960 年代以後，此期臺灣民間京劇傳統的延續主力——本地京班與京調票房，一消散一衰敗，至此也僅能靠外臺戲市場中的「加演京戲」維繫一脈。但與此同時，另一發展路徑的京劇，則在特定的歷史背景下因代表中華道統、彰顯民族倫理而以「國劇」[63]的榮銜得到充分的發展。在軍政系統的強力支持下，軍中劇團、復興劇校名角如雲、演出頻繁；提供京劇主要演出的國軍文藝中心（當時名爲國光劇場）啓用；政府部門陸續成立京劇推廣、研究單位[64]並積極鼓勵機關學校成立票房、社團

---

[61] 李獻廷：《梨園瑣談》，頁 148。

[62] 謝昌益：《臺灣本地京調票房之研究——兼論其本地化發展的文化意義》，頁 78-80。

[63] 「國劇」一詞在不同時期有不同的內容指涉，相關討論可參見王安祈：《臺灣京劇五十年》（上冊），頁 97-99。

[64] 如中華文化復興委員會之「國劇研究推行委員會」、國劇學會之「國劇欣賞委員會」、國防

及提供經費補助；電視頻道也提供固定的時段播放京劇演出等。

代表「國粹」、「正宗」意涵的「國劇」形象，此時不僅是重疊，甚至是完全取代了原屬「庶民文化」的「外江」傳統，此非自然形成而是由國家機器外部強制操作產生的戲曲文化，使得京劇在臺灣以另外一種面貌得以延續和發展，並進而形塑一新的臺灣京劇傳統。

臺灣民間京劇「外江」傳統的消失與轉型是戲曲發展規律的必然，「國劇」之得以形成新的臺灣京劇傳統則是歷史的偶然。

四、結語

透過對於臺灣民間京劇傳統歷時性的觀察分析，本文得出以下三個觀點看法：

（一）海派／京朝派藝術的雙重作用與內化

海派京劇的藝術特色及發展沿革一直影響著臺灣民間京劇傳統的形塑。日治初期，海派京劇以雜揉徽戲、梆子戲、京劇等藝術特色及演員結構的情形，在來臺之上海京班、福州徽班演出中充分反應，燈彩戲、清裝戲、時事戲等上海流行劇目及舞臺風格在臺灣同步登場，而滬上名伶及其表演藝術也成爲臺人心儀、學習對象。隨著臺灣商業劇場的發達，上海京班大量來臺巡演，彼時上海京劇舞臺上流行的連臺本戲、機關布景、聯彈音樂、猛爆武打等又再一次地影響並形塑著臺人的審美趣味及戲曲發展。

在海派京劇藝術全面性的影響下，「劇場／外臺／票房／酒樓（藝妲間）」是臺灣民間京劇傳統發展主要的空間網絡，「職業演員／業餘票友／藝妲／觀眾」是支撐臺灣民間京劇傳統發展榮景的主角，而「上海京班／本地京班／本地票房／藝妲唱曲串戲／京調唱片／京調放送」則

部總政戰局之「振興國劇研究發展委員會」、陸軍總部之「國劇研究發展委員會」以及「中華國劇研究會」、「中華國劇學會」、「國劇劇本整理委員會」等。（參見蘇桂枝：《國家政策下京戲歌仔戲之發展》，頁 97-101、109）

共同建構出臺灣民間京劇傳統的發展圖像。海派京劇在日治時期以迄戰後以大眾流行文化之姿、注重聲色之娛的通俗性滲透進入臺灣人的常民生活，並透過演出、欣賞、學習，落實到臺灣的歷史經驗與生活環境之中，京劇藝術內化的本土意義於是形成。

京劇的在地化意義主要顯現在臺人依其生活經驗、審美思維、人文精神與藝術基底，所進行對京劇藝術之學習與表現的移植／磨合／選擇／詮釋／創造過程。所以，海派京劇在臺灣超過半個世紀的傳播，布袋戲界開始運用京劇音樂爲後場音樂並形成有外江派布袋戲、臺灣的京調票房與地方事務、宗教活動緊密結合有著高度的社會參與性、臺灣的本地京班開始將口白改爲閩南語、客家話以建立自身特色與優勢、臺灣自身京劇傳承系統的形成、演出劇目已經進行不同場次的選擇保留而與原演出樣態不同、唱腔種類簡化以利傳唱及建立符號性意義……等，此皆爲原來的海派京劇所無，而獨爲臺灣京劇根植於地方民眾及其人文精神所發展出的特徵。

隨著國民政府的遷臺，京朝派京劇藝術亦隨著私人京班和軍中劇團的演出，讓臺人得以一睹原單一「海派京劇」之外另一種「演唱藝術高度發揮」、「流派藝術交相展現」的京劇藝術風格。[65]兩種不同審美情味的京劇藝術同時在臺灣上演，看熱鬧的與看門道的各取所需，互有交流豐富。

臺灣的京劇市場其實有限，因時局變化而滯臺發展的大量京劇演員，除了軍中（公立）劇團、劇校爲一可供專業發揮並賴以維生的處所之外，私人組班幾乎沒有生存的空間，餘者或搭本地京班、地方戲班，或進票房擔任教席，二者皆可視爲京朝派京劇藝術在官方／民間傳播管道的鞏固及滲透，前者排拒海派京劇而有其保守性，後者則與海派京劇融合而展現其包容性。在臺灣民間「外江」京劇傳統漸次消散之後，以「國劇」爲名的京朝派京劇藝術在臺持續發展，並且培養出一批批新一代的京劇人才，對比於中國在戲曲改革後的京劇發展，無論在劇目保

---

[65] 王安祈：《臺灣京劇五十年》（上冊），頁35。

留、表演風格、創作思維等方面，確已形成出第二波的臺灣京劇特色。

我們可以簡單的說，海派與京朝派，一前一後，都在臺灣經歷了從外來到內化的藝術發展歷程，共同形塑了「臺灣京劇」的樣貌。

（二）大眾文化／國粹代表／戲曲藝術的身分轉換與定位

儘管京調（劇）傳入臺灣之初，因觀賞者的背景而帶有一定程度的階級、菁英本質，但隨著社會經濟條件的改變所導致商業劇場的繁盛、人民消費能力的提昇，階級的界線早已打破，而成為全民日常生活休閒娛樂的一部份。所以，臺灣民間京劇傳統一直具有大眾化、通俗性色彩。一位外省戲迷就曾肯定本地「宜人京班」在這方面的演出特色，而呼籲大家珍視：

> 劇團之作風，應該大眾化、普遍化、通俗化、社會化，不應該專以唱腔悅耳動聽，觀眾聽不懂，僅供少數人欣賞為已足，宜人京班之作法，與上述方針吻合，實值得提倡者也。[66]

只不過，既是大眾化與通俗性，就難以避免時代性的侷限，當支撐其發展的市場漸小或大眾追逐流行的對象改變時，沒落與被取代即是自然現象。臺灣民間京劇傳統自大眾文化中退位式微，即是整體娛樂環境改變，電影、電視成為娛樂主流，不利戲曲商業發展的必然現象，此與國府的獨尊「國劇」、將臺灣原有的民間京劇傳統排除在「國劇」範圍之外，以及放任臺灣地方戲曲發展等作為其實關係並不大。

邱坤良教授言及戰後以迄 1970 年代臺灣民間文化活力消失的主因，曾有準確的觀察：

> 當年的政府並非不重視文化，也不是不注重藝術，但文化觀念與執行層面，卻顯然有所偏重，未能對各地文化傳統做有效的維護，任其自生自滅。官方所揭櫫的文化政策都由菁英階層或學校社教機關主導，「傳統藝術」也限定在故宮文物或軍公教階層的

---

[66] 李獻廷：《梨園瑣談》，頁 149。（底線為筆者所加）

> 國劇、國樂、國畫、書法。對於結合祭典或民眾生活的藝術活動一貫以「民俗」視之，使用本土語言的藝術不是被忽略，就是被限制。官方或知識份子所認定的「傳統藝術」強調其藝術創作或師承傳統，但這種「國粹」概念固然有別於西方／現代的價值觀，其文化意義很難涵蓋民間的文化機制與藝術活力，也顯現一定的階層或族群屬性。[67]

當時的政府在某些結構性的意識型態影響下，戲曲劇種除了足以代表國粹之一的「國劇」之外，臺灣戲曲一律劃歸爲「地方戲劇」而未領受一種充分發展的空間。[68]此一國家「重整」、「介入」戲曲劇種發展秩序的「排他性」，造成了與其他臺灣地方劇種間的「緊張性」及區別意識，同時，族群、階級、藝術位階屬性益發凸顯的「國劇」形象，也長期狹隘化了國人對京劇的認知，以致臺灣原有的民間京劇傳統被忽略甚至被擦拭不見。

「國劇」的時代功過，其價值判斷端看論者所處的時間與位置而定。超過一甲子的發展，「國劇」自從民國八十四年（1995）三軍劇團合併成國立「國光劇團」，脫卻軍政系統而還原其藝術本質之後，京劇的稱謂已自然取代「國劇」一詞。轉頭回顧，京劇在臺灣從「外江」的大眾文化，到「國劇」的國粹代表，再到「京劇」純粹的戲曲藝術，一路走來，因著不同的時代背景，而有不同的藝術適應與觀眾對話。有了時間的長度與關照的高度，於是，多了份清醒，也多了對臺灣京劇發展更多的理解。

（三）文化性思考／意識型態扭曲的省思

爲什麼京劇曾經是臺灣深具庶民性格的在地性劇種？什麼是「文化認同」的京劇觀賞學習轉向「族群區別」的正宗藝術符號的關鍵？爲什麼 1980 年代初期本土化浪潮下的「民間劇場」活動會將京劇排除？過

---

[67] 邱坤良：《移動觀點：藝術・空間・生活戲劇》，頁 270-271。（底線為筆者所加）

[68] 王嵩山：《扮仙與作戲：臺灣民間戲曲人類學研究論集》，頁 87。

去三家公營電視臺的京劇演出播放對民間京劇傳統發展及民眾認知有何影響？「國家」在臺灣京劇發展過程中的角色扮演爲何？爲什麼許多北管子弟也是京劇的愛好者？爲什麼會形成「國劇／官方／外省」與「地方戲／民間／本省」的文化對立意象？又什麼是當代臺灣京劇發展的核心價值？這種種還有許多的爲什麼，必須置放在歷史脈絡下進行文化性思考方得釐清，而非被政治意識型態所左右以致扭曲及偏狹化。

邱坤良教授在提及當代本土文化意義被扭曲時曾經感嘆：

> 國民政府戰後的統治在加速臺灣「中國化」，以消除日本殖民時期的餘毒，防止臺灣意識抬頭，臺灣本土文化乃成邊陲文化和小傳統，是與所有現代、精緻、時髦文化的不同民俗文化或鄉土文化。連日治時期曾經在臺灣民間極為興盛的京劇也因屬「國劇」，而成為非本土戲曲。[69]

似此位置顛倒、角色尷尬的認知，全肇因於我們對於自身文化的忽視，所以，在國光劇團成立之初引發本土政治界、文化界對「國劇」的反彈，執意排斥京劇時，戲曲圈內會出現數篇缺乏歷史關照，僅見立場之爭的筆仗文章也就不足爲奇了。

臺灣民間京劇傳統是不具排他性的，在過往的歲月裡，因其具備包容性與多元性這樣的特質而獲益，才使得它一直能處在最生氣盎然的狀態中。儘管後來因戲曲生態的改變而式微，但接續的「國劇」仍在其發展的主旋律之外給予民間京劇傳統養分，當今國光劇團在擺脫「本土／中原」的身份之爭後，戮力在京劇的保存及創新上奮力而爲，我相信在歷史的脈絡裡進行文化性的思考與創作，臺灣京劇傳統當以另一種面貌新生。

---

[69] 邱坤良：《移動觀點：藝術・空間・生活戲劇》，頁 148。

省署時期臺灣戲劇史探微

一、前言

民國三十四年 10 月至三十六年 4 月的臺灣省行政長官公署（以下簡稱省署）治理時期，是臺灣結束日本殖民後的短暫新生期，也是當時對「祖國」政經治理、文化語言適應的關鍵期，後終因二・二八事件的爆發而結束，並進入臺灣省政府時期。

這一年半的臺灣戲劇史發展，時間雖短，但影響及作用力卻很大。舉凡戲劇政策法令的制訂執行、戲劇語言的使用選擇、中國話劇的植入作用、臺灣新劇傳統的存斷、省內外劇人的交流互動等，皆是在政權轉換初期真實發生且對後之臺灣戲劇發展有關鍵性的影響。本文將以包含話（新）劇、戲曲之廣義的戲劇概念進行關照，在呂訴上、邱坤良、焦桐、莊曙綺及筆者的先行研究基礎上，[1]結合彼時臺灣報刊資料、官方文書及出版品、劇人回憶性文章、抗戰時期話劇檔案文件及中國話劇史研究成果，進一步釐清省署的文化、語言、宣傳政策及執行力度如何作用於當時的戲劇發展？制訂劇團管理、劇本審查辦法的溯源及實施情形？臺灣劇人如何在創作實踐中奮進及敗退？中國話劇植入的實質影響評估？省內外劇人的交流實況爲何？解禁後臺灣戲曲的發展及適應實貌？以及二・二八事件對臺灣戲劇發展影響的再評估等。

本文之開展，除第一節前言交代問題意識、研究目的之外，爲使先對彼時臺灣戲劇發展建立整體印象，第二節將概述省署時期臺灣戲曲、新劇發展及中國話劇在臺演出情形，試圖爲斷代之點標示出座標上的意

[1] 參見呂訴上《臺灣電影戲劇史・臺灣新劇發展史》、〈光復後的臺灣劇運——臺灣省行政長官公署時期〉；邱坤良《歷史記憶與民眾觀點：臺灣劇場與文化變遷》第三章；焦桐《臺灣戰後初期的戲劇》；莊曙綺《從報紙廣告看戰後（1945-1949）臺灣商業劇場的演劇生態》、〈臺灣戰後四年（1945-1949）現代戲劇的發展概況〉；徐亞湘〈戰後初期中國劇作在臺演出實踐探析〉、〈一個戲劇的公共與論空間：戰後初期臺灣報紙的戲劇特刊分析〉、〈管制下的復甦：臺灣省行政長官公署宣傳委員會的戲曲相關法規分析（1945.11-1947.3）〉、〈進步文藝的示範：戰後初期曹禺劇作於臺灣演出史探析〉等。

義；第三節將探討省署時期劇團管理與劇本審查辦法的制訂、變化及實施情形，除了著重對於戲劇（曲）發展的影響評估，也嘗試爲其法令溯源，一探抗戰時期大後方的劇本審查制度，以及二者在內容和精神上的延續性；第四節擬針對以文化、批判爲主調的臺灣新劇傳統在省署時期的發展進行討論，並分析其與戲劇法規制訂的關係及反作用力終至消失之因；第五節則以中國話劇的在臺開展爲主，評估其在藝術、文化、語言「優勢」表象下的實質影響及當時省內外戲劇人士的互動情形；最後第六節結語總結全文，並得出新的觀點見解。

希冀此一時間極短的斷代戲劇史探討，對於我們瞭解臺灣在此一特殊歷史段落中的戲劇發展，亦即如何地在繼承／延續、適應／實踐、交融／抗拒、移植／內化等現象的觀察是有所助益的。

二、繁華盛景及其後：省署時期臺灣戲劇概覽

從二戰結束到民國三十六年二・二八事件發生的一年半裡，擺脫了殖民地命運的臺灣，傳統漢文化開始復甦，而「祖國」的語言、文化、藝術也開始迅速地傳入，迎來了去日本化與再中國化的文化重建時期。

反映在戲劇上主要有以下四個現象。第一，戰爭期中被禁的臺灣戲班紛紛復團或新成立演出，數量與戰前比較有過之而無不及，「光復」後的青天白日，迎來的是戲曲解禁後的甘霖。據省署宣傳委員會（以下簡稱宣委會）施政一年後撰述的《臺灣一年來之宣傳》一書記載，自民國三十五年 8 月 28 日開始申請登記至 11 月 21 日近三個月間，劇團申請登記者已達 86 團，其中戲曲戲班 81 團（大戲 75 團、掌中戲 6 團），新劇 5 團，此與當時戲院申請登記資料中以專演戲劇和戲劇電影混合式戲院 104 家的數量大體是相對應的；[2]而據稍後省署宣委會撤銷前之甲

[2] 臺灣省行政長官公署宣傳委員會編：《臺灣一年來之宣傳》，頁 5-19。當時全臺戲院登記者計 125 家，扣除影片公司 18 家、電影常設館 3 家，餘 104 家中，7 家專演戲劇，97 家為電影、戲劇混合式戲院。

乙種劇團[3]一覽表資料顯示，民國三十六年 3 月 15 日之前核准登記的內外台戲曲戲班更高達 145 團，短短四個月間即增加近 60 團，其中人演的大戲戲班如九甲戲班新錦珠、本地京班宜人園、客家戲班明興社、歌仔戲班艋舺復興社、金山樂社、明華園、日光、拱樂社、寶銀社、四平戲班新榮鳳等有 113 團，掌中戲班如新興閣、亦宛然、五洲園、福興閣等有 32 團。[4]

第二，日治時期臺人知識分子演劇傳統的承續與中斷。民國三十四年 10 月 25 日，臺南學生聯盟即假臺南市「延平戲院」舉辦慶祝「臺灣光復演藝大會」，節目中有兩齣戲演出，一爲東京大學文學部肄業生王育德編演的二幕劇《新生之朝》，一爲日本中央大學法學部肄業生黃昆彬的《偷走兵》，是爲戰後學生臺語新劇的首次演出；同年除夕王育德之戲曲研究會再假「延平戲院」演出其編導之獨幕劇《幻影》及黃昆彬編之獨幕劇《鄉愁》，隔年 10 月 10 日，已爲臺南一中教師的王育德的二幕劇《青年之路》又於該校與臺南一女中的聯合文藝會上演出。[5]

臺灣新劇傳統的承續，除了顯現在其社會關懷與批判精神的劇作特色之外，另外就是使用臺語的語言特色。臺北市即是當時臺南市之外更爲重要的臺語新劇創作及演出的中心，王井泉的人人演劇研究會、宋非我、簡國賢的聖烽演劇研究會、賴曾、林摶秋、張冬芳的人劇座等戰前的演劇文化人，都對「臺語話劇」的實踐有過奮力作爲。民國三十五年下半年，後二者在臺北市「中山堂」演出的《壁》、《羅漢赴會》、《醫德》及《罪》等四劇即受到較大的關注。[6]

在戰後初期國語政策作用及戲劇檢查的嚴密控制下，臺灣新劇工作者面臨的演劇環境較之日治時期實則要嚴峻許多，儘管有民國三十五年

[3] 當時的劇團登記採甲乙二種，甲種劇團為人演之戲的劇團，其下又分演出話劇、歌舞的「新」劇與演出戲曲的「舊」劇二類，乙種劇團則為木偶戲劇團，主要以掌中戲為主。

[4] 呂訴上：〈光復後的臺灣劇運——臺灣省行政長官公署時期〉，《臺北文物》3(3)，頁 78-82。

[5] 王育德：《王育德全集 15：王育德自傳》，頁 238-244。

[6] 呂訴上：《臺灣電影戲劇史》，頁 337-338、342；石婉舜：《林摶秋》，頁 122-127；王育德：《王育德全集 11：創作與評論》，頁 189-192。

6 月「聖烽」的演出及 9 月底臺灣文化協進會舉辦的演劇座談會，[7]不過，最終在「聖烽」《壁》的第二次演出被禁、人人演劇研究會《海南島》的劇本送審未過[8]及隔年二・二八事件爆發後，原來充滿推動劇運熱情的臺灣劇人只能無奈地選擇噤聲、不演，而成爲臺灣劇人新劇夢的最終回，這導致了承繼日治以來知識分子使用臺語藉演劇批判社會的傳統中斷。

第三，娛樂取向職業新劇團的局部開展。民國三十五年初始，即有承繼日治時期新劇、綜藝團形式的臺人商業演劇團體[9]如楊文彬的臺灣藝術劇社、呂訴上的銀華新劇團、許成宗的國風劇團、靜江月的臺灣新人話劇社、黃溪圳的藝友劇團、陳乾雲的薰風劇團、陳嫣恩的鐘聲劇團等新劇團陸續成立，多演具商業號召之社會情仇劇或家庭倫理悲喜劇爲主的劇目，如「鐘聲」的戀愛悲劇《錯》、社會悲劇《紅顏》、《因果花》、「國風」的《薄命花》、《冤魂復仇記》等。[10]値得注意的是，抗戰時期在上海引起爭睹風潮的《秋海棠》(秦瘦鷗作)[11]與在重慶演出甚豐的《野玫瑰》(陳銓作)[12]二劇，皆因愛情、死亡、諜報等通俗劇情節特質迅速地爲本地職業新劇團所移植改編演出。[13]

---

[7] 臺灣文化協進會於 1946 年 9 月 27 日下午二時至六時舉辦演劇座談會，與會者有協進會理事長游彌堅及臺籍劇人王井泉、楊文彬、洪名堯、柯培墻、吳漫沙、陳棗、賴文進、張秀光等，會中首由游彌堅說明演劇的文化意義及舉辦此次座談會的目的，繼由王井泉陳述臺灣演劇的歷史及現況，最後與會者共同針對如何開展臺灣劇運提出看法。(《民報》，1946 年 9 月 28 日)

[8] 石婉舜：《林摶秋》，頁 126-127。

[9] 彼時有尚未遣返的在臺日人所組之好來樂團、大紅花少女歌劇團(新臺灣)、制作座、高安爆笑劇團等團短暫營運，以及以音樂、舞蹈為主的綜藝性團體如當山動舞踊團、梅花樂舞團、高山大舞曲等團因與戲劇無涉，皆不在本文討論範圍。

[10] 呂訴上：〈光復後的臺灣劇運——臺灣省行政長官公署時期〉，《臺北文物》3(3)，頁 78-84；莊曙綺：〈臺灣戰後四年(1945-1949)現代戲劇的發展概況〉，《民俗曲藝》151，頁 198-211。

[11] 1943 年 12 月 24 日上海藝術劇團在上海卡爾登演出該劇，演至隔年 5 月 9 日落幕，共演出二百餘場，觀眾十八萬人，創當時觀眾人數最高紀錄。1943 年 12 月，由呂玉堃、李麗華主演的電影《秋海棠》也在上海、南京等地連映三個多月。(《秋海棠》一劇的研究成果可參考邵迎建《上海抗戰時期的話劇》一書第六章)

[12] 該劇後改編成電影《天字第一號》，相關研究成果可參考傅學敏《1937-1945：國家意識型態與國統區戲劇運動》一書第四章第一節；胡星亮：〈陳銓與德國浪漫派戲劇〉，《中國話劇研究》6，頁 121-136。

[13] 莊曙綺：〈臺灣戰後四年(1945-1949)現代戲劇的發展概況〉，《民俗曲藝》151，頁 205-207。

第四，中國的職業、軍中話劇團及在臺外省人爲主的業餘話劇團相對的高比例演出。二・二八事件發生之前，職業話劇團有新中國劇社、軍中話劇團有陸軍 70 軍政治部劇宣隊的來臺演出，業餘話劇團則如青藝劇團、實驗小劇團、臺北市外勤記者聯誼會、三民主義青年團基隆分團青年劇社、臺中民眾教育館戲劇研究社、臺南民眾教育館實驗劇團、臺東業餘劇社、臺灣師範學院話劇研究會等之國語話劇演出，以及實驗小劇團及臺北市黨部奮鬥劇團的臺語話劇演出嘗試。[14]

臺灣此一彼時中國文化的新生地，中國話劇正是省署及來臺外省劇人用以介紹祖國文化、普及國語中文的重要管道利器，而在臺鼓動起國語話劇的「臺灣劇運」也成爲在臺外省業餘劇人的目標與理想。大量「五四」以來，並以抗戰時期爲主的知名劇作家的優秀劇作，如曹禺的《雷雨》、《日出》、吳祖光的《牛郎織女》、陳銓的《野玫瑰》、歐陽予倩的《桃花扇》、魏如晦（阿英）的《海國英雄》(《鄭成功》)、宋之的、老舍合著的《國家至上》、李健吾的《這只不過是春天》、徐昌霖的《密支那風雲》等，集中壓縮地在臺灣的舞臺上搬演。國家機器的支持引導，再加上透過以外省文化人主導的臺灣報業中大量的戲劇報導、評論及戲劇特刊，[15]國語話劇演出遂成爲當時劇壇主要、巨大的形象，此必然忽略使用臺語的本地新劇傳統誠然是歷史的侷限與不幸，但卻也真實地反映出彼時臺灣劇壇以國語話劇爲主導的強勢、傾斜現象。

省署時期的臺灣戲劇，可以說是在繼承日治時期的既有基礎上，戲曲因解禁得到新生發展，臺語新劇傳統則在嘗試適應「祖國」的文化、語言、文字中曾有短暫的舞臺實踐後終至斷裂，而缺乏與臺人生活及歷史經驗對話的國語話劇的強勢植入，則主導了彼時的「臺灣劇運」。此諸般現象的背後，實則與省署的戲劇法令、文化及語言政策等有密切的關係，以下即從戲劇法令的頒佈執行、臺灣新劇的奮進斷裂，以及中國話劇的植入獨大等三點分別論述，從中再一探三者的互動作用情形，以

---

[14] 徐亞湘：〈戰後初期中國劇作在臺演出實踐探析〉，《戲劇研究》12，頁 154-157。

[15] 關於省署時期報紙戲劇特刊的分析，可參見徐亞湘：〈一個戲劇的公共與論空間：戰後初期臺灣報紙的戲劇分析〉，《戲劇研究》14，頁 51-72。

得此一年半載中見樹亦見林的戲劇發展樣貌。

三、漸進式箝制：劇本審查與劇團管理

省署時期主管戲劇演出、團體的主管機關爲宣委會，其於民國三十四年底省署成立之初即爲其組織內的一個機關，[16]主任委員爲曾跟隨行政長官陳儀之青年黨人夏濤聲。[17]據宣委會編輯發行的《臺灣一年來之宣傳》一書記載，該會之成立係因「本省淪陷五十年，敵人在文化思想上遺毒甚深」，所以，以報導真相與調洽輿情的文化宣傳工作至爲重要，期使臺灣人能重新認識中國的政績和文化，以及在疏通政府與人民意見中起到橋樑的作用，「本省應此實際需要，特於行政長官公署內，設置宣傳委員會」。[18]而觀察其四項主要工作業務（一）政令宣導；（二）電影戲劇；（三）圖書出版；（四）新聞廣播等一年來之推動情形，[19]戲劇相關法令的制定實則是較晚受到關注的，而此政府的未及特別對待也因此讓臺灣戲劇發展有了短暫半年的自由空間，真正感受到「回歸祖國」後的新生空氣。

宣委會於民國三十五年 2 月奉長官通知，省內電影戲劇事業均歸其管轄辦理，除立即將全省日人經營的電影院、戲院派員接收監理並交商承租外，[20]宣委會立刻制定了〈臺灣省電影戲劇事業管理辦法〉並於 3 月公告實施。在此之前，宣委會在戲劇方面的作爲似乎僅是停留在認可

---

[16] 該會成立於 1945 年 11 月 1 日，乃依「臺灣省行政長官公署組織條例」第五條「臺灣省行政長官公署，必要時得設置專管機關或委員會，其組織規程，由行政院定之」而立。

[17] 夏濤聲（1899-1968），安徽懷寧人，北京大學政治系畢業，1923 年加入中國青年黨，1934 年赴閩任職於福建省政府，當時省主席為陳儀。後並任廈門大學教授、莆田縣縣長，並曾隨陳儀赴重慶擔任行政院參事，1944 年臺灣調查委員會成立時為委員之一，1945 年底省署設立後擔任秘書處處長兼宣傳委員會主任委員。

[18] 臺灣省行政長官公署宣傳委員會編：《臺灣一年來之宣傳》，頁 1；黃英哲：《「去日本化」「再中國化」：戰後臺灣文化重建（1945-1947）》，頁 28-31。

[19] 臺灣省行政長官公署宣傳委員會編：《臺灣一年來之宣傳》，頁 2-34。

[20] 當時宣委會接收了日人經營的電影戲院，臺北市 6 家，臺北縣 2 家，臺中、彰化、嘉義、屏東各 1 家，臺南市花蓮縣各 2 家，計 16 家。參見臺灣省行政長官公署宣傳委員會編：《臺灣一年來之宣傳》，頁 19-20。

戰爭期被臺灣總督府所禁之中國、臺灣舊劇演出一律開禁准演而已。[21]儘管如此，這並不代表宣委會還未思考並且嘗試把掌控、管制之手伸向戲劇界。

宣委會在民國三十四年 12 月初，曾經會同國民黨臺灣省黨部宣傳處，參考了〈臺灣省電影審查暫行辦法〉草案，[22]共同擬定了一份〈臺灣省戲劇審查暫行辦法〉報署核備施行。該「暫行辦法」規定劇團須經劇本審查、預演審查、需取得准演證等完整程序，方得於本省境內公演，以及明訂違者處罰，這個暫行辦法將劇本從排練到演出的各個環節均做出了嚴格的規定。宣委會甫成立一個月且對臺灣演劇現況還未充分瞭解掌握前即草擬此辦法，這顯然與辦法草擬者的先前經驗有關，企圖以複製先行法規來達到對想像的臺灣戲劇進行管理。

若與抗戰時期重慶一地的劇本審查相關辦法相較，我們可以發現二者在內容與精神上確實有著明顯的同質性與延續性。而觀察宣委會中高階官員皆爲外省籍背景、負責主管戲劇業務的委員柳健行[23]曾於抗戰時期擔任中央圖書雜誌審查委員會（以下簡稱中央圖審會）專門委員，以及一紙民國三十五年 9 月 13 日宣委會回覆法治委員會特別說明「查本會對於舊日法令從未援用」的公函[24]看來，省署時期戲劇相關辦法的研議制定，當爲參考「中國內地」而非沿襲日治時期的相關法規。

抗戰時期負責全國圖書、雜誌、演劇、電影的審查管制單位是中央圖審會，[25]該會於民國三十二年 5 月擬定的「重慶市審查上演劇本補充

---

21 呂訴上：〈光復後的臺灣劇運——臺灣省行政長官公署時期〉，《臺北文物》3（3），頁 75。

22 〈臺灣省電影審查辦法修正案〉，「行政長官公署檔案」典藏號：00307570008006。「臺灣省電影審查暫行辦法」於 1945 年 12 月 30 日公布，1946 年 5 月因行政院認為與中央權責抵觸而令飭廢止。

23 柳健行，1898 年生，江蘇鎮江人，上海大學畢業，曾任中學教員、教育局長、市黨部科長、中央圖審會專門委員，1945 年 10 月 28 日派任長官公署宣傳委員會委員，並擔任宣委會機關刊物《新臺灣畫報》主編。（參見蕭富隆等編輯：《臺灣省行政長官公署職員輯錄（一）》，頁 292）

24 〈宣傳委員會未援用日人時代法規申復案〉，「行政長官公署檔案」典藏號：00307100076021。

25 中央圖審會成立於 1938 年 10 月 1 日，委員由國民黨中央宣傳部、國民政府軍事委員會政治部、內政部、教育部代表組成，並受中央宣傳部指導，從此，戲劇演出及劇本出版統歸其審查。關於抗戰時期中央圖審會對於話劇劇本審查的辦法訂定與措施執行，可參見傅學敏

辦法」即與上述〈臺灣省戲劇審查暫行辦法〉在內容上有相當的重疊（參見下表）：[26]

臺灣省戲劇審查暫行辦法		重慶市審查上演劇本補充辦法	
第三條	凡欲在本省境內公演之戲劇須先將劇本（如係翻譯須附原本）送請宣傳委員會審查後始准排演	第三條	凡各劇團選擇上演劇本時，必須先將所擬選排之劇本送審，經核准後再行排演。
第四條	宣傳委員會審查通過之劇本於正式公演之前三日會同宣傳處派員在指定場所舉行預演予以審查	第四條	試演地點，前經本會指定在會府街曹家庵 16 號文化會堂，以後務需遵辦。試演日期必須在正式公演之前 10 日，時間以下午一時以後爲宜，且須正式彩排（可免布景），否則無效。試演時仍可指示修改，必須遵照改正，方准上演。

或因陳儀相對開明、審慎的施政態度，[27]或因考量尚未有實施之立即必要，或因主導者爲省黨部或其他原因，長官公署最後並未核准該「暫行辦法」。

戰後臺灣演出劇本的審查始自民國三十五年 3 月頒佈〈臺灣省電影戲劇事業管理辦法〉中第九條「本省電影戲劇事業，演出影片或戲劇，除電影應照本省電影審查暫行辦法之規定辦理外，戲劇應於演出前，將劇本送請宣傳委員會審查」之規定。因該辦法主要針對電影戲劇事業者，亦即是「供給演出」所需的電影院或戲院、劇場，以及代理影片放

《1037-1945：國家意識型態與國統區戲劇運動》第二章第二節；馬俊山：《演劇職業化運動研究》第十一篇。

[26] 石曼：《重慶抗戰劇壇紀事》，頁 129-130。

[27] 陳儀無論其於福建省主席（1934-1941.9）或臺灣省行政長官（1945.10-1947.2）期間，相對於國民黨中央，在思想言論、人才延攬上均採較為開明的態度。（參見徐秀慧：《戰後初期（1945-1949）臺灣的文化場域與文學思潮》，頁 109-127；陳兆熙等著《陳儀的本來面目》一書）

映的影業公司而設，所以，提供演出劇本送審者為演出場所而非劇團，且僅需於前一日送交宣委會審查核備即可。[28]從該辦法未明列審查演出劇本的標準看來，此時對戲劇的管理似乎還僅停留在演出實況、內容的掌握，以及強調主管機關權力宣誓的意義而已，而戲劇可能造成在政治、社會「不安」、「負面」宣傳的影響，宣委會則還未有明顯的防範意識。

同年 7 月，陳儀在第三十二次政務會議上指示宣委會應會同民政、教育、警務三處組織戲劇審查委員會，[29]以及 8 月 22 日即有〈臺灣省劇團管理規則〉頒佈的舉措，我認為此與 7 月初「聖烽」的第二次公演《壁》、《羅漢赴會》被禁應有關係。[30]無論那一次演出申請被禁的原因是藉機「宣傳共產主義、違反三民主義，挑撥對政府反感及離間本外省人感情……」？劇本帶有挑動階級鬥爭內容？還是演出劇本未向宣委會送審？[31]其實都在在突顯出實施近半年的〈臺灣省電影戲劇事業管理辦法〉在內容上的空泛，缺少分項的細緻思考與罰則設計，而且完全不足以對當時戲劇演出所涉及的劇本、劇團、演員等環節進行實質管控的事實，因而必須另立單行法規，予以更為嚴格、精密、全面的規範與控制。

〈臺灣省劇團管理規則〉的內容，對於劇團登記分「成立登記」與「上演登記」二類劃分、登記事項要件的規範、不得上演的條件限制，以及相關罰則的訂定等，皆有明確的規定。值得注意的是，「規則」第一條「本省劇團（戲班包括在內）之管理，除法令別有規定外，依本規則之規定行之」的條文，特別將劇團的認定範圍把戲曲的「戲班」含括

---

[28] 徐亞湘：〈管制下的復甦：臺灣省行政長官公署宣傳委員會的戲曲相關法規分析（1945.11-1947.3）〉，《民俗曲藝》165，頁 12-14、19-22。抗戰勝利後因書刊審查辦法廢止，中央圖審會撤銷，劇本出版不需再事審查。

[29] 〈戲劇審查委員會組織情形〉，「行政長官公署檔案」典藏號：00301280042001。戲劇審查委員會後雖未見成立，但依據〈臺灣省劇團管理規則〉辦理劇本審查的工作確需「會同民政、警務、教育三處辦理」。（臺灣省行政長官公署宣傳委員會編：《臺灣一年來之宣傳》，頁 21）

[30] 關於 1946 年 6 月「聖烽演劇研究會」《壁》及《羅漢赴會》二戲的演出始末、觀眾反應，以及 7 月初第二次公演被禁和輿論的反應，可參閱鍾喬：《簡國賢》，頁 81-111。

[31] 莊曙綺：〈臺灣戰後四年（1945-1949）現代戲劇的發展概況〉，《民俗曲藝》151，頁 194；呂訴上：《臺灣電影戲劇史》，頁 337。

在內。從這裡可以看出，宣委會以包含話劇、戲曲此更爲廣義的戲劇概念，積極地將二者同時納入管理監督範圍之企圖，省署對於戲劇方面的掌控明顯地日趨加強。

〈臺灣省劇團管理規則〉的實施，是省署全面管制臺灣劇團、戲班的肇始，更是國民黨政治權威和意識型態基礎高度維護的顯示。透過劇團、戲班不經登記則不得演出的強制措施，所有在臺灣演出的職業、業餘的話（新）劇團及職業的戲曲戲班，悉數納入實質的管理監控。[32]而演出劇本的審查，則對上演劇本的作者、著作時間、內容、上演時間地點有所掌握，以及名列不得上演劇本的內容規範——違反三民主義者、違反國民政府政令者、違背時代精神者、妨害風化者。至此，臺灣的戲劇演出團體、人員及其所有的上演內容悉數爲宣委會所掌握管控。自民國三十五年 8 月底至 11 月底三個月間，劇團申請登記者有 86 團（新劇 5 團，戲曲 81 團），劇本送審 25 部，不通過者 7 部（舊劇 5 部，新劇 2 部）。[33]

此規則的頒佈對新劇演出的影響較大，因其演出內容受到相當程度的規範，臺灣新劇文化人至此難再透過演劇表達對時局、社會的關懷與批判，因而掩旗息鼓不願辦理登記者有之（如「聖烽」），登記後因演出劇本送審未過而停止活動者亦有之（如人人演劇研究會）。對於與政治幾無所涉的戲曲戲班而言則影響極小，只要符合登記形式、要件，演出劇目不違反前述四項內容，幾乎都是准予登記的。只是，面對數量龐大且多爲幕表制的戲曲劇目，宣委會爲避免重複審查之苦，採取審查核准上演劇目的分批公告，民國三十六年 1 月 27 日宣委會即公告了第一批也是唯一一批的 104 齣「核准上演舊劇（京劇）名稱一覽表」，[34]往後戲班若演出相同內容劇目需與公告之劇目名稱一致，否則不准上演，而在

---

[32] 民國三十五年底來臺演出的新中國劇社即有辦理劇團登記及演出劇本送審，而如陸軍 70 整編師政治部劇宣隊等軍中演劇隊則排除在登記範圍在外。

[33] 臺灣省行政長官公署宣傳委員會編：《臺灣一年來之宣傳》，頁 13-19、21；呂訴上：〈光復後的臺灣劇運——臺灣省行政長官公署時期〉，《臺北文物》3（3），頁 82-83。

[34] 徐亞湘：〈管制下的復甦：臺灣省行政長官公署宣傳委員會的戲曲相關法規分析（1945.11-1947.3）〉，《民俗曲藝》165，頁 23-25、43。

此第一批准演劇目以外的演出劇本，[35]則仍可循「上演登記」制度送宣委會審查獲准後演出。

四、走鋼索者的命運：新劇的奮進與挫敗

民國三十五年 5 月底，在第一回公演前「聖烽」的演劇同人們曾寫下「兄弟姐妹呦，走鋼索者的命運是只能前進，不許後退。唯有勇敢前進者才能開拓活路。」[36]這樣一段悲壯自許的話語。臺灣「光復」和「新生」了，後之諸般從欣喜期望到憤怒失望的各種施政及亂象，是刺激新劇文化人再次聚集並執筆上臺，以演劇關懷社會、批判時局的開始。

在省署時期有限的新劇演出中，跨出第一步的是民國三十四年 10 月底臺南學生聯盟在「延平戲院」所舉辦遊藝會上的臺語話劇演出。當時臺南市的高校學生為慶祝臺灣光復節，商請曾就讀東京大學文學部的王育德（1924-1985）撰寫劇本演出，[37]王雖自幼喜愛看電影、舊劇，且就讀臺北高校期間曾研習演劇並有隨臺南市國風劇團參加地方巡演十天並將見聞撰文發表的經驗，[38]但此次確是他劇本寫作的初次嘗試。

王育德為臺南學生聯盟寫了二幕劇《新生之朝》，並找來他弟弟的同學黃昆彬撰成獨幕劇《偷走兵》，經過近一個月密集的排練後，10 月 25 日於臺南市「延平戲院」演出日夜兩場。《新生之朝》一劇乃借被虐養女為生父陳老爺（王育德飾演）領回的喜悅暗諭臺灣光復重回祖國懷抱，繼之諷刺養女回家後生活放縱誤解了自由真義來諷刺當時社會的通病；而《偷走兵》則是抨擊日本憲兵的橫暴與提醒學徒兵的悲哀。

這次雖為遊藝會性質的學生業餘戲劇演出，[39]但因演出「非常生動

---

[35] 據省署檔案資料觀察，當時戲班所提供的劇本，實為僅具情節大要及人物表的「劇本大綱」而已，有的則以日治時期送交警務機關檢閱有詳細分場大綱及人物表的腳本呈送。

[36] 轉引自鍾喬：《簡國賢》，頁 84。

[37] 據王育德回憶錄記載，他曾建議臺南學生聯盟的學生可找舊時文化協會有演劇經驗的老先生們協助，但學生們認為「他們和我們的年齡有斷差距，想法也不同，而且他們往往看不起年青一輩」而婉拒。（王育德：《王育德全集 15：王育德自傳》，頁 239）

[38] 王育德：《王育德全集 15：王育德自傳》，頁 244。

[39] 該次演出內容包含鋼琴獨奏、舞蹈、話劇三部分，三個小時的演出時間兩齣臺語話劇即佔了

又具現實性」，立刻造成了滿座觀眾的好評與歡迎，[40]這也刺激了這群初生之犢繼續冒險追尋他們的戲劇夢。民國三十五年 2 月 1 日，舊曆除夕當日，王育德結合一批學生組織的戲曲研究會，假「延平戲院」演出了他的獨幕劇《鄉愁》（王並擔任主演）和黃昆彬的獨幕劇《幻影》，日夜兩場的演出成績皆可觀，前者並以留日學生在戰後的窘境爲內容，頗能博得觀眾深刻的同情與感動。[41]

這兩次由王育德、黃昆彬結合臺南高校生的臺語話劇創作演出，在王育德看來，正是藉由「高教養、態度積極的年青人參與進來」以提升臺灣戲劇藝術內涵可喜的嘗試，他隨後發表在《中華日報》文藝版的〈臺灣戲劇的確立——光輝閃耀的荊棘之路〉一文，[42]更可以窺見他這兩次編演經驗對他思索臺灣戲劇復興之路有著關鍵性的影響。儘管只是兩次學生遊藝會中的業餘話劇演出，王育德、黃昆彬二位青年的編劇嘗試及舞臺實踐，以及一群高校學子的熱情投入，都爲臺南古都以青年知識分子爲創作主體的臺語話劇進展打下了基礎。

舉起演劇火炬站在社會前線，很快地由南燃燒到北。民國三十五年春末，臺北聖烽演劇研究會成立之時，也正是臺灣「光復」後，省籍隔閡、通貨膨脹、失業問題、貪污腐敗等政治經濟問題逐漸浮現的時刻。[43]日治時期劇人、戰後廣播聞人的宋非我，結合了戰時厚生演劇研究會的劇場同好簡國賢、王井泉、張文環，以及支持財務的江金章醫師，宣布成立聖烽演劇研究會（以下簡稱「聖烽」），爲臺北的新劇開展及窒悶的社會鳴發了第一聲槍響。

6 月初，在《大明報》社的主催下，「聖烽」在臺北市「中山堂」演出了《壁》和《羅漢赴會》二劇，戰後臺灣新劇運動的黎明露出了曙

兩個小時，呂訴上稱該次「演出成績很好，為光復後青年戲劇的首次最好演出」。（呂訴上：《臺灣電影戲劇史》，頁 333-334）

40 王育德：《王育德全集 15：王育德自傳》，頁 143。

41 王育德：《王育德全集 11：創作&評論集》，頁 190-191。這次演出中有穿插舞蹈表演，仍不脫學生遊藝會表演性質。

42 王育德：〈臺灣戲劇的確立——光輝閃耀的荊棘之路〉，《中華日報》，1946 年 3 月 21 日。

43 臺灣「光復」一年後的社會發展動向，可參見徐瓊二的《談談臺灣的現狀》一書，收錄於《臺灣光復後的回顧與現狀》後半部。

光。值得注意的是，甫於該年 5 月成立的臺北唯一晚報《大明報》，發行人艾璐生（1912-1947）及主編馬銳籌皆為有留日背景之外省進步人士，[44]該報對這次演出的支持，可謂省內外進步人士的一次成功合作。

簡國賢原作、宋非我編譯、導演及主演的《壁》，透過一道牆隔出貧富兩個世界，透過錢金利囤積致富的奢靡生活及許乞食一家求生不得慘狀無望的對比，對戰後臺灣社會貧富懸殊的現象提出控訴與批判。宋非我編導的《羅漢赴會》則是一齣難民大鬧虛偽仕紳名媛所召開的救濟會會場的諷刺喜劇，對來臺接收的外省人士多有嘲諷。[45]

6 月 8 日二劇試演，9-13 日正式演出，因二劇高度的現實性、諷刺性引起了觀眾的情感認同與共鳴，獲致空前的熱烈迴響，各報亦紛紛刊出劇評致使「風評瞬時流布全省」。[46]當時知名文化人王白淵就曾在民國三十六年元旦的《青年自由報》上〈一年來文化界的回顧〉一文中提到，二劇除了「演技雖然還有很多缺點，場面亦有多餘的地方」，但其成功的原因乃在於思想與語言的自由，以及內容帶著大眾性與諷刺性兩點上。[47]前者指的是相較於日治後期臺灣人的語言與思想受到莫大的限制，此時已能自由使用臺灣話演戲，並在思想上有相對自由的表達空間；而後者則肯定該次演出能將民眾的苦悶、不滿、失望和希望等表現出來，凸顯出大眾演劇的社會性與現實性功能。

在那個國語尚欠普及的年代，以臺語演出話劇並反映生活、針貶社會，確實更能夠獲得本省觀眾的支持與歡迎。當時擔任《臺灣新生報》記者的吳濁流（1900-1976）就曾提及該次演出「與其說是因為對白有諷刺，演技上乘，倒不如說是因為用的是臺語，人人可懂，因而博得大

---

[44] 馬銳籌曾任重慶《掃蕩報》編輯《商務日報》編輯主任、《新湖北日報》主筆，來臺參加日軍受降儀式，採訪臺灣回歸祖國的消息，後參與籌設《人民導報》，1946 年中任《大明報》主編，並曾投資木刻家黃榮燦的新創造出版社，二‧二八事件後曾被捕入獄。艾璐生於 1945 年 11 月來臺，先任職於菸酒公賣局，後受邀任則《大明報》發行人，在二‧二八事件後不幸被殺害身亡。（吳克泰：《吳克泰回憶錄》，頁 176；橫地剛：《南天之虹：把二二八事件刻在版畫上的人》，頁 189）

[45] 關於《壁》一劇的劇本、演出分析及媒體迴響，參見鍾喬《簡國賢》一書。

[46] 王育德：《王育德全集 11：創作&評論集》，頁 191。

[47] 王白淵：〈一年來文化界的回顧〉，《青年自由報》，1947 年 1 月 1 日。

眾空前的歡迎。」[48]同樣服務於報界的徐瓊二（徐淵琛，1912-1950），也在其〈戲劇運動的興起─並論藝術領域的大眾化〉一文中表示，比起用普及時間尚短的國語進行文藝活動，那些便於民眾直接理解，用臺灣話進行的表演是有很大的特點，處於相對有利位置的。[49]

為回應民眾的殷切呼求，「聖烽」決定在 7 月 2 日起再次於「中山堂」搬演《壁》。但在演出前夕，「聖烽」收到了停演的通知。根據鍾喬的研究，查禁該次演出的是臺北市警局，而下指令的則是長官公署。[50]因省署已於 3 月頒佈〈臺灣省電影戲劇事業管理辦法〉，規定演出場所應於演出前一日將劇團上演劇本送宣委會審查，假使「中山堂」曾依法將劇本送審通過而得以上演，第二次的演出被查禁則很有可能是黨部、情治、軍憲系統對戲劇審查進行干預與對公署施壓的表現。《壁》的演出碰壁了，嚴重打擊了臺灣劇人的創作熱情，而公署宣委會也隨即在 8 月頒佈了〈臺灣省劇團管理規則〉，開始全面掌制臺灣的劇團、戲班成立登記及演出劇本審查。

《壁》的再演被禁，雖挫折但未澆熄臺灣劇人的戲劇夢。「聖烽」的顧問、臺灣新劇前輩王井泉登記成立人人演劇研究會，[51]擬演出林摶秋的社會悲劇《海南島》，但因劇本內容演被日本人徵調到海南島的臺灣兵，光復後在當地未得政府保護反而受盡歧視與壓迫故事，送審未過而不得演出。劇作家林摶秋隨即與昔日劇界好友賴曾商議，由其出面登記成立人劇座，[52]臨時再以他編劇、張冬芳翻譯的二幕六場戀愛悲劇《罪》及獨幕倫理喜劇《醫德》送審並獲准演，於 9 月 29 日起在臺北市「中山堂」演出五天，每天日夜兩場。

《罪》著重男女三角戀愛的心理描繪，《醫德》則描繪醫生敲詐故事，帶有諷刺意味。這次的演出成績欠佳，據聞劇團還因此負了不少債。

---

[48] 吳濁流：《臺灣連翹》，頁 173。

[49] 蕭友山、徐瓊二：《臺灣光復後的回顧與現狀》，頁 61。

[50] 鍾喬：《簡國賢》，頁 109。

[51] 據宣委會資料顯示，該團登記時間為 1946 年 9 月 4 日。（《臺灣一年來之宣傳》，頁 14）

[52] 據宣委會資料顯示，該團登記時間為 1946 年 9 月 11 日。（《臺灣一年來之宣傳》，頁 14）

[53]而文化界對此次演出的看法也多與「聖烽」相較，認爲雖然演員演技還不錯，但在反映社會、生活問題的程度上則還不夠，較難引起觀眾的共鳴。徐瓊二就曾從藝術大眾化的角度比較《壁》與《罪》，他認爲這兩齣戲都能隨著劇情的發展，藝術地表現劇中人物的心理變化，但是《壁》更具現實性與大眾性而能獲得觀眾的共鳴與好評，而《罪》則屬特殊社會與階級中的愛情生活描述，與民眾生活的聯繫還有距離。[54]顯見，在特殊的時空中，語言問題雖是臺語話劇得以新生之因，但是劇作是否具備與時代共呼吸，能否忠實反映生活、針貶社會的現實性意義，才是當時臺人觀眾期待在劇場與之對話的核心價值。

民國三十五年10月10日，臺南一中與臺南一女中聯合文藝會於「延平戲院」上演，演出了王育德的三幕劇《青年之路》，劇演一名在冷漠家庭中成長的學生陷入歧途，甚至下手偷東西，當善良的兄長替其代過時，他因而悔悟的故事。因劇中穿插有從海南島被遣返回臺的同胞對中國人、祖國的質疑批判場景，並與光復初臺人小朋友高唱〔光復歌〕進行諷刺性的對比而受到觀眾的歡迎。但這也爲身爲臺南一中老師的王育德帶來麻煩。數日後，公署教育處發文至校以劇中有「明顯嘲諷政府的場面」爲由對王育德進行糾正，同時通令全省，此後屬遊藝會性質的話劇演出，劇本必須提前送當地警察檢閱。[55]

演出劇本審查站在從文本、演出到市場的必經要道，嚴格的檢查制度帶給編劇的創作題材與心態，以及劇團的經營發展極大的壓力。曾隨新中國劇社來臺的中國戲劇前輩歐陽予倩（1889-1962），在民國三十六年初一次與臺籍劇人交流後在其〈劇運在臺灣〉一文中就曾回憶：

> （臺灣劇人）他們最感覺困難的是審查制度。臺灣政府審查戲劇是由宣傳委員會、教育處、黨部、警備司令部四個擔任的。其中的三個機構同意才算通過，因此費的時間相當長而通過比較不

---

[53] 呂訴上：《臺灣電影戲劇史》，頁 342。

[54] 蕭友山、徐瓊二：《臺灣光復後的回顧與現狀》，頁 62-63。王白淵亦有相同看法。

[55] 王育德：《王育德全集 15：王育德自傳》，頁 255-257；王育德：《王育德全集 11：創作&評論集》，頁 192。

易。即使是通過了已經上演的戲，警備司令部可以單獨令其停演。[56]

透過戲劇檢查制度維護意識型態、樹立政治權威及箝制創作自由，再加上政經、社會問題的越趨嚴重，臺灣劇人曾有的劇場熱情就這樣徹底地被澆熄了，這群走鋼索者曾經勇敢前進，但最終不敵國家權力的橫暴及所處時代的荒謬而沒能開拓出活路。五個月後，二・二八事件這一場民族劫難，許多曾經在劇場揮灑青春的青年劇人，都或近或遠地在這股歷史洪流中慘遭吞噬，[57]臺灣的新劇傳統也在頓起閃耀後隨即淹滅。

五、鼓動「臺灣劇運」的國語話劇

爲了使甫脫離日本殖民統治的臺灣人能儘早認識祖國文化、學習國語，話劇亦成爲省署在臺文化施政「去日本化」與「再中國化」之文化重建的一環與利器。透過來臺的大陸職業話劇團、軍中演劇隊、外省業餘劇人及教師、學生，當時大陸知名劇作家如曹禺、歐陽予倩、吳祖光、宋之的、老舍、趙清閣、陳銓、阿英、李健吾、吳鐵翼、徐昌霖、方君逸（吳天）等人在抗戰時期大後方或上海孤島、淪陷時期[58]的作品，如《雷雨》、《日出》、《桃花扇》、《海國英雄》、《這不過是春天》、《牛郎織女》、《國家至上》、《野玫瑰》、《四姐妹》……等，都在戰後一年半中被引介來臺演出，同時，亦藉著校園演劇在高中及大專院校中散播開來。

「光復」後第一次中國劇作在臺灣上演的紀錄，是第一批派駐臺灣的陸軍 70 軍政治部於民國三十五年元旦在臺北市「中山堂」演出的《軍

---

[56] 歐陽予倩：〈劇運在臺灣〉，《戲劇》2008 年第 2 期，頁 67。

[57] 黃昆彬後念省立臺灣師範學院英文系，後因有匪嫌而下獄兩年多；王育德於 1949 年亡命日本；簡國賢於 1954 年死於白色恐怖；呂赫若後參加共產黨，1951 年死於石碇鹿窟基地；宋非我於 1947 年逃亡中國；詩人張冬芳避居豐原老家，後棄文從商；林摶秋亦脫離戲劇創作而從商從影。

[58] 上海孤島時期指的是 1937 年 11 月 12 日日軍攻陷上海，公共租界中區、西區及法租界日軍尚未能進入，因而形成四周都為淪陷區包圍的「孤島」狀態，這樣的局面一直維持到 1941 年 12 月日本發動太平洋戰爭，日軍進佔租界為止；淪陷時期則指上海全部淪為日軍管轄，至 1945 年 8 月 15 日日本投降的三年九個月間。

用列車》、《半斤八兩》及《紅色馬》等三個獨幕劇。[59]後 70 軍政治部延續抗戰時期軍中演劇隊的模式與精神，自滬杭一帶徵聘男女藝術人才來臺組織劇宣隊，借演劇以介紹祖國文化、溝通軍民情感、充實軍中文化及社會宣傳。一直到 12 月底 70 軍（後改為 70 整編師）奉令移防回返大陸，政治部劇宣隊在臺的九個月期間，於全省各地劇場演出了陶熊的《反間諜》、[60]陳銓的《野玫瑰》、徐霖昌的《密支那風雲》、吳鐵翼的《河山春曉》及熊佛西的《藝術家》等劇。[61]

戰後臺灣新劇發展因「聖烽」第二回公演被禁及人劇座的演出受挫而消沈的同時，儘管有〈臺灣省劇團管理規則〉的實施，將演出國語話劇的職業、業餘劇團悉數納入管理，但因文化政策的鼓勵支持、外省戲劇愛好者的積極集結而有突出的開展。自民國三十五年 11 月起至隔年 2 月底二・二八事件爆發前，計有臺北市外勤記者聯誼會聯合外省業餘劇團青年藝術劇社演出曹禺名作《雷雨》、陳大禹的實驗小劇團以國臺語二組演出翻譯劇法國劇作家莫里哀的《守財奴》、臺中市民眾教育館戲劇研究社演出方君逸的《四姐妹》、青年藝術劇社演出改編自愛爾蘭劇作家奧凱西《朱諾與孔雀》的《醉生夢死》、改編自俄國劇作家雅穆伯獨幕劇《醉鬼》的《可憐的斐迦》、臺南市民眾教育館實驗劇團演出宋之的、老舍的《國家至上》、省立臺灣師範學院話劇研究會演出曹禺的《日出》、三民主義青年團基隆分團青年劇社演出李健吾的《這不過是春天》、臺東業餘劇社演出陳銓的《野玫瑰》、臺北市黨部奮鬥劇團演出中國新劇前輩朱雙雲的《平壤孤忠》、新中國劇社演出改編魏如晦（阿

---

[59] 《軍用列車》編劇為新中國劇社成員石炎、嚴恭，該社曾演於桂林；《半斤八兩》編劇畢青子，該劇收錄於謝燕子編之《戲曲甲選》，國立劇校曾演於 1939 年 5 月；《紅色馬》編劇張家潔，國立劇校曾於 1939 年 10 月為慶祝第二屆戲劇節於校內演出該劇。（桂林市政協文史資料委員會編：《駝鈴聲聲——新中國劇社戰鬥歷程》，頁 319；《劇專十四年》編輯小組：《劇專十四年》，頁 435-436；呂恩：《回首：我的藝術人生》，頁 4）

[60] 陶熊為四川江安國立劇校第四屆畢業生，《反間諜》一劇為 1941 年其為該屆畢業公演所創作，導演為同班同學彭行才、高衡。參見賈亦棣、封德屏總編輯：《劇專同學在臺灣》（臺北：中華文化復興運動總會，1999 年），頁 112。

[61] 《自強報》，1946 年 12 月 31 日；《民報》，1946 年 10 月 14 日。吳鐵翼的《河山春曉》曾獲選選 1944 年的優良劇本，熊佛西的《藝術家》則為其早期創作的獨幕劇，收錄於朱肇洛編之《近代獨幕劇選》（1931）。

英）《海國英雄》的《鄭成功》、吳祖光的《牛郎織女》、曹禺的《日出》及歐陽予倩的《桃花扇》。[62]

其中，外勤記者聯誼會聯合青年藝術劇社的二度演出《雷雨》，是曹禺作品以中國話劇範式之姿第一次的在臺演出；[63]實驗小劇團的翻譯劇《守財奴》是外省劇人與本省劇人合作並嘗試以臺語演出的開始，得到了鼓勵同時發展國語話劇和臺語話劇者的支持；[64]新中國劇社是公署宣委會邀請來臺展示中國話劇藝術、倡導臺灣劇運的知名職業劇團；臺南市民教館的《國家至上》則是戰後南部第一次大規模的國語話劇演出，並與《四姐妹》同列地方政府民眾教育館推行國語的首選劇目。[65]

因實驗小劇團有臺語組的演出嘗試、新中國劇社爲「祖國」優秀職業劇團且爲官方邀聘來演，而且，二團的舞臺實踐皆對當時省內外劇人的實質交流有不同面向的意義。是故，在此針對二者及其演出做進一步的探析。

實驗小劇團的前身爲民國二十五年成立的福建實驗小劇團，抗戰勝利後，舊團員陳大禹、姚少滄等人到臺灣發展，有重整旗鼓的打算，於是聯絡了從東南各省來臺的劇人及臺灣本地的劇友，民國三十五年 11 月底正式在臺北成立實驗小劇團。[66]或與團長陳大禹爲福建漳州人通曉閩南話有關，他正面地面對當時臺灣社會實際的語言使用狀況，以及期待本外省劇人合作以共同推動臺灣劇運的理念，創團初始即確立以國語、臺語兩組演出同一劇目的方式呈現，輪流演出，相互觀摩，此對於本外省劇人的交流合作與尚有語言隔閡的臺人欣賞優秀劇作有所幫

[62] 參見徐亞湘：〈戰後初期中國劇作在臺演出實踐探析〉，《戲劇研究》12，頁 123-127、154-155。

[63] 當時在臺外省文化人如雷石榆、白克與臺中《和平日報》編輯王思翔、周夢江等人都對該次演出給予關注與祝福。時任宣委會臺灣電影攝製場場長的白克即在報端表示，臺灣光復一年以來的話劇演出一直貧乏得很，公演次數也不到五回，所以他很支持外聯會把「祖國優秀的文化果實移植過來」。關於戰後曹禺劇作在臺灣演出情形，可參閱徐亞湘〈進步文藝的示範：戰後初期曹禺劇作於臺灣演出史探析〉一文。

[64]《和平日報》，1946 年 12 月 20 日。

[65]《國家至上》一劇在戰後還一直成為國語練習的教材之一，國語日報社在 1978 年就還出版有何容校定、供該報社語文中心國語教學之用並標註注音的同名刊物。

[66]《自由日報》，1946 年 12 月 9 日。關於陳大禹及實驗小劇團，可參閱邱坤良《漂流萬里：陳大禹》一書。

助。該團於民國三十五年 12 月中於臺北市「中山堂」推出改編自莫里哀的喜劇《守財奴》，臺語組的導演由陳大禹擔任，演員中則有參與過臺灣藝術劇社及「聖烽」的王弘器、參與過「聖烽」的李碧雲、蘇澄清、賴文進等人，負責布景的辛金傳（辛奇）亦參加過臺灣藝術劇社與「聖烽」的演出，或許上述本省劇人多曾參與人劇座的演出，所以該次演出節目單上還特別感謝了人劇座的協助。

該次演出的舞臺監督陳春江，以一外省劇人的身份在《和平日報》的戲劇特刊上撰文〈談此時此地的劇運〉，表達了對於本省劇人發展侷限的同情與理解，並認為如欲達到本外省文化溝通交流的目的，強化國臺語話劇的並重發展有其必要及價值。[67]當時的外省劇團嘗試演出臺語話劇實則尚有一例，與臺北市黨部關係密切的奮鬥劇團[68]於民國三十六年 2 月中旬假臺北市「新世界戲院」改編演出朱雙雲的新編京劇《平壤孤忠》，即是聘本省導演以臺語排練而成的古裝話劇。[69]該次演出與實驗小劇團的臺語組相同，皆為戰後初期外省劇人嘗試貼近臺人語言現實，策略引介中國劇作、改譯劇的做法與努力。在民國三十五年下半年「聖烽」及人劇座的兩檔臺人臺語演劇之後，這兩個外省業餘話劇團的臺語演出別具意義。可惜，理想期盼常不敵嚴峻的現實因素，實驗小劇團國臺語二組演員因意見相左、互不相容而有多人退出，後雖仍維持二組演出，但已勢盡力竭；奮鬥劇團則在該次演出後不見任何的演出活動。

宣委會邀請新中國劇社[70]來臺公演，這是「祖國」第一個具高知名

---

[67]《和平日報》，1946 年 12 月 19 日。

[68] 劇團代表人為林知命，其亦為 1946 年 1 月創刊的《臺灣雜誌》半月刊發行人。該次《平壤孤忠》的演出由臺北市黨部主辦，而臺北市黨部書記楊鑫茲於 1947 年 1 月擔任甫創刊的《奮鬥》月刊發行人，從二者皆有「奮鬥」之名且成立時間相同看來，二者應皆為當時臺北市黨部的下轄文化單位。

[69]《平壤孤忠》為中國新劇前輩朱雙雲於 1940 年寫成於重慶的十場新編京劇劇本，創作目的在於抗敵宣傳，劇演 1894 年日本進軍平壤，守城清國將領左寶貴英勇禦敵犧牲事。據當時報載奮鬥劇團演出該劇係「改良歌劇之實驗演出，舞臺表現接近古裝話劇」。

[70] 關於新中國劇社可參見《駝鈴聲聲——新中國劇社戰鬥歷程》一書及汪鞏的〈新中國劇社的七年經歷〉（收錄於《中國話劇運動五十年史料集第一輯》）、田漢的〈新中國劇社的苦鬥與西南劇運〉（收錄於《戲劇運動（上冊）》）、沈嫄璋的〈新中國劇社的成長〉一文（《臺灣月刊》第三、四期合刊）等文。抗戰時期重慶另有一同名之業餘劇社，該社成立

度的職業話劇團體來到臺灣，又因爲有知名劇人歐陽予倩隨行，所以引起了報紙媒體極大的關注，臺灣文化協會[71]也舉行盛大茶會表示歡迎。宣委會之所以邀請新中國劇社來臺，是透過戰後頻繁往返滬臺並與左翼人士有密切往來的上海影劇明星藍蘭[72]的引介，來臺前並受到田漢、于伶、陽翰笙等左翼劇人的祝福。

新中國劇社此行帶來改編《海國英雄》的《鄭成功》、《牛郎織女》、《日出》及《桃花扇》四劇，關於演出劇目的商定歐陽予倩在其〈劇運在臺灣〉一文是這樣說的：

> 聽說對於這次上演的節目，劇社和宣委會來回磋商許多次，因為當局頗注重對於本國歷史知識，所以古裝戲演得特別多，原來劇社提出的還有《蛻變》和《大雷雨》兩個，因為《蛻變》的第一幕暴露傷兵醫院的情形，似乎不適宜於臺灣觀眾，而《大雷雨》經幾番斟酌之後，改了演一個時裝戲《日出》。[73]

《海國英雄》、《牛郎織女》及《日出》三劇都是新中國劇社在抗戰時期演過的戲，[74]而《桃花扇》則是歐陽予倩應此次劇社之請改編其同名京戲、桂戲而成。

民國三十五月 12 月 31 日至次年 1 月 6 日在臺北市「中山堂」開演第一檔戲《鄭成功》，這齣戲是左翼劇作家魏如晦（阿英）在上海孤島

於 1942 年，由周峰等人籌組並登記在案，以後重慶話劇界人士常有借該劇社名義演出的情形，並持續演出至民國三十六年。

[71] 成立於 1946 年 6 月 16 日，理事長為臺北市長游彌堅，以「聯合熱心文化教育之同志及團體，協助政府宣揚三民主義，傳播民主思想，改造臺灣文化，推行國語國文」為宗旨，發行有機關誌《臺灣文化》。該會為公署推動其戰後臺灣文化重建工作與建立新的文化體制之重要外圍團體。

[72] 藍蘭本名藍馥清，1928 年畢業自燕京大學，1930 年代即是上海話劇、電影界知名演員，與左翼人士往來密切，後與地下黨人孫師毅（施誼）結婚，戰後頻繁往返臺滬間。1946 年 3 月並在臺北登記成立中國電影戲劇公司，代理中國影片輸入相關業務，或因其受上海地下黨文委指示，或因其妹藍馥心為新中國劇社社員之故，積極引介新中國劇社來臺演出。1957 年 8 月，藍蘭設有臺灣黎明香港黎華影業公司附設電影戲劇講習班，培訓電影演員。據聞 1980 年代病逝臺北。

[73] 歐陽予倩：〈劇運在臺灣〉，《戲劇》2008 年第 2 期，頁 65。

[74] 桂林市政協文史資料委員會編：《駝鈴聲聲——新中國劇社戰鬥歷程》，頁 320-321。

時期創作的《海國英雄》，這次來臺演出特別由改編者齊懷遠[75]增加了一段結尾並改劇名爲《鄭成功》，導演爲歐陽予倩，嚴恭飾鄭成功，促成此行功勞甚鉅的名演員藍蘭則飾董氏一角。

選擇演出《鄭成功》得見宣委會及新中國劇社爲「此時此地」觀眾而設的用心，歐陽予倩就曾提到此題材的歷史意義與演出價值：

> 中國歷史上有兩次對外國的受降：第一次就是鄭成功攻佔臺灣受荷蘭人的降，第二次就是此次受日本人的降。……這樣光榮的史蹟，似乎有表彰的必要。[76]

不過，因改編的時間過於匆促，歐陽予倩對部分情節鋪排及人物刻畫仍覺得表現得不夠充分。1 月中下旬再演《牛郎織女》及《日出》二劇，每天的上座率都達七成以上，但觀眾多爲來臺的外省人士，本省觀眾並不多。而且，因該劇社爲官方邀請，本省劇人不敢過於接近而無實質交流，致使其受邀來臺以推行國語、倡導臺灣運動的成效有限。

《日出》一劇演出後，歐陽予倩得省內外進步青年吳克泰、黃榮燦等之助，有數次和臺灣劇人如宋非我、陳媽恩等人會面並用日語交談的機會，[77]方才對彼此有進一步的認識與理解。歐陽予倩因此瞭解到本省觀眾聽不懂國語是迫切需要克服之事，因此他在最後一檔戲《桃花扇》演出前，交由外省木刻家黃榮燦的新創造出版社印製該劇劇本廉價發售，「也想以供臺灣觀眾看戲時參照，這或者對於言語比較隔膜的觀眾有些幫助。」[78]可惜，隨後的二・二八事件中斷了新中國劇社的南部巡演計畫及好不容易建立起的省內外劇人的感情與互信。

---

[75] 歐陽予倩於 1947 年 7 月 15 日發表於《文藝春秋》第五卷第一期的〈三個戲〉一文言「《鄭成功》我曾幫著改編，……《鄭成功》是根據魏如晦先生的原著《海國英雄》改編的。魏先生對於史料的搜集考證甚為精博，但故事的組成似頗受史料的限制，而影響了『戲劇線』Dramatic line 的發展，還有就是對白不純用白話，有許多觀眾不大容易聽懂，這次的改編對這兩點曾加以頗多的考慮，以求便於在臺灣上演。」以此觀察，齊懷遠很有可能為歐陽予倩的化名。

[76] 歐陽予倩：〈三個戲〉，《歐陽予倩研究資料》，頁 329。

[77] 吳克泰：《吳克泰回憶錄》，頁 202-203；橫地剛：《南天之虹：把二二八事件刻在版畫上的人》，頁 147。

[78] 歐陽予倩：《桃花扇》，封面裡作者言。（感謝王友輝教授提供劇本）

省署時期超過十位中國知名劇作家的十多個劇作在戰後一年間集中壓縮於臺灣演出，這些自五四以降至抗戰勝利間的名劇，包含歷史劇、抗戰劇、改譯劇、喜劇及嚴肅寫實劇等多元類型，因觀眾仍多爲來臺之外省人士，在介紹祖國文化、推行國語運動、溝通軍民感情等功利性目的下，實則忽略了臺灣觀眾在語言、文化上的適應力及尚有相當隔閡的現實性，以致造成了與「此時此地」的背逆現象。而實驗小劇團臺語組的演出所促成的本外省劇人的合作交流，以及歐陽予倩與本省劇人間爲化解隔閡、增進理解所做的努力，都在難得好的開始後驟然斷止，實是時代之悲。

六、結語

省署時期的一年半時間是臺灣戲劇發展的關鍵期。日治戰爭期被禁的臺灣戲曲恢復演出、知識分子演劇的熱情重燃並曾分別與來臺外省劇人推動起臺灣劇運、國語話劇開始在臺推展並成爲主要的劇壇形象、省內外劇人之間並存著隔閡與理解，上述現象其實都是在省署文化重建的施政下與戲劇相關法令陸續實行的作用力下必然發生的。

省署的文化重建是建立在「去日本化」與「再中國化」的思維上，學習國語、中文及增進對祖國正確、進一步的認識是爲優先之必要。反映在戲劇上，即是透過鼓勵支持外省業餘話劇團、地方民眾教育館附屬劇團及邀請內地優秀職業話劇團來臺演出國語話劇，以達到普及國語、展示祖國優秀劇作、增進對中國文化有更深認識的目的，國語話劇於是相對高比例地在臺灣演出，再配合報紙的密集報導及副刊中戲劇特刊的開闢，國語話劇的主流形象於焉建立，並對之後的臺灣戲劇發展影響至深。

省署宣委會關於戲劇審查制度的建立，經歷了一個從寬鬆到嚴厲的過程，也是省署從開明治理到國民黨政治權威和意識型態高度維護的過程。光復頭一年，宣委會對劇團管理和劇本審查並未採取積極作爲，僅有〈臺灣省電影戲劇事業管理辦法〉頒佈後規定演出場地需將演出劇本於演出前一天送審，既無審查原則亦無相關罰則，戲劇檢查此時僅是演出場地管理思維下的附屬措施而已。臺灣的新劇文化人一開始還有相當的創作自由，待「聖烽」的第一次准演、第二回被禁及造成社會可能的影響，則引起了省署對演劇的注意與警覺，民國三十五年 8 月頒行〈臺灣省劇團管理規則〉，開始全面掌制臺灣的劇團、戲班成立登記及演出劇本審查，再加上黨部、情治、憲警單位的配合，臺灣劇人的戲劇創作已無發展空間，自日治時期以來臺灣知識分子借演劇關懷社會、批判時政的傳統，在短暫的閃耀後旋即中斷且不再復見。

臺灣光復後，省署對臺灣進行去殖民化的文化重建工作完全可以理解，亦屬必要，只不過時間過短壓縮難容細緻穩當的施政作爲，再加上原有的隔閡尚在及時局社會的迅速變化，臺灣人原所殷切期待的臺灣文化再生是難被尊重的。因「聖烽」的第二回演出被禁、《海南島》一劇送審未過及人劇座的演出失利，臺灣劇人的新劇夢雖滅，但心中微弱的期許仍在。老劇人王井泉在二・二八事件之後半年看了實驗小劇團臺語組《原野》的演出之後，曾有感而發地提到：「這是臺灣文化再生的呼喚，由於這次演出，我們又生發了無限的希望，因爲所謂文化交流，絕不是把自己任人沖洗的解釋，我們必須要有說明自己存在的機會。」[79]省署治理的一年半載裡，省內外劇人都曾努力地透過演劇證明自己的存在，而歷史曾有的熱情與嘲弄，在拉大時間距離之後，尤其是戰後臺灣處於日治以來縱向繼承與來自中國橫向移植的雙重文化現象在 1940 年代末俱遭斷裂之後，我們當有所省思。

[79] 王井泉：〈我的感想〉，《臺灣新生報》，1947 年 9 月 19 日。

戰後初期中國劇作在臺演出實踐探析

一、前言

1945 年至 1949 年的戰後四年間，臺灣的戲劇演出活動相對熱絡，除了社會關懷與批判的本省知識分子演劇因劇本審查制及「二二八事件」的影響，而受到嚴重的挫折與打擊之外，無論是娛樂取向的民間職業新劇演出、大陸職業話劇團的旅臺演出、軍中演劇隊的演出，以及民間業餘劇社及校園演劇等相關活動，皆呈現出一種戰後新生的蓬勃氣氛。

爲了使甫脫離日本殖民統治的臺灣人能儘早認識祖國文化、學習國語，話劇亦成爲彼時國府在臺文化施政「去日本化」與「再中國化」之文化重建的一環與利器。[1]透過來臺的大陸職業話劇團、軍中演劇隊、外省業餘劇人及教師、學生，當時大陸知名劇作家如曹禺、歐陽予倩、陳白塵、沈浮、黃佐臨、吳祖光、宋之的、老舍、陳銓、楊村彬、張駿祥、顧仲彝、阿英、于伶、夏衍、顧一樵、李健吾、洪謨等人在抗戰時期大後方或上海孤島、淪陷時期[2]的作品，如《雷雨》、《日出》、《原野》、《北京人》、《桃花扇》、《結婚進行曲》、《重慶二十四小時》、《樑上君子》、《牛郎織女》、《文天祥》、《新縣長》、《國家至上》、《野玫瑰》、《清宮外史》、《萬世師表》、《三千金》、《明末遺恨》、《海國英雄》、《大明英列傳》、《岳飛》、《這不過是春天》、《青春》、《闔第光臨》……等，都在戰後四年中被引介來臺演出，同時，亦藉著校園演劇在高中及大專院校中散播開來。

臺灣戲劇史的研究，無法忽視戰後初期中國劇作在臺灣演出實踐的

---

[1] 戰後臺灣「去日本化」、「再中國化」文化施政的概念參考自歷史學者黃英哲 2007 年的《「去日本化」「再中國化」戰後臺灣文化重建（1945-1947）》一書。

[2] 上海孤島時期指的是 1937 年 11 月 12 日日軍攻陷上海，公共租界中區、西區及法租界日軍尚未能進入，因而形成四周都為淪陷區包圍的「孤島」狀態，這樣的局面一直維持到 1941 年 12 月日本發動太平洋戰爭，日軍進佔租界為止；淪陷時期則指上海全部淪為日軍管轄，至 1945 年 8 月 15 日日本投降的三年九個月間。

作用力及影響。這些中國劇作絕大部分是抗戰時期所創作的歷史劇、抗戰劇、改譯劇、喜劇和嚴肅寫實劇，還有唯一的兒童劇《錶》及抗戰勝利後黃宗江的《大團圓》、洪謨、潘孑農的《裙帶風》，至少超過四十位中國劇作家的六十個劇作在戰後四年間於臺灣演出。這些中國劇作是在何種思維及目的下的引介？打造國族認同與想像是否為其主要目的？劇作家不同的政治傾向影響其劇作的被搬演比例嗎？這些劇作哪些是在當時的大後方、上海孤島／淪陷時期的創作？風格類型又有何不同？臺灣劇界／觀眾對這些中國劇作的接受／抗拒態度為何？國共內戰局勢的改變對於中國劇作在臺搬演有何影響？來臺之專業劇團、軍中演劇隊及業餘劇社的演出劇目是否有不同的側重？臺語話劇的實驗受此影響的實貌為何？而短暫但密集的中國劇作演出對國府遷臺後的話劇發展又有何影響？以上皆為值得研究卻又是長期為學界忽視的議題。[3]

本文即是在上述的問題意識下，為了進一步瞭解這一段對臺灣戲劇發展至關重要的歷史，擬以戰後初期曾在臺灣演出過的中國劇作及劇作家為對象，以歷史、政治、文化、戲劇的多重視角進行分析研究，希冀對於臺灣戲劇史、中國話劇史及兩岸戲劇交流史的書寫及研究有所補正及助益。

二、戰後初期中國劇作在臺演出史略（1945-1949）

1945-1949 年戰後初期的四年雖然時間不長，但因政府組織的改組、大陸局勢的驟變及臺灣情勢的變化，仍然對中國劇作在臺灣的演出實踐有不同程度的影響。以下即以省署時期（1945.10.25-1947.5.16）、省府時期（1947.5.16-1948.12）及戡亂時期（1949.1-12）[4]等三個歷史段

---

[3] 呂訴上《臺灣電影戲劇史》、焦桐《臺灣戰後初期的戲劇》、石婉舜《林摶秋》、邱坤良《臺灣劇場與文化變遷》四書及莊曙綺〈臺灣戰後四年（1945-1949）現代戲劇的發展概況〉一文對此題皆有先行的初步討論。

[4] 此分期概念參考呂訴上《臺灣電影戲劇史・臺灣新劇發展史》。需做說明的是，一般所指戡亂時期乃指自 1947 年 7 月國共內戰全面爆發，國民政府因而下令全面動員戡亂開始，隔年 5 月並頒佈實施「動員戡亂時期臨時條款」。因臺灣位處東南一隅，未受內戰戰火波及，初

落進行觀察。

（一）省署時期

民國三十四年 8 月 15 日日本宣布投降，臺灣結束五十年的殖民統治回歸中國，在 10 月 25 日臺灣省行政長官公署正式運作前幾天，自浙江寧波移防臺灣的軍隊——陸軍第 70 軍抵達基隆，該軍政治部為慶祝光復後首次的元旦，1 月 1 日在臺北市「中山堂」演出話劇《軍用列車》、《半斤八兩》及《紅色馬車》等三個獨幕劇，[5]這是光復後第一次中國劇作在臺灣上演的紀錄。

為介紹祖國文化、溝通軍民情感、充實軍中文化及社會宣傳，70 軍政治部自上海、杭州一帶徵聘男女藝術人才來臺組織話劇宣傳隊。4 月下旬，在臺北市「中山堂」公演抗戰名劇陶熊的《反間諜》、[6]陳銓的《野玫瑰》及徐霖昌的《密支那風雲》等三齣戲，以「慰問臺胞及招待各界」。[7]一直到 12 月底奉令移防回返大陸，70 軍政治部在臺的一年兩個月期間，還在全省各地演出吳鐵翼的《河山春曉》及熊佛西的獨幕劇《藝術家》等劇。[8]

戰後來臺接收或工作的外省人中有不少是話劇的愛好者與實踐者。一批派駐臺北的外省記者，結合話劇同好，以「推動臺灣的話劇運動」及「鼓起臺灣新的劇運浪潮」為號召，並為其臺北市外勤記者聯誼會（以下簡稱「外聯會」）籌募基金，得外省業餘劇團青年藝術劇社（以

始一直未有明顯的戡亂之實，直至 1948 年底、1949 年初中共在遼瀋、徐蚌、平津三大會戰中獲勝取得長江以北所有省分，國共局勢逆轉，臺灣地位益形重要，在臺戡亂執行的向度及力度才因此而開展。是故，本文論述所指的臺灣戡亂時期乃指 1949 年初至國府遷臺的一年間。

[5]《民報》，1946 年 1 月 7 日。該部陸續邀請本地之臺灣藝術劇社表演歌舞（1 月 3 日）、宜人園京班演出《狸貓換太子》、《關公斬華雄》等京劇（1 月 4 日）。

[6] 陶熊為四川江安國立劇校第四屆畢業生，《反間諜》一劇為 1941 年其為該屆畢業公演所創作，導演為同班同學彭行才、高衡。參見賈亦棣、封德屏總編輯：《劇專同學在臺灣》（臺北：中華文化復興運動總會，1999），頁 112。

[7]《民報》，1946 年 3 月 28 日。

[8]《自強報》，1946 年 12 月 31 日；《民報》，1946 年 10 月 14 日。

下簡稱「青藝劇團」)[9]的協助，民國三十五年 11 月 4-6 日在臺北市「中山堂」演出名劇《雷雨》，[10]這是曹禺的作品第一次在臺灣演出。而且，在 7 月聖烽演劇研究會《壁》的禁演事件之後，[11]得見此反應社會現實、具批判精神的中國名劇，獲得部分臺灣文化人士的肯定。

此次外省業餘劇人演出的《雷雨》，並得到了當時在臺外省文化人如雷石榆、白克與臺中《和平日報》編輯王思翔（張禹）、周夢江等人的關注與祝福。時任臺灣省行政長官公署宣傳委員會（以下簡稱「省署宣委會」）臺灣電影攝製場場長的白克（1914-1964）即在報端表示，臺灣光復一年以來的話劇演出一直貧乏得很，公演次數也不到五回，所以他很支持外聯會把「祖國優秀的文化果實移植過來」。[12]11 月下旬，臺中市記者公會爲籌募基金，邀請該劇組來臺中於 25-27 日演出三場，後應各界要求，又再多演一天。[13]《和平日報》於 25 日刊有整版「雷雨演出特刊」。

由復員到臺灣的原福建實驗小劇團部分演員結合本地劇人所組成的實驗小劇團，爲正氣學社[14]國語補習班籌募基金，於 12 月 17-21 日在臺北市「中山堂」演出居仁（陳大禹）改編自法國劇作家莫里哀（Molière，1622-1673）的名劇《守財奴》，當時分國語、臺語二組演出，獲得了鼓勵同時發展國語話劇和臺語話劇者的支持。[15]《和平日報》於 12 月 19 日刊出「實驗小劇團公演守財奴特輯」。

---

[9] 青藝劇團在與臺北市外聯會合作演出《雷雨》之後，原規劃第二次公演將演黄佐臨的《樑上君子》，以後再接演陳白塵的《結婚進行曲》及周彥的《桃花扇》。不過，上述演出構想並未得見該團實際演出紀錄。

[10]《大明報》，1946 年 11 月 4 日。報載該劇劇本是由辛超甫（實驗小劇團陳大禹的化名）從日文本轉譯成中文的，此尚待證實。

[11]《壁》為簡國賢所著，首演於 1946 年 6 月，對於當時社會貧富差距問題提出嚴厲的批判，7 月二度演出時被禁。關於《壁》一劇的創作、演出、禁演相關記述，可參閱鍾喬：《簡國賢》（臺北：文化建設委員會，2006）一書。

[12]《和平日報》，1946 年 11 月 6 日。

[13]《和平日報》，1946 年 11 月 27 日。

[14] 該社一般認為是軍統的外圍組織，社長為當時的臺灣省警備總司令部參謀長柯遠芬，總幹事為詩人曾金可，有正氣出版社發行機關刊物《正氣月刊》、《正氣畫報》等。

[15]《和平日報》，1946 年 12 月 19 日。

依照民國三十五年 1 月 30 日頒佈的「臺灣省立民眾教育館章程」而成立的臺中民眾教育館，爲普及國語運動率先組織了戲劇研究會，[16]並於 12 月下旬演出上海淪陷時期名編導吳天（方君逸）的五幕劇《四姐妹》，免費招待各界民眾。[17]《和平日報》於 12 月 19 日刊有「四姐妹演出特刊」。

負責戰後文化宣傳工作的省署宣委會[18]爲推行國語、倡導話劇運動，特別邀請抗戰時期知名的新中國劇社來臺公演，這是「祖國」第一個具高知名度的職業話劇團體來到臺灣，又因爲有知名劇人歐陽予倩（1889－1962）隨行，所以引起了報紙媒體極大的關注。12 月 31 日至次年 1 月 6 日開演第一檔戲《鄭成功》，這齣戲是左翼作家魏如晦（阿英）在上海孤島時期創作的《海國英雄》（1940），這次來臺演出特別由改編者齊懷遠增加了一段結尾並改劇名爲《鄭成功》，導演爲歐陽予倩，嚴恭飾鄭成功，促成此行功勞甚鉅的名演員藍蘭則飾董氏一角。首演當日《和平日報》、《中華日報》的副刊「新世紀」及「海風」分別刊有整版特輯以爲宣傳。

11 月初與臺北市外聯會合演《雷雨》之後，青藝劇團於 12 月 31 日在臺北女子師範學校（現臺北市立教育大學）演出沈西苓、宋之的改編愛爾蘭劇作家奧凱西（Seán O'Casey，1880－1964）劇作《朱諾和孔雀》（Juno and the Paycock，1924）的《醉生夢死》以招待教育處人員。[19]

民國三十六年元旦，臺南市民眾教育館實驗劇團演出了宋之的、老舍合著的抗戰名劇《國家至上》，此爲戰後南部第一次大規模的國語話劇演出。演員皆爲臺南各機關公務員，而觀眾中除了外省籍的公務人員

[16] 薛月順編：《臺灣省政府檔案史料彙編：臺灣省行政長官公署時期（三）》（臺北：國史館，1999 年），頁 373-375。

[17]《和平日報》，1946 年 11 月 19 日。

[18] 關於該會的討論，可參閱黃英哲：《「去日本化」「再中國化」：戰後臺灣文化重建（1945-1949）》（臺北：麥田出版，2007）一書第三章「傳媒統制——臺灣省行政長官公署宣傳委員會」。

[19]《民報》，1946 年 12 月 23 日。

之外，大部分皆爲本省人，[20]此確與該館藝術部戲劇教育組「辦理巡迴戲劇表演，介紹劇本及組織民眾劇隊事項」的工作目標相一致。[21]爲籌募臺南地震救濟金，1 月 17-18 日該團再於臺南市「全成戲院」演出同劇。《中華日報》副刊「海風」並有該劇專輯刊出。此齣強調漢回不同民族應化解誤會、共同抗敵的《國家至上》，很快地爲本地職業新劇團以臺語演出，該年已有國聲劇團演出同名劇目。[22]而臺東民眾教育館亦於年初排練左翼劇作家田漢的獨幕劇《咖啡店的一夜》，並預計在 2 月 15 日戲劇節演出。[23]

1 月 2 日有話劇研究會在臺灣師範學院（現臺灣師範大學）大禮堂演出曹禺名作《日出》。該會前身爲文化交流劇社，由來臺任臺灣大學中文系講師的詩人孫藝秋聯合臺灣師範學院及臺北市高中的教職員組織而成。[24]

新中國劇社於 1 月 11-16 日續於臺北市「中山堂」演出第二檔戲——吳祖光的三幕幻想劇《牛郎織女》，[25]新的創作方向、演出風格及舞臺技術的充分發揮，白克的劇評對其有高度的評價，臺灣人觀眾爲數不少。[26]該社 3 月在高雄「大舞臺」結束巡演回滬之前，還陸續在「中山堂」演出了曹禺的《日出》（1 月 22 日起）及歐陽予倩的《桃花扇》（2

---

[20]《中華日報》，1947 年 1 月 4 日。

[21] 薛月順編：《臺灣省政府檔案史料彙編：臺灣省行政長官公署時期（三）》，頁 373-375。

[22] 莊曙綺：〈臺灣戰後四年（1945-1949）現代戲劇的發展概況〉，《民俗曲藝》第 151 期（2006 年 3 月），頁 205。

[23]《中華日報》，1947 年 1 月 20 日。中華民國戲劇節的提議始自民國 28 年（1939），抗戰當時的中華全國戲劇界抗敵協會，為紀念劇人辛勤地負起宣傳教化的工作，並希望喚起國人對新興話劇的重視，建請政府訂定 10 月 10 日為戲劇節，後因與國慶日同一天並不妥適而未准，遲至民國三十三年（1944）由教育部與社會部明令宣布 2 月 15 日為戲劇節。

[24]《和平日報》，1946 年 12 月 20 日；《國聲報》，1947 年 1 月 6 日。孫藝秋，河南安陽人，詩人。西北大學中文系畢業後，於 1946 年以《大公報》記者身分來臺採訪，並於臺灣大學中文系兼課。一年後返回大陸任教於中原工學院、嵩華文法學院。1949 年後曾參加解放軍。後任教蘭州大學、西北民族大學。

[25]《臺灣新生報》，1947 年 1 月 8 日。該日「電影戲劇」版刊有劇作家吳祖光〈夢和現實——「牛郎織女」寫作後記〉、蔡荻〈逃避現實與創造現實〉、劇照兩張、〈「牛郎織女」本書〉及費克作曲的〈天上人間〉曲譜。

[26]《臺灣新生報》，1947 年 1 月 18 日；《中華日報》，1947 年 1 月 30 日。

月 15-22 日），[27]二劇導演俱爲歐陽予倩。2 月 15 日第四屆戲劇節，省署宣委會於南門的電影攝製場舉辦慶祝大會，邀請全市本、外省劇人及文化團體參加，會上有歐陽予倩演講「中國劇運簡史」，本省劇人宋非我演講「臺灣話劇史」，並有青藝劇團與實驗小劇團合演陳治策（1894－1954）改編俄國作家雅穆伯的短劇《可憐的斐迦》（《醉鬼》）及其他餘興節目，[28]以溝通本、外省劇人情感及促進雙方理解。

1 月 20-21 日兩天，三民主義青年團基隆籌備處爲慶祝中華民國憲法公布，由所屬基隆青年劇團於「高砂劇場」演出李健吾的三幕喜劇《這不過是春天》。[29]2 月中旬，則有國民黨臺北市黨部主辦的奮鬥劇團特請本省導演，以臺語排練新劇作家朱雙雲（1889-1942）的《平壤孤忠》並演於臺北市「新世界戲院」，做爲該團的創團作，以臺語演出的方式引介中國劇作，在國語尚未普及的當時臺灣別具意義，後並陸續推出了《洪秀全》、顧一樵的《岳飛》、宋之的、老舍的《國家至上》等劇。[30]

綜觀省署時期臺灣的中國劇作搬演，主要以普及國語、增進對中國文化的認識瞭解爲演出目的，演出團體則以外省業餘劇團、地方民眾教育館附設劇團爲多，軍中演劇隊、校園演劇尚處起步階段。值得注意的是，新中國劇社的受邀來臺演出，不僅代表了中國職業話劇在演出、製作水平的示範，其與本省劇人、觀眾的深度交流，更開啓了本外省人共同推動臺灣劇運的希望。另外，以臺語演出中國劇作，便利臺人在無語言障礙下進一步瞭解中國文化／話劇的嘗試，也已踏出可貴的一步。

（二）省府時期

二二八事件，不僅影響了新中國劇社可能留在臺灣發展劇運的計

[27] 該劇演出前印有劇本販售，以便利對國語尚欠熟悉的本省觀眾欣賞，音樂則特別譜曲，由臺灣廣播電臺協助灌片，其中有崑曲一段最為珍貴。

[28]《臺灣新生報》，1947 年 2 月 15 日。

[29]《民報》，1947 年 1 月 20 日。

[30]《國聲報》，1947 年 2 月 13 日；《臺灣新生報》，1947 年 2 月 11 日。奮鬥劇團的代表人為林知命，報載該次演出係「改良歌劇之實驗演出，舞臺表現接近古裝話劇」。

畫，[31]同時，對本省、外省劇人的合作與信任基礎也造成了嚴重的創傷。話劇界沈寂數月之後，7 月底，國防部新聞局軍中演劇第三隊（簡稱「演劇三隊」）奉國防部長白崇禧之命調派來臺，7 月 31 日率先在臺北市「中山堂」演出了宋之的的抗戰名劇《新縣長》（《刑》）。可惜因劇本內容與臺灣「此時此地」差距過大，觀眾的上座率並不高。[32]

臺灣文化協進會[33]爲「提高臺省話劇前途、發揮祖國文化及籌募該會經費」，於 9 月 19-24 日請實驗小劇團在臺北市「中山堂」演出曹禺名劇《原野》，同樣採國語、臺語兩組演出，但賣座欠佳。[34]回歸中國方才兩年，曹禺三部曲皆已在臺演出。

演劇三隊爲臺灣省婦女工作委員會籌募基金，10 月 20-23 日於臺北市「中山堂」演出左翼劇作家夏衍、宋之的、于伶於抗戰時合寫的《草木皆兵》，導演司徒陽。[35]甫移防臺灣的青年軍第 205 師新青年劇團緊接著於 28 日起一連四天同樣在「中山堂」演出于伶的歷史劇《大明英烈傳》（導演謝天），[36]可惜因接洽檔期過於匆促，事前缺少宣傳，上座情形並不理想。[37]

爲「宣揚祖國文化、溝通省內外感情、推行國語運動」，臺灣糖業有限公司[38]邀請上海觀眾戲劇演出公司旅行劇團來臺演出，這是戰後第

---

[31] 呂訴上：《臺灣電影戲劇史》，頁 347-348。

[32]《臺灣新生報》，1948 年 1 月 1 日。「此時此地」一詞的使用乃相對於抗戰時期為適應孤島時期上海的「彼時彼地」之歷史劇創作特色而來。

[33] 成立於 1946 年 6 月 16 日，理事長為臺北市長游彌堅，以「聯合熱心文化教育之同志及團體，協助政府宣揚三民主義，傳播民主思想，改造臺灣文化，推行國語國文」為宗旨，發行有機關誌《臺灣文化》。該會為臺灣省行政長官公署推動其戰後臺灣文化重建工作與建立新的文化體制之重要外圍組織，1950 年 12 月該會活動停止。

[34]《全民日報》，1947 年 9 月 9 日；《中華日報》，1947 年 9 月 29 日；《臺灣新生報》，1948 年 1 月 1 日。

[35]《全民日報》，1947 年 10 月 16 日；《和平日報》，1947 年 10 月 20 日。

[36]《全民日報》，1947 年 10 月 26 日；《和平日報》，1947 年 10 月 28 日。

[37]《臺灣新生報》，1948 年 1 月 1 日。

[38] 1946 年 5 月成立，由接收日糖興業、臺灣、明治、鹽水港等四大製糖會社所屬糖廠而成，公司初設上海市，第一屆董事名單中有臺籍人士林獻堂、黃朝琴、游彌堅等人，1947 年公司遷至臺北，上海設有辦事處。（參見蔣渝執行編輯：《臺糖五十年》，臺北：臺灣糖業股份有限公司編印，1996，頁 3、11、899）

二個受邀來臺的中國職業話劇團體。11 月 9 日起在臺北市「中山堂」演出楊村彬的歷史劇《清宮外史》(導演劉厚生),[39]12 月 6 日起演出顧一樵的歷史劇《岳飛》(導演劉厚生、洗群),12 月 26-31 日及隔年 1 月 4-7 日演出曹禺的《雷雨》(導演洗群),1 月 16-22 日再演出洗群改編自英國劇作家平內羅(Sir Arthur Wing Pinero,1855—1934)《譚格瑞的續絃夫人》(The Second Mrs.Tanqueray)的《愛》(《續絃夫人》,導演劉厚生),[40]3 月 5-12 日再於「中山堂」演出最後一檔劇目——袁俊(張駿祥)的《萬世師表》(導演劉厚生)。[41]之後的一個多月,該團赴中南部「臺糖」各糖廠旅行演出《萬世師表》、《雷雨》二劇,5 月返回上海,旅臺演出時間超過半年,有演員崔小萍、金姬鎦留臺發展。

民國三十六年 12 月屏東一地的話劇演出不斷,除了青年軍第 205 師新青年劇團演出于伶的《大明英烈傳》外,省立屏東農校也演出陳白塵的喜劇《結婚進行曲》,屏東中學為慶祝校慶兩週年亦於下旬在「屏東劇場」演出《反間諜》一劇,當時設於鳳山的陸軍訓練司令部司令官孫立人將軍還曾親臨觀賞。[42]名劇作家田漢亦於此時受臺灣泰山影片公司之邀,來臺訪問並蒐集電影劇本資料。[43]

民國三十七年 1 月,有上海觀眾戲劇演出公司旅行劇團演出《雷雨》與《愛》二戲,以及青年軍第 205 師新青年劇團在臺南演出陳白塵的《結婚進行曲》。為紀念 2 月 15 日第五屆戲劇節,在臺北市「中山堂」的慶祝大會上有演劇三隊演出陳白塵的獨幕劇《未婚夫妻》(導演司徒陽)及上海觀眾戲劇演出公司旅行劇團演出施誼(孫師毅)改編的《人約黃昏後》。[44]

---

[39] 該團在首演前一天 11 月 8 日的 7:15-8:45pm,應臺灣廣播電臺之邀現場播送《清宮外史》縮編版。(《自立晚報》,1947 年 11 月 8 日)

[40] 該檔演出為臺灣學生雜誌社邀請,為籌募清寒學生助學基金而演。

[41] 該團來臺本擬演出郭沫若的歷史名劇《棠棣之花》,後不知何因未演。

[42]《民聲日報》,1948 年 1 月 4 日。

[43]《更生報》,1948 年 1 月 24 日。

[44]《自立晚報》,1948 年 2 月 16 日。除了話劇演出,當晚表演節目尚有臺北永樂勝利劇團的歌仔戲《梁山伯與祝英臺》、桃園張國財的同樂春傀儡戲《宋江入城》、林是好的獨唱、王月雪等之舞蹈及平劇《拾玉鐲》、《打漁殺家》等演出。

3 月除了有上海觀眾戲劇演出公司旅行劇團在臺北「中山堂」演出最後一檔壓軸戲《萬世師表》之外，演劇三隊在臺中及臺北的「中山堂」還分別演出了魏如晦（阿英）的《明末遺恨》（導演吳劍聲）與上海抗戰時期名編導洪謨的《美男子》（《雛鳳于歸》，導演司徒陽）二戲；[45]3 月起，臺灣的話劇界演出吹起了一陣《裙帶風》，不僅臺大學生在臺北市「中山堂」演出此劇，青年軍第 205 師新青年劇團亦於 4 月 1 日起在高雄「大舞臺」、4 月 20 日起在臺南「全成戲院」演出這齣由洪謨、潘孑農合編的三幕諷刺喜劇。[46]另外，4 月 1 日屏東市立三中爲慶祝校慶在「仙宮戲院」演出了林柯（陳西禾）的《沉淵》一劇。[47]4 月下旬，還有本地職業新劇團「民聲」，以臺語演出改編自陳銓《野玫瑰》的《天字第一號》。[48]

上海觀眾戲劇演出公司旅行劇團整個 4 月都在中南部糖廠巡迴演出。6 月，有澎湖業餘劇團假「澎湖劇場」演出曹禺的《雷雨》及《可憐的斐迦》二劇；[49]7 月 11 日北一女中自治會得留臺話劇演員崔小萍指導，在該校禮堂演出吳祖光的《少年遊》；[50]8 月 7 日起，由青年軍 205 師擴編而成的青年軍 31 軍新青年劇團，則於高雄「大舞臺」演出曹禺的《雷雨》（導演東山）。[51]8 月底，崔小萍再爲北一女中自治會執導陳白塵的《結婚進行曲》，並演於該校禮堂。

爲慶祝第三屆臺灣光復節，臺灣省政府於 10-12 月舉辦盛大的臺灣省博覽會，其中遊藝部分計有職業、業餘、學校劇團於「中山堂」的多場演出。其中演出中國劇作者計有：10 月 30 日省立成功中學演出女性

---

[45]《華報》，1948 年 3 月 8 日；《中華日報》，1949 年 3 月 22 日。

[46]《中華日報》，1948 年 3 月 31 日；《中華日報》，1948 年 4 月 20 日。關於《裙帶風》一劇於 1946 年的編演過程，1947 年上海作家書屋出版的《裙帶風》劇本中潘孑農的「序『裙帶風』」有詳細描述。

[47] 呂訴上：《臺灣電影戲劇史》，頁 362-363。

[48] 莊曙綺：〈臺灣戰後四年（1945-1949）現代戲劇的發展概況〉，頁 246。

[49]《公論報》，1948 年 7 月 6 日

[50] 朱德蘭：《崔小萍事件》（南投：臺灣省文獻委員會，2001 年），頁 178-179。該劇是崔小萍留臺後第一齣導演作品。

[51]《中華日報》，1948 年 8 月 7 日。

劇作家趙清閣的《生死戀》(導演宋岳),10 月 31 日演劇三隊演出由柯靈、師陀改編自俄國劇作家高爾基(Maxim Gorky,1868—1936)《在底層》(The Lower Depths)的《夜店》(導演吳劍聲), 11 月 8-15 日受邀來臺的國立劇專劇團演出吳祖光的《文天祥》(《正氣歌》,導演冼群),11 月中旬臺北女子師範學校演出周彥的《朱門怨》,11 月 20、22、23 日的下午建國中學學生劇團暨話劇演出聯誼會演出由李丁改編自俄國劇作家果戈里(Nikolai Vasilievich Gogol-Yanovski,1809—1852)《欽差大臣》(The Inspector General)的《狂歡之夜》(導演崔小萍),11 月 29 日省立臺灣師範學院戲劇之友社演出黃佐臨改編的名劇《梁上君子》,12 月 2 日臺北女子師範學校再演曹禺的《北京人》(導演金姬鎦),11 月 19-23 日國立劇專劇團則演出在臺的第二檔戲——黃宗江抗戰勝利後的創作《大團圓》(導演張逸生),12 月 11 日臺灣大學演出沈浮的《重慶二十四小時》,最後在 12 月 16-19 日,演劇三隊又演出了師陀的《大馬戲團》。該次尚有北一女中演出于伶的《女子公寓》。[52]

此期臺灣的中國劇作搬演,上海觀眾戲劇演出公司旅行劇團、南京劇專劇團的來臺演出及臺灣省博覽會的舉辦,先後掀起了國語話劇的演出熱潮;軍中演劇隊及學校劇社的演出比例有明顯增加,而校園演劇的熱絡又與留臺話劇演員崔小萍、金姬鎦的指導有關;在演出劇目上,歷史劇、抗戰劇的演出比例較高,喜劇、改譯劇及嚴肅寫實劇的演出也開始逐漸增多;可惜的是,本外省劇人的交流因二二八事件而中斷,在此部分較有著力的實驗小劇團,也在《原野》、《香蕉香》演出之後,由本外省劇人分別以臺、國語組演出同一劇目的模式也告終止。

(三)戡亂時期

1 月 15-16 日,臺灣師範學院臺語戲劇之友社在學校大禮堂演出了改編自曹禺《日出》的《天未亮》(導演蔡德本),1 月 18 日並舉辦座談會討論此一臺語話劇演出的優缺點及時代意義,參與者包括師院師生

---

[52] 朱德蘭:《崔小萍事件》,頁 178-180。

及《新生報》副刊主編歌雷、文學家龍瑛宗等本外省文化人。[53]

2 月 15 日第六屆戲劇節，是戰後以來慶祝活動最冷清的一屆，只有省立臺灣師範學院人間劇社及演劇三隊於臺北市「中山堂」先後演出了沈浮的《金玉滿堂》和巴蕾的喜劇《原形畢露》。[54]新成立的業餘颱風劇社於 3 月 4-6 日在臺北市「中山堂」演出洪深改編自英國劇作家戴維斯《軟體動物》的獨幕話劇《寄生草》，該劇社社長馮大綸再將劇中背景改爲臺灣並以《蝴蝶蘭》一名演出。[55]3 月底，則有演劇三隊在「臺中戲院」演出常演劇目魏如晦（阿英）的《明末遺恨》，[56]該劇在 4 月底 5 月初續於臺南「全成戲院」爲鄭成功登陸臺灣紀念日而演出。

5 月 6-7 日省立臺北師範附小暨家長會爲籌募兒童福利基金，由該校小學生在北一女中大禮堂演出董林肯改編自俄國作家班臺萊耶夫所寫、魯迅翻譯的同名小說《錶》。[57]這是戰後初期四年中僅有兒童名劇的演出紀錄。而 5 月底另有本地職業新劇團「藝友」演出《雷雨》一劇。[58]7 月 8-10 日駐防彰化的裝甲兵獨立戰車第一營特勤隊，也在「彰化戲院」演出了曹禺的《雷雨》。[59]

5 月底解放軍渡過長江，政治局勢丕變，大批外省人士陸續撤退來臺，其中的話劇愛好者開始在臺組織起業餘話劇團，下半年外省業餘話劇團的數量激增。7 月 26-31 日，由上海勘建劇隊在臺改組的勘建劇團於臺北市「中山堂」演出陳銓的《野玫瑰》（導演孫俠）和張道藩改編的《狄四娘》（導演潘亞懷），[60]後者並有來臺的程派京劇演員李薔華、李薇華姐妹參與演出。8 月 7 日駐防彰化的裝甲兵司令部政工處特勤隊於「彰化戲院」舉辦聯歡會，會中有演包蕾的三幕喜劇《火燭小心》。[61]8

[53]《臺灣新生報》，1949 年 1 月 23 日。
[54]《和平日報》，1949 年 2 月 26 日。
[55] 呂訴上：《臺灣電影戲劇史》，頁 367。
[56]《天南日報》，1949 年 3 月 21 日。
[57]《中央日報》，1949 年 5 月 7 日。
[58] 莊曙綺：〈臺灣戰後四年（1945-1949）現代戲劇的發展概況〉，頁 207、246。
[59]《華報》，1949 年 7 月 7 日。
[60]《中央日報》，1949 年 7 月 25 日。
[61]《華報》，1949 年 8 月 11 日。

月16-22日由甫成立的業餘成功劇團聯合5月才從上海遷臺之中國製片廠（以下簡稱「中製」）演員田琛、黃曼等，於臺北市「中山堂」演出徐昌霖的《密支那風雲》（導演田琛）。[62]

9月1日，有本地「新天華」職業新劇團以臺語演出改變自陳銓《野玫瑰》的《天字第一號》。[63]9月3日軍人節，空軍高砲六團鐵花業餘劇社在朴子「東和戲院」演出抗戰諜報劇《八十八號間諜》。[64]9月15-20日則有業餘實驗劇團在臺北市「中山堂」演出楊村彬的《清宮外史》第一部《光緒親政記》，並有臺聲國樂隊現場伴奏。16日的演出從晚上八點二十分演到隔天凌晨兩點二十二分，創下「中山堂」演出時間最長的紀錄並引起觀眾的負面評價。[65]

10月16-17日陸軍裝甲兵特勤隊爲籌募陣亡將士遺族教育基金，在臺中演出顧仲彝改編自莎劇《李爾王》的《三千金》，兩天後再於臺北市「中山堂」演出五場，演員有龔稼農及雷鳴、梅冬尼、白蘋、魏甦（魏龍豪）等人。[66]

業餘辛果劇團9月底開排李健吾的《青春》，本來打算10月20日在臺北市「中山堂」演出，後來因演劇三隊先取得檔期演出歐陽予倩的歷史劇《忠王李秀成》，故而改於10月24-31日在「美都麗戲院」演出，演員有井淼、吳戈、楊甦、李行、羅蘋、蘭陵等。[67]25日爲臺灣光復節，有九十九軍政工隊在花蓮「中華戲院」演出陳銓的《野玫瑰》。

由留臺影劇人威莉、王玨、井淼、孫俠、黃宗迅、賈德頤、吳戈、衣雪豔等人組織的自由萬歲劇團（主持人吳戈），9月籌演顧仲彝1927年改編自美國劇作家尤金•沃爾特（Eugene Walter，1874-1941）《捷徑》

---

[62]《華報》，1949年8月22日。繼《密支那風雲》一劇後，該團本擬續排上海淪陷時期名劇《秋海棠》，後因故未果。

[63] 莊曙綺：〈臺灣戰後四年（1945-1949）現代戲劇的發展概況〉，頁246。

[64]《中央日報》，1949年9月6日。

[65]《中央日報》，1949年9月20日；《華報》，1949年9月18日。從廣播劇起家的業餘實驗劇團，據聞在此次演出後不久，也停止了電臺的廣播。

[66]《華報》，1949年10月18日；《華報》，1949年10月22日

[67]《華報》，1949年9月24日；《華報》，1949年10月13日。

（The Easiest Way）的四幕悲劇《梅蘿香》。[68]後該劇未見演出，反倒排了洪謨的四幕喜劇《闔第光臨》，並順利地在 11 月 1 日起於臺北「中山堂」公演，導演孫俠。[69]

10 月 11 日起，陸軍裝甲兵司令部特勤隊話劇隊（隊長董心銘）於臺中演出顧仲彝改編的《三千金》和包蕾的《火燭小心》，19-23 日則在臺北市「中山堂」續演《三千金》。[70]而繼 8 月創團作《密支那風雲》之後，11 月 7-12 日成功劇團在臺北市「中山堂」演出了第二檔戲——周彥的四幕古裝劇《桃花扇》（即《秣稜風雨》，導演王玨），因該劇宣揚民族氣節，崇尚忠烈，這正可給予「投匪」人士當頭棒喝，而爲媒體肯定，演出時且有中央廣播電臺音樂組高子銘、孫培章、陳效毅、黃蘭英等四位國樂名家伴奏。[71]特別的是，此次的「演出者」爲臺籍文化人、日治時期《風月報》發行人簡荷生，時任臺北市電影戲劇促進會理事長。

外省業餘話劇團於民國三十八年下半年相繼成立，競排知名中國劇作如《秋海棠》、《群魔亂舞》（《魔窟》）、《闔第光臨》、《楚霸王》、《岳飛》、《夜店》等，可惜臺北市僅有一話劇演出場地「中山堂」，僧多粥少，各劇團常因排不上演出場地而終止排練，抱怨頗多。[72]

新成立隸屬東南軍政長官公署[73]技術總隊的業餘青雲劇藝社，11 月 8 日在臺北市「美都麗戲院」演出趙清閣的《生死戀》。[74]24 日有駐防新莊的裝甲司令部戰車一團政工處在新莊國校操場演出《狂歡之夜》以招

68《華報》，1949 年 9 月 19 日；顧仲彝：《顧仲彝戲劇論文集》，頁 170-171。

69《華報》，1949 年 10 月 22 日。

70《華報》，1949 年 10 月 14 日；《中央日報》，1949 年 10 月 18 日。

71《華報》，1949 年 10 月 28 日；《華報》，1949 年 11 月 6 日。

72「上演的劇場不容易找，找到一個中山堂還得等待空檔，才能排進去，否則，便是毫無辦法，只好空嘆著『英雄無用武之地』了。……拿目前的情形來說，戲劇工作者都很熱烈地在為劇運而努力，無奈沒有自己的陣地，什麼都得仰人鼻息，重利的老板們自然不會輕易租給劇團上演，因此，劇團無法活動，劇人也埋在苦悶中漸漸地使得『利器』鏽鈍。」（《華報》，1949 年 9 月 15 日）

73 1949 年 9 月正式於臺灣成立，統一指揮轄下江蘇、浙江、福建、臺灣之軍事政治，確立臺灣為復興基地，公署長官由臺灣省主席陳誠擔任，1950 年 3 月裁撤。

74《中央日報》，1949 年 11 月 8 日。

待民眾。[75]12 月上旬，有省立二女中演出《火燭小心》、《女記者》二戲。[76]12 月中旬，則有基隆業餘實幹劇團請胡傑導演陳白塵的抗戰劇《群魔亂舞》，預定 24 日在基隆「高砂戲院」公演。[77]裝甲兵第三團金鋼劇隊在 12 月 23 日假臺中「中山堂」演出三幕偵探名劇《黑鷹》等。[78]

此期臺灣的中國劇作演出實踐，以軍中劇隊、外省業餘話劇團爲演出主力，改譯劇、歷史劇、抗戰劇演出較多，戡亂劇亦開始出現，而此年下半年「附匪」劇作家的作品多已無法在臺灣演出。至於臺語話劇的實驗則有臺灣師範學院臺語戲劇之友社演出曹禺的《日出》，雖然輿論效果不小，可惜影響尚未發酵即因四六事件[79]而終止，學校演劇至此也幾乎停頓。

三、劇團與劇人：抗戰時期話劇的延續與移動

戰後四年間，至少有超過一百檔的中國劇作在臺灣各地演出四十位中國劇作家的六十個以上的劇作，演出團體不同的性質背景、劇人不同的政治傾向對劇目的選擇動機有所差異，而此爲數不少的劇目也可以追溯至五四時期至抗戰前的劇作、抗戰時期的劇作及抗戰後的劇作，而抗戰時期的劇作又可再區分爲大後方與上海孤島、淪陷時期創作的劇作，儘管二者的演出劇目多有重複流動。

整體觀之，戰後四年臺灣的中國劇作演出實踐，基本上是自五四以降，尤以抗戰時期話劇發展的移動與延續爲主，在主觀的國語推行、宣傳祖國文化、溝通省民情感、推展臺灣劇運的善意下，因爲缺乏對臺灣「此時此地」民情文化、話劇需求的準確理解，加上時局的變化加劇了省內外民眾情感的隔閡，致使此中國話劇發展高峰的成果並未在之後的

75《中央日報》，1949 年 11 月 27 日。

76《華報》，1949 年 12 月 19 日。

77《華報》，1949 年 12 月 12 日。

78《華報》，1949 年 12 月 23 日。

79 1949 年 4 月 6 日軍警大規模逮捕臺灣省立師範學院及臺灣大學宿舍學生的鎮壓學運行動。一般認為，四六事件是 1950 年代白色恐怖的濫觴。

臺灣民間留下深刻的影響痕跡。為進一步瞭解此一在臺灣戲劇史上受到中國話劇影響較大的歷史段落的話劇發展，本節將先分析當時演出中國劇作的劇團與劇人，以便從歷史的連續性中進行觀察，待下節再行分析劇作及劇作家。

（一）職業話劇團

戰後初期四年間，計有新中國劇社、上海觀眾戲劇演出公司旅行劇團及南京劇專劇團等三個職業話劇團體受邀來臺演出。相對於同期的其他外省業餘話劇團、軍中演劇隊及校園演劇，無論在藝術呈現、演員陣容、製作水平、社會效應、媒體反應、與臺灣劇界的交流及影響等各方面，皆有突出的表現及較深的影響。

民國三十五年下半年接受省署宣委會邀請來臺的新中國劇社，是戰後第一個來臺演出的職業話劇團體。該劇社於民國三十年在廣西桂林成立，隔年得中共中央南方局資助，年底赴湖南旅行演出，民國三十二年10月由湘回桂，隔年1月於桂林參加西南第一屆戲劇展覽會演出，5月因日軍南侵，開始流亡演劇，民國三十四年5月抵達雲南昆明，秋天劇社改組，汪鞏（1916-1982）新任理事長，抗戰勝利後於民國三十五年9月復員轉進上海發展。[80]新中國劇社的創社成員、知名話劇演員嚴恭[81]（1914-2010）曾提及這段過往及該劇社受邀來臺之因：

> 1945年，抗日戰爭勝利，其時新中國劇社在昆明處於政治險惡、社會動盪的局面下（按：指蔣介石撤換雲南省主席龍雲之爭奪省政控制權的昆明事變），演出困難，無所作為，經與田漢先生商量，決定離昆轉移上海。……經黨的上海文委同意，由于伶同志找了孤島時期著名演員藍蘭同志，由她幫助，找了臺灣省行政長

[80] 李曉主編：《上海話劇志》，頁109。

[81] 南京國立劇劇學校第一屆畢業生，1937年畢業前夕赴上海參加上海業餘劇人協會實驗劇團，後參加上海救亡演劇隊第四隊，後到武漢，參加抗敵演劇隊第二隊，再到桂林，任歐陽予倩任館長的廣西省立藝術館當館員並參加新中國劇社的組建。參見嚴恭：《像詩一樣真實：嚴恭自傳》一書。

官公署宣傳委員會的關係。宣委會派文化專員來滬（按：上海）商談劇社赴臺灣演出的有關事宜，同意負責往返海運交通，免費提供劇場、減免捐稅。演出節目由劇社提出與宣委會商定。[82]

抗戰勝利後，共黨劇人于伶（1907-1997）從重慶回到上海並恢復上海劇藝社，找了孤島時期上海劇藝社成員、同爲中共地下黨人的知名話劇女星藍蘭[83]，透過她的奔走促成了新中國劇社的來臺。而中國劇運奠基人之一的歐陽予倩之所以擔任顧問隨行來臺亦不難理解，一爲他在抗戰時期即於桂林從事劇運，並曾參與新中國劇社的工作，亦曾爲嚴恭的長官，二則他與于伶在抗戰前及抗戰時有長期的合作關係，彼此熟稔。[84]而于伶對促成新中國劇社來臺演出所扮演的關鍵角色，亦可從該劇社來臺演出前，于伶所寫〈壯「新中國」臺灣之行〉一文[85]以爲祝福觀出端倪。

新中國劇社來臺所演的四齣戲《鄭成功》(《海國英雄》)、《牛郎織女》、《日出》與《桃花扇》，皆爲該劇社在衡陽、湘江、桂林、昆明等地演出過並受好評的劇目。[86]而魏如晦（阿英）、吳祖光、曹禺、歐陽予倩等四位知名劇作家的代表作在臺灣上演，以及嚴恭、藍蘭、費克（蔣曉梅，1917-1968）、奚蒙、高博（1918-1992）等優秀演員的演技，亦確實起著中國話劇藝術成功展示的效果，再加上民國三十六年 2 月 15 日第四屆戲劇節慶祝大會上與臺灣劇界的友好交流，該劇社的來臺旅行演

[82] 曉光主編：《阿英紀念文集》，頁 299-300。

[83] 藍蘭於民國二十年代先後參加了與左翼戲劇發展關係密切的上海業餘劇人協會、四十年代劇社、上海劇藝社及華藝劇團，為上海知名話劇演員，亦曾於上海華光劇專演員系任教，曾與中共地下黨人施誼（孫師毅，1904-1966）過從甚密。民國三十五－三十八年間頻繁後往返臺滬間，表面從商，擅長交際，據聞實則從事地下工作，據其上海劇藝社同事王祺的回憶，藍蘭派到臺灣做地下工作後來被發現而犧牲了。參見夏衍：《夏衍自傳》，頁 80-81、88、93；邵迎建：《抗日戰爭時期上海話劇人訪談錄》，頁 158-159。

[84] 另有一說頗值得參考：抗戰勝利後，歐陽予倩在追悼李公僕、聞一多的文章中抨擊國民政府，遭受廣西省政府壓力，被迫離開桂林，由友人接往上海，因生活無著，與新中國劇社關係密切的田漢、于伶乃建議劇社邀請歐陽予倩助陣。參見邱坤良：《漂流萬里：陳大禹》，頁 32。

[85]《和平日報》，1946 年 12 月 31 日。

[86]〈我們的自白——六年來新中國劇社小史〉，《臺灣新生報》，1946 年 12 月 19 日。

出，無論在國語推行，還是增進臺人對中國話劇的瞭解等方面，都跨出了可喜的一步。

可惜因稍後二二八事變的發生，原本省署宣委會有意在新中國劇社於臺灣演期結束之後予以挽留，並期待他們能留在臺灣組織一個實驗劇院，以成爲臺灣推行劇運的樞紐這樣的期待落空了。[87]4 月中旬，該劇社即奉中共上海地下黨文化工作委員會（文委）的指示返回上海，[88]同年 12 月底演完應雲衛（1904-1947）導演、吳天（方君逸）編劇的《心花朵朵》之後解散。

民國三十六年 10 月，上海觀眾戲劇演出公司[89]受國營企業臺灣糖業有限公司之邀赴臺巡演，特組旅行劇團，由國立戲劇學校畢業生劉厚生、耿震（1917-1989）等帶領來臺演出《清宮外史》、《岳飛》、《雷雨》、《愛》與《萬世師表》等五劇。其中第一檔演出《清宮外史》爲抗戰時期在重慶賣座最佳的劇目之一，同時，這齣楊村彬（1911-1989）的知名歷史劇也是該團成立時的首檔演出。

民國三十五年 9 月該團成立於上海，是在上海淪陷時期的苦幹劇團（黃佐臨領導）和復員到上海隸屬中宣部中央電影製片場的中電劇團（張駿祥領導）的基礎上，並吸收重慶中華劇藝社、上海劇藝社部分演員所組成，由共黨劇人于伶、劉厚生直接領導，主要成員有應雲衛、楊村彬、鳳子（1912-1996）、石揮（1915-1957）、舒繡文（1915-1969）、路曦（1916-1986）、葉子（1911-2012）、沈揚（1917-1964）等人。[90]隔年 6 月，該團結束於上海「辣斐戲院」的檔期後，馬上又成立了一個播

[87]《中華日報》，1947 年 2 月 26 日。關於戰後初期實驗劇場的設置，當時的臺灣省黨部宣傳處處長林紫貴在「創設有關臺灣文化生活三館芻議」一文（收錄於《海潮》1，1946 年 5 月 15 日）曾提及：臺灣光復後的新文化建設，應設置有關文化生活的三個館——藝術館、圖書館及博物館，其中藝術館中設有戲劇部並設一話劇團，話劇團應專注藝術價值，側重表演中心，上演國內外名劇。除實施一般社會教育外，尚應多多闡揚民族精神，加強民族意識。為了完成話劇的演出，不受商業劇場限制，還需要設可不用考慮商業價值的劇場。

[88] 李曉主編：《上海話劇志》，頁 109。

[89] 該團團名來由張駿祥曾予說明，因為話劇乃是為觀眾而演，觀眾可以說是話劇的祖師爺，所以取團名時特別標舉「觀眾」二字。

[90] 李曉主編：《上海話劇志》，頁 112-113。

音組，並成爲當時上海三大話劇播音團之一。

該團成員具國立戲劇（專科）學校背景的色彩明顯，導演劉厚生（第三屆）、洗群（第一屆）、演員陽華（郭壽定，第一屆，1915-1978）、耿震（第三屆）、沈揚（第三屆）、崔小萍（第六屆，1922-）、田廣才（第七屆，1919-）、支溪澤、金姬鎦等，皆爲該校畢業生。其中崔小萍、金姬鎦留臺發展，對臺灣校園演劇的推動曾有過貢獻，在白色恐怖時期，他們二人也因此段演出經歷而受難繫獄多年。[91]

該劇在臺北市「中山堂」演出時，以《清宮外史》一劇最獲各界好評，實驗小劇團的陳大禹曾在他總結民國三十五年整年度臺灣戲劇發展的〈破車胎的劇運〉一文中說道：「只要是看過《清宮外史》的，沒有不承認他們的劇團在本省是樹立了一個新的水準。」[92]而飾慈禧的路曦（楊露茜，1916-1986）、[93]飾光緒帝的耿震（重慶四大小生之一）與飾李蓮英的陽華等，堅強的演員陣容則確保了該劇的成功。

上海觀眾戲劇演出公司旅行劇團於民國三十七年 3 月中旬結束臺北市的演出後，以近兩個月的時間巡演中南部各大糖廠演出《雷雨》、《萬世師表》二劇，並與當地劇界、學校進行交流，更大幅度地擴大了國語話劇的影響範圍，對於促進臺人對「祖國」文化的認識，消除省內外人民情感隔閡有正面的意義。5 月，該團回返上海後未久即解散。

自重慶遷回南京的國立劇專劇團，民國三十七年 10 月應臺灣省政府之邀來臺爲臺灣省博覽會相關活動而演出，此爲戰後初期四年間最後一個來臺演出的職業話劇團體，因國共內戰加劇，時局動盪，該團在 11 月先後演出吳祖光的《正氣歌》（《文天祥》）及黃宗江的《大團圓》

[91] 朱德蘭：《崔小萍事件》，頁 89、97-103、107-108。崔小萍因叛亂罪被判處無期徒刑的三大罪狀之一即是參加共產黨人劉厚生所組之「觀眾劇團」並演出左傾劇本，為匪宣傳。後蔣中正總統逝世頒布大赦，崔小萍獲得減刑，於坐牢 9 年 4 個月之後獲釋（民國五十七一六十六年）。崔小萍的劇專學弟金姬鎦（第十一屆高職部），則原在臺中育幼院服務，因崔在偵訊時提及他的名字而受牽連，判刑 12 年。

[92]《臺灣新生報》，1948 年 1 月 1 日。

[93] 抗戰時期重慶劇壇演《清宮外史》的慈禧一角，以路曦、趙蘊如、葉子、舒繡文四人最為知名。

之後，即匆匆回返大陸。[94]

國立劇專的前身國立戲劇學校是由國民黨文化大員張道藩（1897-1968）的倡議而成立，民國二十四年創設於南京，張任校務委員會主任及訓導主任，留美戲劇學者余上沅（1897-1970）為校長，吳祖光為校長秘書，上海劇界名人應雲衛為教務主任，教師有陳治策、馬彥祥、曹禺、王家齊、黃佐臨等人，客座教師則有程硯秋、歐陽予倩、田漢、李健吾等。[95]民國二十六年因對日抗戰之故，遷校至湖南長沙，隔年後再遷至四川重慶上清寺，師資陸續補充，如甫自美歸國的張駿祥等；民國二十八年奉命疏散至四川江安，並於隔年升格為國立戲劇專科學校，民國三十四年復遷重慶北碚，此時已成立有國立劇專劇團。抗戰勝利後於民國三十五年復員遷回南京，[96]民國三十八年 12 月與華北大學文藝學院、延安魯迅藝術學院戲劇系合併組成中央戲劇學院。

國立劇專劇團此行的導演冼群為第二次來臺，第二屆的張逸生在重慶則已是中華劇藝社的要角。所演劇目《正氣歌》（《文天祥》）為該校校長秘書吳祖光於民國二十八年在四川江安所寫的知名歷史劇，而《大團圓》則是抗戰時期上海知名話劇演員黃宗江在民國三十五年自美歸來後於北京所作，[97]上海觀眾戲劇演出公司旅行劇團留臺演員崔小萍有參與該劇的演出。

相較於新中國劇社和上海觀眾戲劇演出公司旅行劇團，無論在旅臺演出時間、演出劇目數量或影響交流範圍，國立劇專劇團皆難與前二者比敵。

（二）軍中演劇隊

軍中設置演劇隊始自抗／戰初興的武漢，當時國共合作共同抗日，

---

[94] 莊曙綺：〈臺灣戰後四年（1945-1949）現代戲劇的發展概況〉，頁 230。該文對該團匆匆離臺有時局及經濟兩個影響因素的推測。

[95] 王宏韜編：《葉子》，頁 15。

[96] 賈亦棣、封德屏總編輯：《劇專同學在臺灣》，頁 1-2。

[97] 黃宗江：《黃宗江》，頁 41。

國民政府軍事委員會政治部（部長陳誠、副部長周恩來）第三廳（專司宣傳，廳長郭沫若）第六處（主管藝術，處長田漢），爲配合抗日情勢收編了許多話劇演出團體，組織十個抗敵演劇隊，分赴各戰區部隊宣傳抗日救國，演出活報劇、獨幕劇或大型話劇。[98]後各部隊因需要紛紛自行組織演劇宣傳隊，這種情形並延續至抗戰結束之後。

戰後初期的四年間，分別有陸軍 70 軍政治部劇宣隊、國防部新聞局演劇三隊、青年軍 205 師（30 軍）新青年劇團及裝甲兵、空軍高砲、傘兵等部隊之軍中劇社等在臺演出中國劇作。其中又以國防部演劇三隊在臺灣演出的時間最長、劇目多元豐富、留臺劇人眾多，而有較大的影響。

第 70 軍是戰後接受臺灣的第一批部隊之一。[99]該軍原駐防福建，以福建籍軍人爲主，軍長爲陳孔達（1897-1990）中將，抗戰勝利後轉赴浙江接收，隨即又奉命來臺接收臺中以北的日軍相關設備。民國三十四年 10 月中旬抵臺，隔年 12 月底奉令移防回返大陸，總計在臺時間近一年兩個月。該軍劇宣隊成員乃招自上海、杭州一帶的男女藝術愛好者而成，隸屬政治部（主任周漢儀少將），在臺期間除了劇宣隊的話劇巡迴公演之外，政治部還先後舉辦國語訓練班、創印《自強旬報》及《自強日報》，以「介紹祖國文化、溝通軍民情感、協助行政設施、促進臺灣建設」。[100]

---

[98] 田本相：《中國話劇藝術通史（一）》，頁 293-297。抗敵演劇隊第一隊隊長為徐韜、魏曼青，被分配到廣東第四戰區工作；第二隊隊長鄭君里、呂復，被派往江西第九戰區工作，第一、二隊的前身為上海救亡演劇三、四隊；第三隊前身為武漢拓荒劇社，隊長為徐世津、王負圖，分派到山西第二戰區；第四隊由原上海救亡演劇十一隊組成，隊長侯楓，分配在湖北第五戰區活動；第五隊前身為漢口的文明戲劇團上海劇社，隊長為王夢生，被派往第三戰區安徽工作；第六隊由平津學生移動劇團、華北民族解放先鋒隊兩部分組成，隊長為陸萬美，派到湖北宋埠工作，後輾轉安徽、山東等地；第七隊原為武漢友聯劇社，隊長為冼群、羅毅之，被分配到第三戰區浙江等省工作；第八隊即上海救亡演劇第八隊，隊長為劉斐章，分配到湖北、湖南工作；第九隊原系武漢、長沙兩地青年歌詠隊，徐桑楚任隊長，分配在廣西活動；第十隊原為河南抗敵後援會巡迴話劇第三隊，隊長姚肇平，至第一戰區工作。

[99] 汪朝光：《1945-1949：國共政爭與中國命運》，頁 21。負責接收臺灣南部的國軍為自越南海防搭乘美國軍艦來臺、以廣東籍軍人為主的第 62 軍。

[100]《自強報》，1946 年 12 月 31 日。

該劇宣隊在臺灣巡演的一年間，除了在臺中以北的各地戲院爲「宣慰軍民及加強軍民情感」而免費演出外，主要還是在部隊中表演。演出劇目則是以抗戰時期常演之《反間諜》、《野玫瑰》、《密支那風雲》等劇爲主。

70 軍調防大陸之後，臺灣經歷了二二八事變，第二個軍中演劇隊是民國三十六年 7 月奉曾來臺宣慰、處理善後的國防部長白崇禧之命來臺的國防部新聞局演劇三隊，該隊在臺演出時間頗長，一直到民國三十九年 4 月國防部整編演劇隊成立康樂總隊爲止，皆在臺灣各地戲院及部隊演出抗戰劇《草木皆兵》、歷史劇《明末遺恨》、《忠王李秀成》、喜劇《未婚夫妻》、改譯劇《美男子》、《夜店》、《大馬戲團》等。

演劇三隊的前身爲奉派到第三戰區（轄江蘇、浙江、安徽、江西、福建五省）工作的抗敵演劇第七隊，該隊成員主要由國立劇專畢業生所組成，隊長爲南京國立戲校第一屆的冼群，後有吳英年（第一屆）繼任隊長。後第七隊改爲第三隊，隊長分別由同班同學方守謙（1913-1964）、董心銘先後擔任。[101]抗戰勝利後，各抗敵演劇隊去掉「抗敵」二字並維持原編號。演劇三隊本擬以「駐日佔領軍演劇隊」名義赴日，後因故解除任務，民國三十六年 7 月奉派來臺，董心銘、吳劍聲前後擔任隊長，[102]後來的電視演員傅碧輝、名編劇丁衣即是當時隨隊來臺，後來並有馬驥（國立劇專第十一屆）、張方霞（國立劇專第十屆）、曹健、張冰玉等人加入。

民國三十六年下半年移防臺灣的青年軍 205 師新青年劇團，是第三個來臺的軍中演劇隊，隔年下半年 205 師擴編爲 31 軍後，新青年劇團在臺的一年期間總計演出了歷史劇《大明英烈傳》、喜劇《結婚進行曲》、《裙帶風》及曹禺的《雷雨》等。至遲在民國三十七年底，31 軍已調回大陸駐防。

隨著民國三十八年大陸局勢快速變化，移防來臺的部隊日多，不同

---

[101] 冼群戰後曾隨團二次來臺演出，吳英年在加入抗敵演劇七隊前曾參與福建實驗小劇團的創建，方守謙與董心銘則皆於 1949 年後留臺發展，對軍中演劇有所貢獻。

[102] 賈亦棣、封德屏總編輯：《劇專同學在臺灣》，頁 3-6。

演劇背景的外省劇人隨軍來臺的數量也增加許多，下半年已見裝甲兵獨立戰車一營政工隊、[103]裝甲兵司令部政工處特勤隊、裝甲兵一、二、三團演劇隊、[104]空軍高砲、空軍傘兵、99 軍政工處等單位，演出曹禺的《雷雨》、改譯劇《三千金》、《狂歡之夜》、諜報劇《野玫瑰》、《八十八號間諜》、《黑鷹》等劇。各軍種部隊中以裝甲兵的話劇團最多，演員陣容最強，後來的知名話劇、影視演員王宇、曹健、錢璐、陶述、馬驥、孫越、常楓、梅冬妮、雷鳴、葛香亭、魏甦等人，都是當時裝甲兵各話劇團的演員主幹。[105]

（三）業餘話劇團

戰後隨著來臺接收、工作、就學的外省人漸多，國語話劇也透過業餘話劇團體傳播開來。當時的業餘話劇團主要以執政黨或政府機構支持，以及外省劇人自行組織這兩種面貌演出，前者如全臺各地民眾教育館所屬的實驗劇團、三民主義青年團基隆分團的青年劇團、臺北市黨部的奮鬥劇團，以及東南行政長官公署技術總隊的青雲劇藝社等，後者則有青藝劇團、實驗小劇團、颱風劇社，以及於民國三十八年下半年陸續成立的戡建劇團、成功劇團、業餘實驗劇社、辛果劇團、自由萬歲劇團及中國大地劇團等。

這些業餘話劇團體或因國語普及、介紹祖國文化、推展劇運、同好集結等不同因素而演，但劇目選擇明顯地以劇作的藝術性為主要考量，除了臺南民教館實驗劇團演出強調國家命運應高於族群立場的《國家至上》，以及抗戰名劇《野玫瑰》和《密支那風雲》之外，餘者幾乎是以曹禺、李健吾、洪謨的嚴肅寫實劇、喜劇，以及諸多的改譯劇為主。

值得注意的是，陳大禹（1916-1985）主持的實驗小劇團和臺北奮

---

[103] 隊長朱貫一為國立劇專第十一屆畢業生。

[104] 裝甲兵司令部政工處特勤隊有三三劇團、第一團有火牛劇團，第二團有捷豹劇團，第三團有金鋼劇團，擁有來自各方的優秀話劇演員，裝甲兵司令蔣緯國就曾說過「無甲不成戲」。參見邵玉珍：《留住話劇歷史的表演藝術家》，頁 33、348。

[105] 參見邵玉珍：《留住話劇歷史的表演藝術家》一書。

鬥劇團對於臺語話劇的先行嘗試，以及成功劇團等民國三十八年下半年陸續組織的外省業餘劇社開啓了國語話劇「風行」臺灣的風氣。

實驗小劇團的前身爲福建實驗小劇團。王紹清、施寄寒、吳英年、吳亮、陳大禹、姚少滄等劇人於民國二十五年應福建省立民眾教育處處長王衍康之邀，爲開展福建的戲劇教育，與福州當地劇人組織了實驗小劇團。成立後以迄抗戰初期的一年半中，即已公演百場以上，後該團隨民教處遷至福建中部沙縣並組織戲劇訓練班，成立四個小型巡迴演劇隊，巡迴福建省各縣演出。未久，即因團員各自發展而解散。抗戰勝利後，實驗小劇團的陳大禹、姚少滄等人到臺灣發展，有重整旗鼓的打算，於是聯絡了從東南各省來臺的劇人及臺灣本地的劇友，民國三十五年底正式在臺北成立實驗小劇團。[106]

或與陳大禹爲福建漳州人通曉閩南話有關，他正面地面對當時臺灣社會實際的語言使用狀況，創團初始即確立以國語、臺語兩組演出同一劇目的方式呈現，此不僅對於國語劇運在臺的開展有益，同時亦對本外省劇人交流合作與尙有語言隔閡的臺人欣賞中國劇作有所幫助。該團改編自莫里哀的喜劇《守財奴》、曹禺的《原野》及陳大禹的《香蕉香》等劇皆以此方式演出，對於向臺人引介中國劇作及改譯劇曾有較明顯的影響。

另外，與臺北市黨部關係密切的奮鬥劇團，[107]於民國三十六年初聘請本省導演以臺語排練中國新劇前輩朱雙雲的《平壤孤忠》，[108]雖然不確定該團擬續排的中國劇作《國家至上》、《岳飛》等是否仍以臺語完成演出，但該次的嘗試與實驗小劇團的臺語組相同，皆爲戰後初期外省劇人嘗試貼近臺人語言現實，策略引介中國劇作、改譯劇的做法與努力，

[106]《自由日報》，1946年12月9日。關於陳大禹及實驗小劇團，可參閱邱坤良：《漂流萬里：陳大禹》一書。

[107] 劇團代表人為林知命，其亦為民國三十五年1月創刊的《臺灣雜誌》半月刊任發行人。該次《平壤孤忠》的演出由臺北市黨部主辦，而臺北市黨部書記楊鑫茲於民國三十六年1月擔任甫創刊的《奮鬥》月刊發行人，從二者皆有「奮鬥」之名且成立時間相同看來，二者應為當時臺北市黨部的下轄文化單位。

[108] 該劇有民國二十九年出版之同名劇本，體裁為十場改良新編京劇。敷演十九世紀末日軍侵略朝鮮，兵臨平壤，城內清國總兵左寶貴禦敵犧牲事。

在民國三十五年下半年聖烽演劇研究會及人劇座的兩檔臺人臺語演劇之後，[109]奮鬥劇團與實驗小劇團這兩個外省業餘話劇團的臺語演出別具意義。

至於民國三十八年下半年隨著遷臺外省劇人的增多，業餘話劇團如雨後春筍般成立，他們把臺灣當作持續推展中國劇運的暫時基地。雖然劇人們遊走各團間演出的情況普遍，但加上如李行等在臺就學的外省話劇愛好者的投入，國府遷臺前夕臺灣的國語劇壇依然熱鬧開演諸多抗戰劇與改譯劇，而這批劇人如王玨、房勉、李影、崔冰、古軍、李行等，後來都對臺灣的話劇、電影、電視發展做出了巨大的貢獻。

（四）學校話劇社團

戰後初期臺灣的校園演劇活動發展較爲緩慢，演出資料雖然欠缺，但或因個別高中的外省籍校長對話劇的興趣，或藉此讓學生學習國語、提供正當文化娛樂而鼓勵校園國語話劇排練演出，可見屏東一地的中學如屏東中學、屏東農校、屏東師範學校、屏東市立三中等，在民國三十六年底、三十七年初分別公開演出了曹禺、陳白塵、陳銓、陳西禾的名劇。而省立臺灣師範學院英文系學生蔡德本，在其家鄉嘉義朴子也組織學生聯誼會青雲劇社，於民國三十七年兩度於嘉義「榮昌戲院」、「中山堂」以臺語演出他本人改編自曹禺《日出》的《天未亮》，以及在朴子演出一次田漢的《南歸》。[110]

而北部學校的國語話劇也始自民國三十七年臺灣大學演出洪謨、潘孑農的《裙帶風》，以及北一女中演出吳祖光的《少年遊》、陳白塵的《結婚進行曲》，而後者二劇的導演皆爲上海觀眾戲劇演出公司旅行劇團的留臺演員崔小萍。而該年 10 月臺灣省博覽會的舉辦及邀演，更刺激了臺北市校園演劇活動的蓬勃發展，當時即有成功中學、北一女中、臺北女子師範學校、建國中學、臺灣師範學院戲劇之友社、臺灣大學等校，

---

[109] 關於此二檔演出之研究，可參閱藍博洲《宋非我》、石婉舜《林摶秋》二書。

[110] 林曙光：〈難忘的回憶——記臺語劇運先驅蔡德本〉《文學臺灣》第 19 期（1994），頁 22。

於臺北市「中山堂」演出于伶、周彥、黃佐臨、曹禺、沈浮等名劇作家的作品。此次爲期兩個月的話劇演出，各校的演出劇目皆以藝術性爲唯一考量，改譯劇占有一定比例，[111]而崔小萍、金姬鎦兩位留臺演員的投入指導和擔任導演，[112]則直接促使了國語話劇在臺北市校園的生根。

另外，臺灣師範學院的蔡德本爲與外省學生爲主的戲劇之友社對抗，在其倡導下亦組織了臺語戲劇之友社，並於民國三十八年前後，以「介紹祖國名作」的初心演出了改編自曹禺《日出》的《天未亮》。[113]可惜，影響正在醞釀發酵之時，卻發生了四六事件，白色恐怖開始蔓延，「整頓」後的校園演劇活動也因此而中止了。

（五）臺灣職業新劇團

戰後初期臺灣的職業新劇團有高雄「國聲」、臺北「民聲」、臺北「藝友」及新天華等，曾以臺語演出過宋之的、老舍的《國家至上》、改編自陳銓《野玫瑰》的《天字第一號》（民國三十五年有同名電影上映）及曹禺的《雷雨》。[114]

戰後臺灣職業新劇團的演出內容，大都以社會情仇劇或是家庭倫理悲喜劇爲主，且多爲十天一檔的演出模式。何以中國劇作會成爲本地新劇團的演出選擇？除卻「國聲」演出強調族群合作、一致抗日題材的《國家至上》或爲特定目的演出之外，電影《天字第一號》融合戰爭、間諜、愛情、道德等通俗劇元素，《雷雨》本身則偏重家庭倫理衝突矛盾的刻畫，二者實則較易爲臺灣新劇劇人所改編發揮，只要模糊掉特定時代背景及原劇作更深層的題旨，如漢奸的多面性及社會階級的控訴，二劇本身關於愛情、家庭的複雜糾葛情節安排，是極容易擴充劇幅、方便加工

---

111 如建國中學演出的《狂歡之夜》改編自俄國果戈里的《欽差大臣》、臺灣師範學院戲劇之友社的《樑上君子》改編自匈牙利莫納的《醫生》、成功中學的《生死戀》輾轉改編自法國雨果的《向日樂》等。

112 崔小萍分別為成功中學、北一女中、建國中學導演《生死戀》（崔小萍夫宋岳為掛名導演）、《女子公寓》及《狂歡之夜》，金姬鎦則為臺北女子師範學校導演《北京人》。

113 蔡德本：《蕃薯仔哀歌》，頁43-47。

114 莊曙綺：〈臺灣戰後四年（1945-1949）現代戲劇的發展概況〉，頁246。

及利於一般觀眾歡迎的。

可惜上述四團的相關演出紀錄過少，無從判斷此段臺人新劇團以臺語演出中國劇作的實際狀況及可能影響。不過，可以確定的是，部分的中國劇作曾經透過臺灣職業新劇團的藝術「轉譯」，以另一種更親近臺灣民眾思維與接受的形象面世，時間雖短，但此在地化的實踐經驗卻是值得注意的。

四、劇目：名劇的多元呈現與「此時此地」的悖逆

戰後初期四年間，至少有超過四十位中國劇作家的六十個劇作在臺演出，中國話劇自五四以降至抗戰勝利間的名作，集中壓縮於此四年在臺地上演，劇目類型多元，歷史劇、抗戰劇、改譯劇、喜劇及嚴肅寫實劇大量散見於各地戲院，看似華麗妝點、多元紛呈，但中國「彼時彼地」的劇本創作，在介紹祖國文化、推行國語運動、溝通軍民情感的功利性目的及外省劇人自娛下，忽略了臺灣觀眾的語言、文化適應力及尚有相當隔閡的現實性，以致造成了與「此時此地」的背逆現象。

當時這些得到演出實踐的六十個以上的中國劇作，絕大多數爲抗戰時期（1937.7-1945.8）在大後方國統區及在孤島時期（1937.11-1941.12）、淪陷時期（1941.12-1945.8）的上海所創作的話劇作品，是中國話劇發展黃金年代的一隅顯影。也有少數戰前的作品，如田漢的《咖啡店之一夜》（1922）、《南歸》（1929）、曹禺的《雷雨》（1934）、《日出》（1936）、李健吾的《這不過是春天》（1934）等，以及戰後黃宗江的《大團圓》（1946）。

爲一窺當時這些中國劇作在臺灣演出的價值與意義，有必要先行觀察他們在「彼時彼地」的創作及演出狀況，以便進行對照以瞭解其演出思維脈絡，及造成與「此時此地」背逆的原因。

（一）歷史劇

抗戰時期是歷史劇（或稱「愛國古裝劇」）的寫作高峰，郭沫若、阿英、于伶、吳祖光、歐陽予倩、楊村彬等在當時皆曾透過歷史劇的寫作，企圖以歷史反映現實，以發揮古爲今用、以古惕今的作用。歷史劇的取材多以南明、南宋及晚清爲背景，藉突出民族英雄的氣節及抵禦外侮的決心以與時局呼應。在大後方及孤島時期的上海，歷史劇的演出頗盛，於激發民族情緒、凝聚愛國情懷部分起著明顯的作用。

戰後四年，除了郭沫若的作品之外，餘者的歷史劇作皆曾於臺灣演出。其中又以阿英（1900-1977）的《海國英雄》首開風氣，其另一劇作《明末遺恨》則演出次數最多。《海國英雄》爲阿英在上海孤島時期創作的四幕歷史劇，爲其南明史劇的第二部，[115]民國二十九年 9 月及民國三十年 9 月，分別由上海新藝劇社及上海劇藝社於上海「璇宮劇院」、「辣斐劇場」演出，[116]之後新中國劇社亦曾在湖南湘潭及廣西桂林搬演該劇。當新中國劇社受邀來臺演出時，這齣與臺灣歷史有密切關係且多有演出經驗的戲，自然成爲首選。當時在劇中飾演鄭成功的演員嚴恭回憶道：

> 在劇目方面，于伶同志一再叮囑，一定要帶著祖國人民的心意，用戲劇藝術去撫慰剛由日軍鐵蹄下光復的臺灣同胞，要奉獻一份珍貴的「見面禮」。我們便首先選出《海國英雄》為重點劇目。……鄭成功是臺灣同胞家喻戶曉的英雄人物，尊之為神靈，在臺南建有鄭成功廟，終日香火不斷。故改劇名為《鄭成功》，增加荷蘭總督揆一到鄭成功軍前繳劍投降的尾聲。[117]

而由國防部演劇三隊多次演出的四幕劇《明末遺恨》，則是阿英的南明史劇第一部，也是他歷史劇寫作的第一部，該劇又名《葛嫩娘》或《碧血花》，寫明末秦淮名妓葛嫩娘與夫孫克咸從軍抗清，終自嚼斷舌

---

[115] 阿英以魏如晦為名所寫的三部南明史劇分別為《碧血花》（又名《葛嫩娘》、《明末遺恨》，1939）、《海國英雄》（1940）和《楊娥傳》（1941）。

[116] 曉光主編：《阿英紀念文集》，頁 297；李曉主編：《上海話劇志》，頁 186-187；邵迎建：《上海抗戰時期的話劇》，頁 97。

[117] 曉光主編：《阿英紀念文集》，頁 300。

英勇就義事。民國二十八年 10 月由上海劇藝社在上海首演，由於「劇本本身在『此時此地』舞臺上所昭示的愛國精神，強烈的、現實的愛國精神，當時現實的抗日救國的愛國主義精神」，[118]連續演出了 33 天 64 場，打破當時話劇界演出的紀錄。後中國旅行劇團、上海劇藝社、天鳳劇社皆再演過此劇。長沙、桂林、柳州、重慶等地也紛紛上演此劇，有的京劇團還將其改爲京劇演出。[119]該劇是抗戰時期上演率最高、影響較大的歷史劇之一。

同樣寫南明題材的歷史劇還有歐陽予倩和周彥的《桃花扇》。歐陽予倩的「七場傳奇劇」《桃花扇》改自其同名京劇本，乃作者爲新中國劇社來臺演出而改寫及導演，在臺並有演出臺本印行，[120]新中國劇社回返上海後的首檔演出亦爲該劇。至於周彥的四幕八場《桃花扇》，又名《秣陵風雨》，[121]作者自述寫作目的乃「針對當時投降之風喧囂的重慶，借侯方域這人物加以貶斥，借古喻今」。[122]民國三十四年 2 月，有中國萬歲劇團在重慶「抗建堂」演出，民國三十八年 11 月成功劇團在臺北市「中山堂」上演此劇，導演王珏，演員房勉、井淼、周旭江等皆爲當時「中國萬歲」該次演出的演員。

另有在臺青年軍 205 師新青年劇團多次搬演的五幕《大明英烈傳》敷演明朝開國事。于伶於民國二十九年 10 月由他主持的上海劇藝社在上海「辣斐劇場」首演，這齣寫劉伯溫號召群眾，並聯絡朱元璋、常遇春揭竿而起最終取得勝利的戲，[123]在抗戰時期不若他在孤島時期另一作品《女子公寓》受到歡迎。

寫南宋民族英雄者有顧一樵（1902-2002）的五幕《岳飛》和吳祖光的四幕《文天祥》，二戲在臺由上海觀眾戲劇演出公司旅行劇團和國

---

[118] 邵迎建：《上海抗戰時期的話劇》，頁 45。

[119] 曉光主編：《阿英紀念文集》，頁 289-296；李曉主編：《上海話劇志》，頁 186。

[120] 劇本由臺北市新創造出版社總經銷，計 44 頁。封面內頁歐陽予倩提及此次印行目的「這一次的發刊，原只為便於演員及舞臺工作者們的翻閱，另一方面也想以供臺灣觀眾看戲時參照，這或者對於語言比較隔膜的觀眾有些幫助。」（感謝王友輝教授慷慨提供此劇本）

[121] 邵迎建：《上海抗戰時期的話劇》，頁 102。民國三十五年有建圖書店出版同名劇本。

[122] 黃仁：《王珏九十年的人生影劇之旅》，頁 83。

[123] 該劇於民國三十年有上海雜誌公司出版之同名劇本。

立劇專劇團各演出過一次。顧一樵的《岳飛》於民國二十九年由國立劇專演於重慶，[124]隨後還被改編成京劇、漢劇及其他地方戲演出。此次《岳飛》的導演之一劉厚生及演員多人當時即爲第三屆的畢業生，或許此與該團選擇該劇來臺演出有關。

而吳祖光的《文天祥》原名《正氣歌》，寫於民國二十八年四川江安的國立劇專，演文天祥抗元被囚不屈以身殉國事。民國三十年 6 月由上海劇藝社首演於上海「辣斐劇場」，民國三十二年 12 月起，更在上海「蘭心戲院」連續演出半年，186 場，是上海劇壇最受歡迎的歷史劇之一，期間重慶、成都也演過此戲。[125]由國立劇專劇團演出校長秘書吳祖光的抗戰名作，似乎頗爲合理。

分別由上海觀眾戲劇演出公司旅行劇團及業餘實驗劇社演過一次的《清宮外史》，是楊村彬（1911-1989）知名的歷史三聯劇，由民國三十二年的《光緒親政記》、民國三十三年的《光緒變政記》及民國三十五年的《光緒歸政記》所組成。劇本以甲午戰爭及戊戌變法爲背景，通過清廷內部主戰派和主和派、改良派和保守派的鬥爭，以揭示清末的歷史命運，在中國面臨新的民族危機的抗戰後期具有一定的現實意義。第一、二部皆在重慶由中央青年劇社及中國萬歲劇團演出，而完整三聯劇的《清宮外史》則於民國三十五年 10 月由上海觀眾戲劇演出公司在上海「辣斐劇場」演出，[126]隔年 11 月，該演出公司旅行劇團就將該劇帶來到臺灣。民國三十八年 9 月由業餘實驗劇社演出的《清宮外史》，實則爲其第一部《光緒親政記》。

（二）抗戰劇

除了愛國古裝劇之外，凡是以抗戰期間爲時代背景、突出抗日救亡主調、喚起愛國意識及人民高尚情操的劇本皆屬之。戰後初期中國劇作在臺的演出實踐，此部分劇作佔有相當的比例，如陶熊的《反間諜》、

[124] 呂恩：《回首：我的藝術人生》，頁 4-5。
[125] 吳祖光：《吳祖光談戲劇》，頁 16-24；邵迎建，《上海抗戰時期的話劇》，頁 337、350。
[126] 李曉主編：《上海話劇志》，頁 192-193。

陳銓的《野玫瑰》、徐昌霖的《密支那風雲》、宋之的的《新縣長》(《刑》)、宋之的、老舍的《國家至上》、夏衍、宋之的、于伶的《草木皆兵》、袁俊（張駿祥）《萬世師表》、沈浮的《重慶二十四小時》、《金玉滿堂》及《八十八號間諜》、《黑鷹》等，其中間諜戲、漢奸戲的數量約佔一半。這些抗戰劇中又以《野玫瑰》、《國家至上》、《萬世師表》三劇的演出頻率較高，且較有影響。

三幕劇《野玫瑰》是陳銓（1903-1969）的劇作中影響最大，也最有爭議的劇本，該劇寫成於民國三十年 5 月，寫國民黨女特務夏豔華在北平淪陷區用計剷除漢奸事。民國三十一年先在昆明演出，後於重慶上演，因巧妙融合戰爭、愛情、道德等元素，與郭沫若的《屈原》一同成爲重慶最受歡迎、演出率最高的劇目。也因劇中情節有讚頌漢奸政績、美化漢奸之嫌，而被保守人士、左翼人士批評爲「裹著糖衣的毒藥」的一齣戲。[127]戰後四年《野玫瑰》不斷爲軍中演劇隊、業餘劇社、學校劇社、本地新劇團演出近十次，是上演率僅次於曹禺《雷雨》的劇目。

四幕劇《國家至上》由老舍（1899-1966）、宋之的（1914-1956）合編，劇本寫回漢民族團結共同抗日事。民國二十九年 4 月由中國萬歲劇團在重慶「國泰大戲院」首演，隔年 4 月再於重慶「抗建堂」演出，昆明、成都、大里、西安、桂林、香港等地皆曾演過該劇。[128]

四幕劇《萬世師表》則是筆名爲袁俊的張駿祥（1910-1996）所寫，劇寫教授林桐二十五年來雖被沈重的生活折磨得心力交瘁，但總能堅貞自守、兢兢業業、甘於清貧，堪爲「萬世師表」。民國三十三年 10 月由中電劇團在重慶青年館首演，當時飾演主人翁林桐的即是戰後曾隨上海觀眾戲劇演出公司旅行劇團來臺的耿震，女主角方爾婇則是重慶話劇四大名旦之一的白楊。[129]

---

[127] 申列榮、石曼主編：《戲劇的力量——重慶抗戰戲劇評論選集》，頁 417。民國三十一年，國民政府教育部頒發年度學術獎，陳銓的《野玫瑰》與曹禺的《北京人》等作品獲三等獎，但在左翼文人的抗議下，教育部後來撤銷了對《野玫瑰》的「嘉獎」。

[128] 田本相、石曼、張志強編著：《抗戰戲劇》，頁 71-74；申列榮、石曼主編：《戲劇的力量——重慶抗戰戲劇評論選集》，頁 179-188。

[129] 田本相、石曼、張志強編著：《抗戰戲劇》，頁 122-123。

（三）喜劇

戰後四年在臺演出的中國喜劇作品不少，如吳鐵翼的《河山春曉》、陳白塵的《結婚進行曲》、《群魔亂舞》（《魔窟》）、洪謨、潘孑農的《裙帶風》、洪謨的《美男子》（《雛鳳于歸》）、《闔第光臨》、《黃金萬兩》、包蕾（1918-1989）的《火燭小心》、李健吾的《青春》和周貽白的《陽關三疊》等。其中以陳白塵的《結婚進行曲》及洪謨的作品較常搬演，反應淪陷時期上海的喜劇演出風氣明顯，而洪謨、潘孑農的《裙帶風》則因生動描寫中國官場群帶風氣而成為少數具備臺灣「此時此地」意義的一齣戲。

陳白塵（1908-1994）的五幕劇《結婚進行曲》是在其獨幕劇《未婚夫妻》的基礎上擴大而成，[130]以喜劇的筆觸寫女主人翁黃瑛的不幸遭遇以為婦女訴說痛苦與不平。民國三十一年寫成後隨即由隸屬國民黨中宣部的中電劇團演於重慶「國泰大戲院」，連演 12 場，婦女觀眾反應強烈。[131]民國三十二至三十四年間，上海亦曾多次演出該劇。該劇強調婦女解放觀念啓蒙的意義，與在臺皆由教育單位的學校劇社（屏東農校、北一女中）演出，或有一定的呼應關係。

抗戰前及孤島、淪陷時期的上海，一直是左翼話劇的陣地及商業話劇的重鎮。孤島時期上海劇壇主要演的是帶有愛國主義傾向，間接暗示孤島生活的歷史劇為主，淪陷時期則而因禁美國電影、題材需安全無害，以及市民大眾對話劇娛樂性的需求，而使得喜劇的創作演出得到突出的發展，[132]洪謨（1913-）即是當時出色的喜劇作家及導演。洪謨的《闔第光臨》等三個喜劇作品在戰後初期的臺灣分別由國防部演劇三隊、自由萬歲劇團及業餘東海話劇團演出，在沒有國語商業劇場環境支撐的彼時，僅見零星點狀式的演出是不難理解的。

（四）改譯劇

130　董健編：《陳白塵論劇》，頁 209。

131　田本相、石曼、張志強編著：《抗戰戲劇》，頁 85-88。

132　李濤：《大眾文化語境下的上海職業話劇（1937-1945）》，頁 112-118。

抗戰時期，在劇作家及其作品的數量還不足時，改譯外國劇作被視爲是解決劇本荒的主要方法之一，連帶地也擴大了中國話劇創作及觀賞的視野範圍。據陳青生的統計，孤島時期的改譯劇約有 10 餘部，淪陷時期先後出版、發表的改編劇本至少也有 40 部。[133]這些改譯劇絕大多數是歐美劇作，其中俄國作品佔相當比例，而且改譯劇基本上都是先通過複製，再對原作的人物、地點、情節背景進行中國化處理，具備「再生產」的藝術特質。

戰後四年的臺灣，即有沈西苓（1904-1940）、宋之的改編自愛爾蘭劇作家奧凱西《朱諾與孔雀》的《醉生夢死》、洗群改編自英國平內羅《譚格瑞的續絃夫人》的《愛》、施誼改編自俄國劇作家雅羅涅爾的獨幕劇《人約黃昏》、陳志策改編自俄國劇作家雅穆伯《醉鬼》的《可憐的斐迦》、柯靈、師陀改編自俄國作家高爾基《在底層》的《夜店》、李丁改編自俄國劇作家果戈里《欽差大臣》的《狂歡之夜》、黃佐臨改編自匈牙利劇作家莫納《小偷》的《樑上君子》、師陀改編自俄國作家安德列耶夫（1871-1919）《吃耳光的人》（1915）的《大馬戲團》、洪深（1894-1955）改編自英國劇作家戴維斯《軟體動物》的《寄生草》、董林肯改編自俄國作家班臺萊耶夫同名小說的《錶》、張道藩改編法國雨果（Victor-Marie Hugo，1802－1885）《向日樂》（Angelo，1935）的《狄四娘》、顧仲彝（1903-1965）改編自英國莎士比亞《李爾王》的《三姐妹》、張駿祥改編美國劇作《浮生若夢》(You Can't Take It with You，1938）的《富貴浮雲》等翻譯劇，被引介到臺灣的舞臺上。除了張道藩因其來臺並任國民黨高官而使得其《狄四娘》於民國四十、五十年代持續演出之外，餘者皆如驚鴻一瞥，演完即消失不再復見。

而上述這些曾於戰後初期於臺露臉的改譯劇中，又以《大馬戲團》、《樑上君子》、《夜店》及《錶》最值得一記，而前三者皆爲上海淪陷時期盛演不衰的劇作。師陀（1910-1988）改編的《大馬戲團》最早於民國三十一年 10 月由上海藝術劇團在上海「卡爾登大戲院」演出，石揮

---

133 李濤：《大眾文化語境下的上海職業話劇（1937-1945）》，頁 119-22。

（1915-1957）演出主角慕容天錫，堪稱一絕，連演 40 天 77 場，轟動上海劇壇。隔年 4 月，又有苦幹劇團以藝光劇團的名義在「蘭心戲院」演出此劇。[134]

黃佐臨（1906-1994）改譯、導演的《樑上君子》是中國話劇史上的第一齣鬧劇。民國三十二年 11 月由苦幹劇團在上海「巴黎大戲院」演出，總計演出 67 天，再創上海話劇界盛況。[135]四幕劇《夜店》則描寫舊中國社會底層人民的生活圖像，由苦幹劇團於民國三十四年 12 月在上海「辣斐劇場」首演，黃佐臨導演，石揮則演活了陰險的店主聞太師。因首演在上海引起轟動，又由話劇原班人馬拍攝同名電影。[136]至於董林肯（1918-1982）改編的《錶》，乃是根據魯迅的翻譯本而來，背景從蘇聯改爲抗戰時期的中國，民國三十一年 1 月由重慶育才學校戲劇組[137]首演該劇，是抗戰時期重要的兒童劇本，民國三十六年 4 月有中國福利基金會兒童劇團演於上海「蘭心大戲院」。[138]而臺北師範附設小學於民國三十八年 5 月在北一女禮堂的該劇演出，則是戰後初期臺灣少見的兒童劇表演，因導演、演員、技術皆具一定水準，甫來臺的女作家謝冰瑩還曾撰文予以肯定嘉許。[139]

（五）嚴肅寫實劇及其他

嚴肅寫實劇乃有別於上述四種話劇劇作類型，指單純以藝術創作爲目的，繼承寫實主義戲劇傳統，對社會問題提出並予控訴之劇，曹禺的《雷雨》、《日出》、《原野》、《北京人》等屬之。寫於民國二十三至三十年間的曹禺「四大名劇」，標誌著中國話劇文學的成熟，而且甫問世即

---

[134] 李曉主編：《上海話劇志》，頁 189；李濤，《大眾文化語境下的上海職業話劇（1937-1945）》，頁 121。

[135] 邵迎建：《上海抗戰時期的話劇》，頁 255-60、350、352。

[136] 李曉主編：《上海話劇志》，頁 191。

[137] 由教育家陶行知（1891-1946）於 1937 年 7 月於重慶開辦的一所兒童學校，其中戲劇組的主任為知名戲劇家章泯，教師有張水華、舒強等。抗戰勝利後遷至上海。

[138] 申列榮、石曼主編：《戲劇的力量——重慶抗戰戲劇評論選集》，頁 189-92；李曉主編：《上海話劇志》，頁 193-194。

[139]《中央日報》，1949 年 5 月 7 日。

於各地傳演不斷，是抗戰前及抗戰時期搬演率最高的劇作。戰後四年，曹禺的四大名劇皆曾在臺灣演出，其中尤以《雷雨》的演出頻率最高（參見附表），且與《日出》、《原野》相同，皆曾被改以臺語演出，對於臺語話劇發展曾經起過階段性的刺激作用。[140]

無法歸於上述五類的劇作尚有田漢的《咖啡店之一夜》、《南歸》、李健吾的《這只不過是春天》、吳祖光的《牛郎織女》、《少年遊》、吳天（方君逸）的《四姐妹》、朱雙雲的《平壤孤忠》、于伶的《女子公寓》、包蕾的《火燭小心》、黃宗江的《大團圓》等。這些劇作中，以新中國劇社帶來的《牛郎織女》和北一女中演出的《女子公寓》最值得一述。

《牛郎織女》是吳祖光民國三十二年寫於重慶的四幕七場神話幻想劇，他把原故事的織女下凡改成了牛郎上天，並透過對現實不滿的牛郎在「人間／天上／人間」之間的幸福追尋，得出真正的幸福還是得在他生根之處尋找的寓意，同年由重慶怒吼劇團首演於成都，張駿祥導演，張瑞芳飾織女、耿震飾牛郎、沈揚飾金童。[141]隨後此劇也在重慶、上海等處演出。首演的演員耿震與沈揚，民國三十六年曾隨上海觀眾戲劇演出公司旅行劇團來臺演出該劇。

于伶的《女子公寓》由青島劇社首演於民國二十七年 1 月的上海「新光大戲院」，劇本著重表現孤島時期上海婦女的生活命運，情節描寫的是現代都市中的時髦女性，而戲中房客沙霞的出走追尋理想又代表了時代潮流，所以極受年輕觀眾的歡迎。一直到民國二十八年 1 月，總共演了 7 次 40 場。[142]

五、結語

戰後初期，在那個絕對中國化的文化重建年代，超過四十位中國劇

---

[140] 徐亞湘：〈進步文藝的示範：戰後初期曹禺劇作於臺灣演出史探析〉，《戲劇學刊》第 16 期（2012 年 7 月），頁 46。

[141] 呂恩：《回首：我的藝術人生》，頁 11-12；吳祖光：《吳祖光談戲劇》，頁 45-51。

[142] 邵迎建：《上海抗戰時期的話劇》，頁 9-12。

作家的六十個劇作在臺灣壓縮且密集地演出，國語話劇迅速成為當時戲曲之外臺灣劇壇的主流。但是，對於中國文化與國語尚待學習熟悉的臺灣人而言，自五四以降而以抗戰時期為主的中國話劇名作，此明顯的「彼時彼地」色彩對「此時此地」的他們來說，接受度是令人懷疑的。然而，一持續性的演劇活動難以避免地將會和本地的戲劇進行對話與互動，透過本省新劇團體及學校社團以臺語演出中國劇作，一改編轉譯，一忠於原作，中國劇作在臺灣民間開始有了不同面貌的呈現方式。姑且不論四年間這些中國劇作對臺灣本地戲劇發展有何實質影響，民國三十八年底國府遷臺後，這些中國話劇的劇作家與劇本，又突然地在特殊的政治環境中全部消失。除了可能有的中國話劇藝術無法被繼承之外，此文化肅清更造成了民國七十六年解嚴前數十年臺灣民眾、學界對中國話劇的陌生與無知。

回首這段與中國話劇發展關係最為密切的臺灣戲劇史，「時間壓縮」與「時局變化」是影響中國劇作在臺演出實踐最為關鍵且相互作用的因素。亦即，戰後初期的執政者為了使得甫脫離日本殖民的臺灣人能盡早認識祖國文化、學習國語，話劇於是成為彼時國府在臺文化施政「去日本化」與「再中國化」之文化重建的一環與利器，一時間，自五四至抗戰時期二十年間中國話劇發展的成果，如大量知名劇作家的歷史劇、抗戰劇、改譯劇、喜劇、嚴肅寫實劇等劇作，迅速地壓縮在此四年間於臺灣呈現。在那個從國共合作到國共內戰，再到國府遷臺的短時間內，島內又有二二八事變與四六事件的發生與影響，這些作品其實在相當程度上反應了抗戰時期的大後方與孤島、淪陷時期的上海，以進步左翼劇作為主的多元劇作特色。一直到民國三十八年因大陸軍事局面逆轉，以及臺北校園發生四六事件，「附匪」劇作家的作品才開始遭到禁演，而此時隨著年底國府的遷臺，因絕大部分的劇作家皆「身陷匪區」[143]或具共產黨員身分，他們的劇作也在民國三十九年之後消失於臺灣的話劇舞臺上。[144]之後的「中國話劇史」，也只剩得徹底割裂中國話劇傳統並以政

---

[143] 戰後初期四年間有劇作在臺演出的40位劇作家，只有張道藩與顧一樵隨國府來臺。

[144] 少數如《密支那風雲》、《重慶二十四小時》等劇將抗日背景改為戡亂，仍在國府遷臺初

治正確爲最高創作目標的「自由中國」話劇史了。

戰後初期臺灣人對國語的學習與中國文化的瞭解雖然是具備熱情的，但因語言與文化的學習需要一定的時間長度方能致效，所以，在「壓縮的文化重建」與「話劇的工具化」狀況下，臺灣人對於觀賞中國話劇相對地缺乏意願。儘管曾出現以臺語演出中國劇作以爲過渡的呼聲，[145] 以及如實驗小劇團、奮鬥劇團、臺灣師範學院臺語戲劇之友社等零星的舞臺實踐，終歸因影響有限、無以爲繼而告終。戰後初期四年間中國劇作熱熱鬧鬧的演出實踐，觀眾群還是以在臺的外省人爲主，這臺失根且被壓縮推出的華麗歷史大戲，不僅使得當時外省劇人推展的「臺灣劇運」顯得荒謬，同時，可能有的中國話劇藝術滋養也在時局的變化中無法持續爲之，是遺憾，也應理解歷史的必然與偶然。

期得以續演。

[145] 外省籍的實驗小劇團成員陳春江曾言：「臺灣是需要話劇，不但需要國語演出而且也需要閩南語演出，假如有人對於臺語演出抱著絕對反對的見解，以為這是提倡方言的話，那何妨把它當著這是一個過渡時期，……至少它已經盡了引導臺胞去接近祖國的話劇，使對於祖國情形多得一番瞭解的責任。」（《和平日報》，1946 年 12 月 19 日。）；本省籍的白色恐怖受難者、臺北市參議員徐瓊二（1912-1950）也曾提出相近看法：「比起用普及時間尚短的國語進行文藝活動，那些便於民眾直接理解，用臺灣話進行的表演有很大的特點，處於有利的地位。……坐在觀眾席上，舞臺在眼前展現，臺灣話傳入耳朵，如此簡單就可以欣賞到藝術，可以清楚地理解其內容（含有政治意味的內容）的藝術，恐怕除了電影就是戲劇了吧！這樣的優勢，那麼它應該比其他任何藝術運動更早發展起來，我對此期盼不已。當然，隨著民眾越來越多地懂得國語，今後，臺詞也要逐漸改用國語。」參見蕭友山、徐瓊二著、陳平景譯：《臺灣光復後的回顧與現狀》，頁 61-62。

附表：戰後初期中國劇作在臺灣演出一覽表

演出日期	演出地點	劇目	編劇	演出團體	備註
1946.1.1	臺北市中山堂	軍用列車 半斤八兩 紅色馬	畢青予 張家潔	陸軍 70 軍政治部	・爲慶祝民國三十五年元旦 ・據中國話劇前輩呂恩（1920-2012）回憶，其就讀國立劇專時曾演《半斤八兩》一劇。
1946.4.25	臺北市中山堂	反間諜	陶熊	陸軍 70 軍政治部劇宣隊	・全部國語對白 ・三幕間諜名劇 ・編劇陶熊爲國立劇校第四屆畢業生
1946.4.28	臺北市中山堂	野玫瑰	陳銓	陸軍 70 軍政治部劇宣隊	・全部國語對白 ・三幕國防名劇
1946.4.30	臺北市中山堂	密支那風雲	徐昌霖	陸軍 70 軍政治部劇宣隊	・全部國語對白 ・四幕戰爭史實劇
1946.7.10-11	臺北市中山堂	河山春曉	吳鐵翼	陸軍 70 軍政治部劇宣隊	・四幕五場喜劇 ・爲加強宣傳及籌募軍中文化工作經費
1946.8.16-18	桃園戲院	野玫瑰 反間諜 藝術家	陳銓 陶熊 熊佛西	陸軍 70 軍政治部劇宣隊	・爲宣慰軍民及加強軍民情感
1946.9.18-20	臺中青年戲院	野玫瑰 反間諜 藝術家 群魔	陳銓 陶熊 熊佛西	陸軍 70 軍政治部劇宣隊	
1946.10.6	嘉義	野玫瑰	陳銓	陸軍 70 軍政治部劇宣隊	・招待嘉義國民黨黨務基層幹部
1946.11.4-6	臺北市中山堂	雷雨	曹禺	臺北市外勤記者聯誼會（青藝劇團協助演出）	・導演蔡莪 ・四幕家庭悲劇 ・贊助劵 100 元、記者之友劵 50 元、入場劵 30 元
1946.11.25-28	臺中市	雷雨	曹禺	臺北市外勤記者聯誼會	・爲臺中市記者公會籌募基金

				（青藝劇團協助演出）	
1946.12.17-19	臺北市中山堂	守財奴	法國劇作家莫里哀原著，居仁（陳大禹）改編	實驗小劇團	‧導演王淮（國語組）、陳大禹（臺語組） ‧為正氣學社國語補習班籌募基金而演。 ‧票價 30、50 元。
1946.12 下旬	臺中市	四姊妹	方君逸（吳天）	臺中民教館戲劇研究社	‧導演張國光 ‧為普及國語而演，免費招待
1946.12.31	省立臺北女子師範學校	醉生夢死	爾蘭劇作家奧凱西原著，沈西苓、宋之的改編	青藝劇團	‧招待長官公署教育處人員 ‧改編愛爾蘭劇作家奧凱西劇作《朱諾和孔雀》
1946.12.31-1947.1.6	臺北市中山堂	鄭成功(海國英雄)	魏如晦（阿英）著、齊懷遠改編	新中國劇社	‧導演歐陽予倩 ‧劇本改編齊懷遠 ‧四幕六場歷史名劇 ‧票價 20、40、60、100
1947.1.1	臺南市延平戲院	國家至上	老舍、宋之的	臺南民教館實驗劇團	‧為慶祝中華民國三十六年元旦暨憲法頒佈大會主席團而演 ‧演員為各機關公務員，觀眾多為本省人 ‧四幕劇 ‧導演莊鏡賢
1947.1.2	臺灣師範學院大禮堂	日出	曹禺	臺灣師範學院話劇研究會	‧該研究會由該校師生組成 ‧國語演出
1947.1.11-16	臺北市中山堂	牛郎織女	吳祖光	新中國劇社	‧導演張友良 ‧劇本改編齊懷遠 ‧四幕七場幻想劇

1947.1.17、18	臺南市 全成戲院	國家至上	老舍、 宋之的	臺南民教館 實驗劇團	・爲籌募臺南地震救濟金公演
1947.1.20-21	基隆 高砂劇場	這不過是春天	李健吾	基隆青年劇社	・導演天河 ・爲慶祝憲法公布演出
1947.1.22（舊曆元旦）起	臺北市 中山堂	日出	曹禺	新中國劇社	・導演歐陽予倩 ・四幕社會悲劇
1947.1.22（舊曆元旦）	臺東 東臺劇場	野玫瑰	陳銓	臺東業餘劇社	
1947.2.11-13	臺北市 新世界戲院	平壤孤忠洪秀全	朱雙雲？	臺北市奮鬥劇團	・該團由國民黨臺北市黨部主辦 ・臺語演出 ・劇團代表人林知命
1947.2.15	臺北市 中山堂	可憐的斐迦	陳治策改編	青藝劇團 實驗小劇團	《可憐的斐迦》改譯自俄國作家雅穆伯的短劇《醉鬼》
1947.2.15-22	臺北市 中山堂	桃花扇	歐陽予倩	新中國劇社	・導演歐陽予倩 ・七幕傳奇劇
1947.7.31 起	臺北市 中山堂	新縣長（刑）	宋之的	國防部新聞局軍中演劇第三隊	・導演陳力群（抗戰時屬演劇五隊） ・隊長董心銘
1947.9.19-24	臺北市 中山堂	原野	曹禺	實驗小劇團	・臺灣文化協進會主辦 ・分國語、臺語二組演出，導演陳大禹
1947.10.20 起	臺北市 中山堂	草木皆兵	夏衍 宋之的 于伶	國防部新聞局軍中演劇第三隊	・臺灣省婦女工作委員會籌募基金公演 ・三幕四場 ・導演司徒陽
1947.10.28-31	臺北市 中山堂	大明英烈傳	于伶	青年軍205師 新青年劇團	・導演謝天 ・五幕歷史名劇 ・爲籌募 205 師官兵福利基金演出，票價 100、200、500
1947.11.9 起	臺北市 中山堂	清宮外史	楊村彬	上海觀眾戲劇演出公司旅行劇團	・五幕歷史宮闈劇 ・導演劉厚生
1947.11.28-30	臺南市	大明英烈	于伶	青年軍205師	

	全成戲院	傳		新青年劇團	
1947.12.6-14	臺北市中山堂	岳飛	顧一樵	上海觀眾戲劇演出公司旅行劇團	・五幕十二場悲壯歷史名劇 ・導演洗群、劉厚生
1947.12	屏東	大明英烈傳	于伶	青年軍205師新青年劇團	
1947.12	屏東	結婚進行曲	陳白塵	省立屏東農校	
1947.12 下旬	屏東劇場	野玫瑰	陳銓	屏東中學	
1947.12.26-31 1948.2-3	臺北市中山堂	雷雨	曹禺	上海觀眾戲劇演出公司旅行劇團	・導演洗群 ・12.24 先爲「臺糖」包場演出，12.25 爲「省黨部」爲慶祝行憲紀念晚會演出
1947	?	國家至上	老舍 宋之的	國聲劇團	・本地新劇團，以臺語演出
1948.1.16-22	臺北市中山堂	愛 (續絃夫人)	英國劇作家平內羅原著，洗群改編	上海觀眾戲劇演出公司旅行劇團	・導演劉厚生 ・爲臺灣學生雜誌社籌募清寒學生助學金而演 ・該劇改編自英國劇作家平內羅之《譚格瑞的續絃夫人》 ・三幕家庭愛情悲劇
1948.1 中旬	臺南	結婚進行曲	陳白塵	青年軍205師新青年劇團	
1948.2.15	臺北市中山堂	未婚夫妻	陳白塵	國防部新聞局軍中演劇第三隊	・導演司徒陽 ・爲紀念第五屆戲劇節演出
1948.2.15	臺北市中山堂	人約黃昏後	施誼改編	上海觀眾戲劇演出公司旅行劇團	・爲紀念第五屆戲劇節演出
1948.2	嘉義朴子榮昌戲院	天未亮 （日出） 南歸	曹禺著、蔡德本改編 田漢	朴子學生聯誼會青雲劇社	・導演蔡德本 ・臺語演出
1948.3.5-12	臺北市中山堂	萬世師表	袁俊 (張駿	上海觀眾戲劇演出公司	・四幕七場教育名劇

			祥)	旅行劇團	・導演劉厚生
1948.3	臺北市 中山堂	裙帶風	洪謨 潘孑農	國立臺灣大學話劇社	・導演陳大禹
1948.3.9 起	臺中市 中山堂	明末遺恨 （葛嫩娘）	魏如晦	國防部新聞局軍中演劇第三隊	・四幕古裝歷史劇 ・導演吳劍聲
1948.3.27-31	臺北市 中山堂	美男子 (雛鳳于歸)	洪謨	國防部新聞局軍中演劇第三隊	・導演司徒陽
1948.4.1-2	屏東 仙宮戲院	沉淵	林柯 (陳西禾)	屏東市立三中	
1948.4.1 起	高雄市 大舞臺	裙帶風	洪謨 潘孑農	青年軍205師新青年劇團	・三幕諷刺喜劇 ・導演董萃
1948.4 上旬	屏東	雷雨	曹禺	省立屏東師範學校	
1948.4.4-7	臺中市	萬世師表	袁俊 (張駿祥)	上海觀眾戲劇演出公司旅行劇團	
1948.4.11-14	雲林虎尾 糖業公司 同樂館	萬世師表	袁俊	上海觀眾戲劇演出公司旅行劇團	
1948.4.21-22	臺南市 全成戲院	群帶風	洪謨 潘孑農	青年軍205師新青年劇團	
1948.4.24		天字第一號 (即野玫瑰)	陳銓	民聲新劇團	・本地新劇團，以臺語演出
1948.4.27-28	臺南麻豆 電姬館	雷雨	曹禺	上海觀眾戲劇演出公司旅行劇團	
1948.5.2-3	臺南市車路墘糖廠招待所禮堂	雷雨	曹禺	上海觀眾戲劇演出公司旅行劇團	
1948.6	澎湖劇場	雷雨 可憐的斐迦	曹禺 陳治策改編	澎湖業餘劇團	
1948.7.11	臺北市省立第一女中禮堂	少年遊	吳祖光	省立一女中學生自治會	・導演崔小萍 ・三幕劇
1948 暑假	嘉義 中山堂	天未亮 （日出）	曹禺著、蔡德本	朴子學生聯誼會青雲劇社	・導演蔡德本 ・臺語演出

			改編		
1948.8.7 起	高雄市 大舞臺	雷雨	曹禺	青年軍 31 軍 新青年劇團	・爲募集巨人月刊基金公演 ・導演東山 ・青年軍 31 軍乃 205 師擴編而成
1948.8.30	臺北市省立第一女中禮堂	結婚進行曲	陳白塵	省立一女中學生自治會	・導演崔小萍
1948.9.3	臺中戲院	雷雨	曹禺	青年軍 31 軍 新青年劇團	
1948.10.30、11.1	臺北市 中山堂	生死戀	趙清閣	省立成功中學	・導演宋岳（本名宋柏泉，崔小萍夫） ・臺灣省博覽會演出節目，獲得學校組第一名
1948.10.31-11.3	臺北市 中山堂	夜店	俄國作家高爾基原著，柯靈、師陀改編	國防部新聞局軍中演劇第三隊	・導演吳劍聲 ・臺灣省博覽會演出節目 ・改編自俄國作家高爾基劇作《在底層》
1948.11 上旬	臺北市 中山堂	女子公寓	于伶	省立一女中	・導演崔小萍 ・臺灣省博覽會演出節目
1948.11.8-15	臺北市 中山堂	文天祥（正氣歌）	吳祖光	國立劇專劇團	・四幕八景歷史古裝名劇 ・臺灣省博覽會演出節目 ・導演洗群
1948.11 中旬	臺北市 中山堂	朱門怨	周彥	省立臺北女子師範學校	・導演金姬鎦 ・臺灣省博覽會演出節目
1948.11.19-23 晚上	臺北市 中山堂	大團圓	黃宗江	國立劇專劇團	・四幕五場喜劇 ・臺灣省博覽會演出節目 ・導演張逸生（曾屬重慶中華劇藝社） ・留臺之國立劇專畢業生崔小萍有參與該劇演出
1948.11.20、	臺北市	狂歡之夜	俄國劇	建國中學學	・導演崔小萍

22、23 下午	中山堂		作家果戈里原著，李丁改編	生劇團暨話劇演出聯誼會	・五幕喜劇，改編自俄國劇作家果戈里之《欽差大臣》 ・臺灣省博覽會演出節目 ・據崔小萍說法，此次執導的尚有《反間諜》一劇
1948.11.29	臺北市中山堂	樑上君子	黃佐臨改編	臺灣省立師範學院戲劇之友社	・臺灣省博覽會演出節目 ・改編自匈牙利劇作家莫納《小偷》的三幕鬧劇
1948.12.2-3	臺北市中山堂	北京人	曹禺	省立臺北女子師範學校	・臺灣省博覽會演出節目
1948.12.11	臺北市中山堂	天未亮(重慶廿四小時)	沈浮	國立臺灣大學話劇社	・臺灣省博覽會演出節目
1948.12.16-19	臺北市中山堂	大馬戲團	俄國作家安德列耶夫原著、師陀改編	國防部新聞局軍中演劇第三隊	・導演陳力群 ・臺灣省博覽會演出節目 ・該劇原名《吃耳光的人》
1948.12	臺灣大學法學院	天未亮（日出）	曹禺著、蔡德本改編	省立臺灣師範學院臺語戲劇之友社	・導演為社長蔡德本 ・臺語演出
1949.1.15-16	省立臺灣師範學院大禮堂	天未亮（日出）	曹禺著、蔡德本改編	省立臺灣師範學院臺語戲劇之友社	・導演為社長蔡德本 ・臺語演出
1949.2	臺北市中山堂	金玉滿堂	沈浮	省立臺灣師範學院人間劇社	・慶祝戲劇節演出節目
1949.2.27	臺北市中山堂	原形畢露	巴蕾原著	國防部聯勤總部軍中演劇第三隊	・導演王小涵（國立戲劇學校第一屆） ・四幕新型喜劇 ・慶祝戲劇節演出節目

1949.3.4-6	臺北市中山堂	蝴蝶蘭（寄生草）	英國劇作家戴維斯原著，馮大綸改編	颱風劇社	・三幕喜劇，由該社社長馮大綸改爲臺灣背景 ・改編自英國劇作家戴維斯的《軟體動物》，洪深改編爲《寄生草》
1949.3.9-13	臺北市中山堂	明末遺恨	魏如晦	國防部新聞局軍中演劇第三隊	・導演吳劍聲（隊長）
1949.3.23-29	臺中市臺中戲院	明末遺恨	魏如晦	國防部新聞局軍中演劇第三隊	
1949.4.1-4	臺北鐵路局禮堂	步步高升（升官圖）	陳白塵	臺灣省立師範學院附中學生會劇團	
1949.4.30-5.1	臺南市全成戲院	明末遺恨	魏如晦	國防部新聞局軍中演劇第三隊	爲慶祝鄭成功登陸臺灣紀念日
1949.5.6-7	省立臺北第一女中	錶	董林肯改編	省立臺北師範附設小學	・五幕六場兒童劇 ・爲籌募兒童福利基金 ・導演周瑛 ・根據蘇聯作家班臺萊耶夫同名小說改編，魯迅翻譯
1949.5.28	？	雷雨	曹禺	藝友新劇團	・本地新劇團，以臺語演出
1949.7.8-10	彰化戲院	雷雨	曹禺	駐彰化裝甲兵獨立戰車第一營特勤隊	・隊長朱貫一爲國立劇專畢業
1949.7.26-27	臺北市中山堂	野玫瑰	陳銓	勘建劇團	・導演孫俠 ・票價 1、2、3 元
1949.7.29-31	臺北市中山堂	狄四娘	張道藩改編	勘建劇團	・改編自法國文學家雨果的《Angelo》 ・導演潘亞懷 ・有京劇演員李薔華、李薇華姊

					妹參與演出
1949.8.7	彰化戲院	火燭小心	包蕾	裝甲兵司令部政工處特勤隊	・隊長董心銘 ・三幕喜劇 ・彰化市獨立戰車一營聯歡會演出，除話劇組演出外外，另有平劇組演出《宇宙鋒》、《掃松下書》二戲
1949.8.3	嘉義中山堂	八十八號間諜		空軍高砲六團鐵花業餘劇社	・即《反間諜》
1949.8.15-22	臺北市 中山堂	密支那風雲	徐昌霖	成功劇團聯合遷臺的「中國電影製片廠」演員合作演出	・四幕國際戰鬥史實名劇 ・團長吳國樑
1949.8.22	臺中軍營禮堂	忠烈圖	潘文	裝甲兵第一團火牛劇團	
1949.8	花蓮市 中華戲院	醉生夢死	爾蘭劇作家奧凱西原著，沈西苓、宋之的改編	萬象影片公司「阿里山風雲」攝影隊	・獨幕劇 ・有電影女星吳驚鴻參與演出
1949.9.1		天字第一號 (即野玫瑰)	陳銓	新天華劇團	・本地新劇團，以臺語演出
1949.9.7-10	臺北市省立第一女中禮堂	野玫瑰	陳銓	勘建劇團	・導演王玨 ・舞監孫俠
1949.9.9	嘉義朴子東和戲院	八十八號間諜		空軍高砲六團鐵花業餘劇社	・即《反間諜》
1949.9.15-20	臺北市 中山堂	清宮外史（光緒親政記）	楊村彬	業餘實驗劇社	・該劇社代表人周雯，導演張國光，劉枋飾慈禧太后 ・演出從晚上八點二十分演到次日凌晨二點二十

					二分 ・有臺聲國樂隊協助伴奏 ・正廳票價 3 元、1.5 元、樓廳票價 2 元、1 元
1949.10.13	臺北市 中山堂	忠王李秀成	歐陽予倩	國防部演劇第三隊	
1949.10.19-23	臺北市 中山堂	三千金	英國劇作家莎士比亞原著，顧仲彝改編	陸軍裝甲兵團司令部政工處特勤隊（三三劇團）	・改編自莎士比亞《李爾王》之四幕倫理悲劇 ・爲籌募陣亡將士遺族教育基金演出 ・演員有崔小萍、龔稼農等 ・隊長董心銘
1949.10.24-31	臺北市 美都麗戲院	青春	李健吾	辛果劇社	・導演孫俠 ・五幕喜劇
1949.10.25	花蓮市 中華戲院	野玫瑰	陳銓	99 軍政工隊	・慶祝臺灣光復四週年
1949.11.1-6	臺北市 中山堂	闔第光臨	洪謨	自由萬歲劇團	・導演孫俠 ・劇團代表人吳戈 ・票價 2、3、4 元
1949.11.2	臺中市 中山堂	黃金萬兩	洪謨	東海話劇團	・爲招待空軍第一大隊及駐防臺中之空軍官兵而演出
1949.11 初	臺北市 新民戲院	火燭小心	包蕾	業餘實驗劇社	
1949.11.7-12	臺北市 中山堂	桃花扇	周彥	成功劇團	・四幕古裝名劇 ・導演王珏 ・票價 2、4、6 元
1949.11.8	臺北市 美都麗戲院	生死戀	趙清閣	青雲劇藝社	・該社屬東南行政長官公署技術總隊 ・五幕
1949.11.20	嘉義市	大馬戲團	師陀改編	醒獅劇團	・爲救濟戡亂戰陣亡官兵眷屬義演

1949.11.24	新莊國小操場	狂歡之夜	李丁改編	駐防新莊之裝甲兵司令部戰車一團政工處	・五幕三場
1949.12	員林戲院	生死戀	趙清閣	裝甲兵司令部戰車二團捷豹劇團	・五幕戡亂話劇
1949.12.12-14	員林青年戲院	火燭小心	包蕾	臺灣空間劇社	・爲協助東北旅臺同鄉會籌募基金 ・四幕喜劇
1949.12.23	臺中中山堂	黑鷹		裝甲兵第三團金鋼劇團	・三幕偵探名劇
1949	臺中市府禮堂	雷雨	曹禺	裝甲兵第一團火牛劇團	
1949	臺中市府禮堂	陽關三疊	周貽白	裝甲兵第一團火牛劇團	
1949		生死戀	趙清閣	裝甲兵第二團捷豹劇團	・導演馬驥
1949		富貴浮雲	袁俊（張駿祥）改編	裝甲兵第二團捷豹劇團	・導演馬驥 ・改編自 1938 年美國電影《浮生若夢》

資料來源：《臺灣新生報》、《大明報》、《和平日報》、《自強報》、《自由日報》、《國聲報》、《中華日報》、《公論報》、《民報》、《天南日報》、《民聲日報》、《全民日報》、《華報》、《自立晚報》、《臺灣電影戲劇史》等。

一個戲劇的公共輿論空間

——戰後初期臺灣報紙的戲劇特刊分析

一、前言

抗戰時期，伴隨著話劇藝術的蓬勃發展，劇評是大後方報紙文藝副刊的重要內容，而副刊的戲劇特刊不僅是戰時的劇評特色，也成爲戲劇批評風向指標的特殊窗口。戰後初期臺灣的報業亦因大陸內戰前國共兩黨和平談判的自由政治氣氛而曾有短暫欣欣向榮、百家爭鳴的景象，受到國家意識型態、現實物質條件、外省報人及其專業思維模式的影響，臺灣的官方、民辦報紙也複製了抗戰時期中國報紙文藝副刊的模式，將彼時在臺灣演出的中國劇作及其演劇活動，透過《和平日報》、《中華日報》、《自強報》等文藝副刊之戲劇特刊介紹給讀者，此不僅促進了臺灣讀者理解和評價祖國劇作，同時並爲其文本、演出注入了特定的意義與價值，使此之公共輿論空間成爲文化認同、呼應時代與政治需要，以及戲劇傳播的重要管道。

民國三十五年 11 月至隔年 1 月的三個月間，計有《和平日報》「新世紀」、《中華日報》「海風」、《自強報》「寶島」、《自由日報》等臺灣報紙文藝副刊刊有針對《雷雨》、《守財奴》、《鄭成功》、《四姐妹》、《國家至上》等五劇的戲劇特刊，此時間短、密度高的戲劇特刊現象呈現出何種的戲劇史意義？不同背景的報紙選擇劇目的標準可有差異？報紙及編輯的政治態度有何作用力？戲劇特刊對於評介中國話劇劇作及演出的實際效果？不見戲劇特刊之後的話劇劇評又以何種形貌出現在報端上？以上問題之釐清，將對理解戰後文化重建措施、中國話劇在臺灣的傳播與影響等議題有所助益。

二、省署時期的臺灣戲劇及戲劇特刊

從二戰結束到民國三十六年二・二八事件發生的一年半裡，擺脫了殖民地命運的臺灣，傳統漢文化開始復甦，而祖國的語言、文化也開始迅速地傳入，迎來了它的文化重建時期。反應在戲劇上，一方面是日治時期臺人知識分子演劇傳統及商業取向職業新劇團的開展，前者如聖烽演劇研究會、人劇座的演出，後者則有國風、臺灣新人、日月星、國聲等新劇團的演出；另一方面則是大陸的職業、軍中話劇團及在臺外省人爲主的業餘話劇團的演出，職業話劇團如新中國劇社、軍中話劇團如陸軍七〇軍政治部劇宣隊的來臺演出，業餘話劇團則如青藝劇團、實驗小劇團、臺北市外勤記者聯誼會、三民主義青年團基隆分團青年劇社、臺中／臺南民眾教育館實驗劇團等之演出。[1]可惜，在國語政策作用及戲劇檢查的嚴密控制下，[2]臺灣劇人面臨的演劇環境較之日治時期要嚴峻許多，儘管有民國三十五年6月「聖烽」的演出、9月底臺灣文化協進會舉辦的演劇座談會，[3]不過，最終在《壁》的第二次演出被禁、《海南島》的劇本送審未過[4]及10月初人劇座的第一回公演之後，臺灣劇人只能無奈地選擇不言、不演，成爲臺灣劇人新劇夢的最終回，這導致了承繼日治以來知識分子藉演劇批評社會的傳統的中斷。[5]

與此同時，臺灣此一中國文化的新生地，中國話劇正是臺灣省行政長官公署（民國三十四年10月25日至民國三十六年5月16日）及來臺外省劇人用以介紹祖國文化、普及國語中文的重要管道利器，而在臺

---

[1] 莊曙綺：〈臺灣戰後四年（1945-1949）現代戲劇的發展概況〉，《民俗曲藝》第151期（2006年3月），頁190-200、235-237。

[2] 關於戰後初期國語政策的推動，可參閱黃英哲：《「去日本化」「再中國化」：戰後臺灣文化重建1945-1949》（臺北：麥田出版社，2007年）第二章「語言秩序的重建──臺灣省國語推行委員會」，頁41-64；戲劇（曲）檢查法令及其實施情形則可參閱徐亞湘：〈管制下的復甦：臺灣省行政長官公署宣傳委員會的戲曲相關法規分析（1945.11-1947.3）〉，《民俗曲藝》第165期（2009年9月），頁5-45。

[3] 臺灣文化協進會於1946年9月27日下午二時至六時舉辦演劇座談會，與會者有協進會理事長游彌堅及臺籍劇人王井泉、楊文彬、洪名堯、柯培墻、吳漫沙、陳棗、賴文進、張秀光等，會中首由游彌堅說明演劇的文化意義及舉辦此次座談會的目的，繼由王井泉陳述臺灣演劇的歷史及現況，最後與會者共同針對如何開展臺灣劇運提出看法。（《民報》，1946年9月28日）

[4] 石婉舜：《林摶秋》，頁126-127。

[5] 徐亞湘：〈省署時期臺灣戲劇史探微〉，《戲劇學刊》第21期（2015年1月），頁77。

鼓動起國語話劇的「臺灣劇運」也成爲在臺外省劇人的目標與理想。二·二八事件發生之前，先後計有陸軍七〇軍政治部劇宣隊、臺北市外勤記者聯誼會、實驗小劇團、臺中民教館戲劇研究社、青藝劇團、新中國劇社、臺南民教館實驗劇團、臺灣師範學院話劇研究會、三青團基隆青年劇團、臺東業餘劇社等之國語話劇演出，[6]透過以外省文化人主導之臺灣報業中的戲劇報導、評論及戲劇特刊，國語話劇演出遂成爲當時臺灣劇壇的主要形象，此忽略使用臺語的本地戲劇演出誠然是歷史的侷限與不幸，但卻也真實地反應了彼時臺灣劇壇以國語話劇爲主導的強勢、傾斜現象。

戲劇特刊亦稱戲劇專輯，是介紹某個戲劇演出的專題欄目，它以報紙副刊爲媒介不定期刊出，一般而言，戲劇特刊是在某劇演出前對該劇的集中介紹批評，以引起讀者的觀看興趣並引導讀者的鑑賞指向。因報紙、編輯的政治立場及審美偏好不同，特刊內容除了難免的廣告宣傳性質之外，不同報紙戲劇特刊選擇刊登哪一個演出也會有所差異。[7]抗戰時期，因話劇的蓬勃發展及濃厚的戲劇氛圍，大後方許多報紙如《中央日報》、《新華日報》、《新蜀報》、《時事新報》等都刊登過戲劇特刊。戰後，隨著黨政軍各派系在臺灣各文化場域的勢力角逐，最明顯的就是對臺灣新聞事業的接收以擴張自身力量，如陳儀（1883-1950）主政的長官公署宣傳委員會接受了日人唯一留下的報紙《臺灣新報》並改爲《臺灣新生報》，國防部新聞局在臺中發行《和平日報》、國民黨中央宣傳部則在臺南創辦《中華日報》，民國三十五年臺灣的報業版圖，此三家黨政軍報分據北中南三區，並形成與其他民營報社競逐的局面。[8]

這些黨政軍報的主筆、編輯多爲來臺的外省文化人，他們多直接移植複製大陸的報紙格局和相關經驗進行編輯，而且嚴守官方立場。民國三十五年 3 月來臺擔任《和平日報》主筆的王思翔，就在其〈臺灣一年〉

[6] 參見徐亞湘：〈戰後初期中國劇作在臺演出實踐探析〉，《戲劇研究》第 12 期（2013 年 7 月），頁 121-164。

[7] 傅學敏：《1937-1945 國家意識型態與國統區京戲劇運動》，頁 193-194。

[8] 何義麟：〈戰後初期臺灣報紙之保存現況與史料價值〉，《臺灣史料研究》第 8 期（1996 年 8 月），頁 90。

一文中回憶當時執筆的態度：

> 此時此際，只能按照南京版（按：《和平日報》總社設於南京）的格局和基調依樣畫葫蘆。換言之，在所有國際國內重大問題上嚴守官方立場。其實這也不太難，因為在全國各地所有官辦和半官辦的報紙，幾乎沒有一家不站在官方立場上說話的，我們（按：指王思翔及周夢江）以前在別處編的報紙也是如此，所以，只要隨時提醒自己不要逾越那條眾所共見的「界線」就可以不致出錯了。[9]

一般版面的編輯報導態度如此，副刊的編輯亦復如是，在照顧讀者的文化需求下，爲了宣傳意識型態、介紹祖國文化、溝通省內外人情感，並推動國語政策及臺灣劇運，多家官方及民辦報紙也都先後在副刊中開闢過戲劇特刊。

戰後臺灣報紙副刊的戲劇特刊，集中於民國三十五年 11 月至隔年 1 月的三個月間刊登，計有《和平日報》、《中華日報》、《自強報》、《自由日報》等四家報紙刊出了曹禺的四幕名劇《雷雨》、法國莫里哀的五幕喜劇《守財奴》、方君逸（吳天）的五幕悲喜劇《四姐妹》、魏如晦（阿英）的四幕歷史劇《鄭成功》（《海國英雄》）及宋之的、老舍合著的四幕抗戰劇《國家至上》等五劇在臺演出的戲劇特刊。這五次演出可以說是戰後初期官方與民間推動國語話劇並藉以展示祖國文化、增進國語學習的初步嘗試，對演出團體、劇目類型、演出評價、觀眾反應及戲劇特刊的進一步分析，當對我們了解彼時話劇發展及報紙做爲戲劇的公共輿論空間的實貌有所幫助。

三、戰後初期臺灣報紙副刊之戲劇特刊內容

（一）黑暗的坑：《雷雨》

戰後來臺接收或工作的外省人中有不少是話劇的愛好者與實踐

[9] 周夢江、王思翔：《臺灣舊事》，頁 20-21。

者。一批派駐臺北的各報外省記者，結合話劇同好，以「推動臺灣的話劇運動」及「鼓起臺灣新的劇運浪潮」爲號召，並爲民國三十五年 10 月 4 日剛成立的臺北市外勤記者聯誼會（以下簡稱外聯會）籌募基金，得外省業餘劇團青年藝術劇社（以下簡稱青藝劇團）[10]的協助，11 月 4 至 6 日在臺北市中山堂演出名劇《雷雨》，[11]這是曹禺（1910-1996）的作品第一次在臺灣演出。雖是業餘性質的演出，但因參與者多有各報記者，演出目的爲的又是籌募他們的外聯會基金，故其獲得相對多的輿論關注。

11 月 4 日首演當天，《和平日報》即刊有標題「臺北市外勤記者聯誼會演出」的專門欄位，[12]內有主辦單位、秧洪二文及雷石榆的讚歌一首。〈外聯會演出「雷雨」的意義〉一文即「演出單位的話」，交代該會籌演原因爲有感光復一年來臺灣的劇運冷清荒聊，臺語話劇又因物質條件的限制而未能開展，所以想要「推動臺灣的話劇運動」、「鼓起臺灣新的劇運浪潮」，並爲甫成立的外聯會籌募基金；秧洪的〈「雷雨」的演員介紹〉，則詳細地介紹了參與此次演出的演員，屬青藝劇團的有白鳳（飾四鳳）、藍星（飾繁漪）、巴侖（飾周萍）、凱尼（飾魯侍萍）燕樹（飾魯大海），屬外聯會的有艾俚（飾魯貴，《新生報》記者）、姚冷（飾周冲，《大明報》記者）、席另（飾周樸園，《和平日報》記者），該文對於以上諸人在大陸時的話劇經驗做了清楚介紹，對讀者認識演出陣容有一定的幫助；而詩人雷石榆的〈「雷雨」讚歌〉則一面批判該劇角色爲時代殘渣的同時，肯定了劇作家曹禺指出真理的光明之路。

11 月 25 至 27 日，外聯會受邀赴臺中爲臺中市記者公會籌募基金演出。[13]首演當日，身爲主辦單位之一的《和平日報》在副刊「新世紀」

---

[10] 青藝劇團在與臺北市外聯會合作演出《雷雨》之後，原規劃第二次公演將演黃佐臨的《樑上君子》，以後再接演陳白塵的《結婚進行曲》及周彥的《桃花扇》。不過，上述演出構想並未得見該團實際演出紀錄。

[11]《大明報》，1946 年 11 月 4 日。

[12]《和平日報》，1946 年 11 月 4 日。

[13] 因演出頗受好評，應各界要求於 11 月 28 日加演一場。（《和平日報》，1946 年 11 月 27 日）

（第 85 期）刊出了「雷雨演出特刊」，[14]登出王思翔、周夢江二人專文。該報副刊編輯王思翔的〈談「雷雨」〉一文，對曹禺《雷雨》劇中角色繁漪、侍萍、周萍、周冲、周樸園、四鳳、魯大海等七人做了細緻精闢的人物分析，並建議讀者需找劇本一讀，尤其不可忽略劇作家在序幕和尾聲的寫作旨趣，另提醒讀者能看出在雷雨過後得見青春的新生才是此劇的啓示重點；該報總編輯周夢江（1922-2012）的〈一群可憐的人物——讀曹禺先生的「雷雨」後〉，則從閱讀曹禺劇作的經驗談起，再帶到《雷雨》一劇的讀後感，文末強調話劇的現實主義精神與功能，突出《雷雨》的時代普遍性，在臺灣亦然。

演出第三天《和平日報》副刊「新世紀」（第 86 期）再刊出夢江、星帆的劇評兩篇，該版雖無該劇專刊之名，卻有戲劇特刊之實。[15]周夢江看過該劇在臺中的演出後寫成〈觀客蕪言——觀「雷雨」上演後〉一文，除了肯定該劇具中國文化、話劇的典範價值，並對促進本省人對祖國文化的認識有益之外，還分別從劇本、舞臺布置，尤其對表演，做了廣泛的審美批評；星帆的〈「雷雨」演出第一夜〉則點出了部分本省觀眾因語言隔閡而離席、穿木屐聲響過大、帶小孩進場哭鬧影響演出等觀劇行爲問題，在推薦該劇值得一觀的同時，對觀眾反應、燈光、音效、化妝、服裝等也提出了批評意見。

（二）靈魂的鏡子：《守財奴》

原福建實驗小劇團成員來臺後結合東南各省在臺劇人恢復了實驗小劇團，爲正氣學社[16]國語補習班籌募基金， 12 月 17 至 19 日於臺北市中山堂分國語、臺語二組演出法國莫里哀的知名喜劇《守財奴》。首演當日，第七〇整編師所屬的《自強報》副刊「寶島」刊出「實驗小劇

---

[14] 周夢江、王思翔：《臺灣舊事》，頁 76-77；《和平日報》，1946 年 11 月 25 日。

[15]《和平日報》，1946 年 11 月 27 日。

[16] 民國三十五年 11 月，為賀國民政府主席蔣中正六秩誕辰而成立，社長為時任臺灣警備總部參謀長的柯遠芬（1908-1997）。

團公演『守財奴』特輯」，[17]內容除了演職員陣容及演出相關訊息外，重點在於雷石榆、姚冷、連碧天的三篇文章。

雷石榆的〈在「靈魂的鏡子」之前〉，作者從世界知名劇作中例舉世人浮沉於錢財漩渦的可笑，再切入《守財奴》一劇此一反照俗物的「靈魂的鏡子」的演出價值；《大明報》記者姚冷的〈現階段戲劇的推動〉一文並未針對《守財奴》一劇的演出進行推介，而是從抗戰時期話劇高度發展的歷史脈絡對比出戰後話劇工作者重心的失落，並期許劇人應提高反映時代現實的意識，以演出向人民展示反對國共內戰的決心；〈再嘗試這一次〉是飾演該劇國語組主人翁阿巴公的連碧天所寫，他自述抗戰時期從事業餘演劇的經驗及心情，以及來臺後得此演出機會的自我期許。

演出第三天《和平日報》、《自由日報》分別刊出了該劇的演出特刊。《和平日報》副刊「新世紀」（第 95 期）刊出了「實驗小劇團公演『守財奴』特輯」，[18]內有陳春江、沈嫄璋、見山三文。身爲演員之一的陳春江〈談此時此地的劇運〉一文，主要在於突出戲劇的教育功能，以及做爲介紹祖國文化及宣達政令的重要媒介，另對本省劇人的發展侷限有相當的同情與理解，所以，爲了達到本外省文化溝通交流的目的，他認爲應強化國語話劇、臺語話劇並重發展的價值，並據此肯定實驗小劇團此次《守財奴》演出分國語、臺語二組的用心；曾在福州參加實驗小劇團的該報記者沈嫄璋，在〈重建「實小」懷英年兄——戲劇界一顆年輕星星的殞落〉一文中欣見該團在臺重建，並回憶彼時的導演吳英年對她在《放下你的鞭子》一劇中演技的指導，以及此國立劇校第一屆畢業的高材生對話劇付出與犧牲的過程；見山〈戲劇爲甚麼是教育的利器？〉一文則對戲劇的教育性進行論述，內容全與《守財奴》演出無涉。

《自由日報》的「實驗小劇團公演『守財奴』特輯」則刊有該劇主創人員王淮、居仁、滄江的三篇文章。[19]該劇國語組導演王淮的〈導演

---

[17]《自強報》，1946 年 12 月 17 日。
[18]《和平日報》，1946 年 12 月 19 日。
[19]《自強報》，1946 年 12 月 19 日。

贅語〉，言及他受陳大禹邀請接下導演職務一個月來的惶恐心情，以及獲得新中國劇社及歐陽予倩（1889-1962）的協助鼓勵表示感謝；以居仁爲筆名的改編者、臺語組導演陳大禹的〈守財奴的改編〉，簡述了他改編此劇的過程及用意；曾在福州參加實驗小劇團的姚滄江〈實驗小劇團簡史〉一文，則細緻地交代了實驗小劇團自福州創團、抗戰時期的巡演及遷址沙縣，再到臺灣復團的過程及人事變遷。

（三）海派劇風：《四姐妹》

依照民國二十五年1月30日頒佈的「臺灣省立民眾教育館章程」而成立的臺中民眾教育館，爲普及國語運動率先組織了戲劇研究會，[20]並於12月19日在臺中戲院演出上海淪陷時期著名編導方君逸（吳天）的五幕劇《四姐妹》，[21]免費招待各界及民眾觀賞。

首演當天，《和平日報》刊出了「四姐妹演出特刊」，[22]除了介紹《四姐妹》的本事及演員陣容之外，還有演出單位臺中民眾教育館的〈演出的話〉，說明爲達民眾社會教育的目的特別組織戲劇研究社並演出《四姐妹》一劇，及招待各界免費觀賞的緣由；周夢江的〈評「四姐妹」〉一文，除了對該劇進行簡介及肯定此次演出對普及國語運動有益之外，實以相當大的篇幅批評方君逸的編劇雖寫抗戰背景，但其脫離現實而流於瑰麗幻想的情節設計是「不可原諒的」，而其題材處理之有欠高明、結構經營失之散漫、人物設計的浮雕化亦使得這個劇本「毫無足取」；而在該劇飾媽媽的演員「白葉」，在〈新女兒經中的四姐妹〉一文中則以演員身分介紹了本劇四姐妹秀蓮、秀芳、秀華、秀容不同的個性，算是一種角色分析專文。

（四）創格完人：《鄭成功》

---

[20] 薛月順編：《臺灣省政府檔案史料彙編：臺灣省行政長官公署時期（三）》，頁373-375。

[21] 1942年4月9-28日，上海藝術劇團（上藝）於上海卡爾登戲院首演該劇，導演司馬英才。參見邵迎建：《上海抗戰時期的話劇》，頁334。

[22]《和平日報》，1946年12月19日。

負責戰後文化宣傳工作的省署宣傳委員會[23]爲推行國語、倡導話劇運動，特別邀請抗戰時期知名的新中國劇社來臺公演，這是祖國第一個具高知名度及藝術水平的職業話劇團體來到臺灣，又因爲有知名劇人歐陽予倩隨行，所以引起了報紙媒體極大的關注。[24]民國三十五年 12 月 31 日至次年 1 月 6 日在臺北市中山堂開演第一檔戲《鄭成功》，這齣戲是左翼作家魏如晦（阿英）在上海孤島時期創作的南明史劇第二部《海國英雄》（1940），[25]這次來臺演出特別由改編者齊懷遠在結尾增加了一段荷蘭受降場面並改劇名爲《鄭成功》。[26]首演當天，計有《和平日報》、《中華日報》及《自強報》等三家報紙刊出該劇的演出特輯。

《和平日報》副刊「新世紀」（第 99 期）刊出的「新中國劇社演出『鄭成功』特輯」，[27]登載了于伶（1907-1997）、何立、吳忠翰（1921-1988）、雷石榆等四人的文章及該劇本事一則。轉載的知名劇作家于伶的〈壯「新中國」臺灣之行〉一文，[28]先爲新中國劇社自昆明復員至上海的途中因翻車致有傷亡表達慰問之意，並憶及他自香港淪陷後回國在桂林受到該劇社溫暖協助的一段往事，最後，期許該劇社面對語言習慣、文化背景、戲劇審美皆異的臺灣，有歐陽予倩此劇界前輩的帶領，帶去真正能適合臺灣同胞觀看並喜愛的作品；何立的〈從昆明到臺灣〉，簡述了新中國劇社的成立背景，以及說明在復員到上海的過程中雖有覆車之災，但仍因對臺灣行的嚮往而積極準備，並帶來深具歷史及地理意義的《鄭成功》一劇以爲獻禮；外省木刻家吳忠翰的〈漫談劇運——爲新中國劇社演出而作〉一文，則先介紹抗戰時期中國藝壇美術主流之外新興的漫畫與木刻發展，繼則述及戰時上海及大後方劇壇分別在喜劇及悲劇、問題劇、歷史劇、抗戰劇等兩條不同路線的發展，最後反

---

[23] 關於該會的討論，可參閱黃英哲：《「去日本化」「再中國化」：戰後臺灣文化重建（1945-1949）》一書第三章「傳媒統制——臺灣省行政長官公署宣傳委員會」，頁 65-79。

[24] 桂林市政協文史資料委員會編：《駝鈴聲聲》，頁 169-174。

[25] 阿英所寫的南明史劇分別是《碧血花》（又名《明末遺恨》、《葛嫩娘》）、《海國英雄》、《楊娥傳》。新中國劇社曾於 1943 年於湖南演出過《海國英雄》一劇（瞿白音導演）。

[26]《和平日報》，1946 年 12 月 18 日。

[27]《和平日報》，1946 年 12 月 31 日。

[28] 該文原先登載在上海《大公報》洪深主編的「戲劇與電影」週刊上。

思抗戰勝利後劇壇停滯發展的困境，並提出劇人應具體研究及創造出適合時代所需的劇本；最後，詩人雷石榆〈戲劇的力量——爲「新中國劇社」在臺灣演出而作〉一文，則先行點明戲劇此綜合性藝術的美學特質，再交代抗戰時期話劇運動的蓬勃開展，最後對新中國劇社能來臺演出並帶來別具意義的《鄭成功》表示歡迎及肯定。

《中華日報》副刊「海風」（第 105 期）則刊出陳春江、余亦凡、何欣三文及本事、編後記各一篇的「『鄭成功』演出特輯」。[29]陳春江的〈鄭成功與「鄭成功」〉爲讀者全面性的簡介了民族英雄鄭成功的身世、事蹟、作者魏如晦的歷史劇寫作、劇情分幕大綱，以及導演歐陽予倩及新中國劇社；余亦凡的〈平凡的道路——新中國的回顧與瞻望〉一文，介紹了新中國劇社成立六年來演出過的四十八齣劇目，並予臺灣行高度自我期許；何欣的〈新中國劇社和臺灣的新文化運動〉則將新中國劇社定位爲介紹祖國新文化的使者、建立臺灣新文化的勁旅，期待臺灣在文化重建的此時，該劇社的演出能發揮最大的功能。

《自強報》副刊「寶島」的「『鄭成功』演出特輯」，[30]除了《鄭成功》的本事介紹外，主要有予言的〈願「新中國」新生〉表達一個新中國劇社成員對該劇社六年來艱苦走來，在新生臺灣的演出「新中國」也同時獲得新生的喜悅；莫禦的〈如是我見——謹祝新中國劇社成功〉一文，則先批評從內地來臺灣考察者過於浮面而未能真正達到彼此瞭解的目的，繼則以舞蹈家戴愛蓮赴青海、西康等少數民族地區採風編舞並能有效文化溝通爲例，期許新中國劇社在臺巡演期間，也能採集民間故事編寫新劇，待回到內地後爲介紹臺灣文化盡力。

（五）族群團結：《國家至上》

臺南民眾教育館實驗劇團於民國三十六年 1 月 1 日在臺南市延平戲院演出宋之的、老舍合著的四幕抗戰名劇《國家至上》，此爲戰後南部

---

[29]《中華日報》，1946 年 12 月 31 日。

[30]《自強報》，1946 年 12 月 31 日。

第一次大規模的國語話劇演出。演員皆爲臺南各機關的本外省公務員，而觀眾中除了外省籍的公務人員之外，大部分皆爲本省人。[31]爲籌募臺南地震[32]災民救濟金，1 月 17 至 18 日該團再於臺南市全成戲院演出同劇。《中華日報》副刊「海風」(第 1.19 期)於 1 月 17 日第二次演出當日刊出「『國家至上』演出特輯」，登有林家楠、李懷紅、阿熊三人專文及本事一篇、演員表一則。[33]

林家楠的〈展開臺灣的新生劇運——並介紹臺南實驗劇團的演出〉一文，簡述抗戰時期話劇的發展及教育、社會功能，繼則提出光復一年來七〇軍政治部、實驗小劇團、新中國劇社等之話劇演出的觀察，最後對臺南實驗劇團再次搬演《國家至上》對本地劇運發展的意義深表期許；劇團成員之一的李懷紅在〈關於「國家至上」的演出〉一文則申明在本外省人仍有隔閡的此刻，演出強調回漢融合的《國家至上》實有「溝通本外省人情感的橋樑，使臺胞對祖國加深認識」的重大意義；而臺南民眾教育館阿熊的〈戲劇藝術門外談〉，在強調戲劇此綜合性藝術是社會教育利器的同時，更點明了該團乃是結合本外省戲劇愛好者共同組成的演員結構。

四、這些人與文：戰後初期報紙戲劇特刊分析

觀察戰後初期報紙刊出的十一次戲劇特刊，可以發現推出者多爲黨／軍報紙，而作者幾爲外省文化人、內容乃劇本／演出介紹多於劇場批評、反應／改造現實的主導原則等則爲其三個特色。

臺灣光復至二・二八事件發生此「報業自由化時期」，有超過二十家日刊報紙創刊，[34]或因報紙理念性質、版面張數、報社規模的不同，

---

[31]《中華日報》，1947 年 1 月 4 日。

[32] 指民國三十五年 12 月 5 日發生於臺南新化芮氏規模 6.1 的地震，造成 74 人死亡，被稱為臺南地震、新化地震。

[33]《中華日報》，1947 年 1 月 19 日。

[34] 何義麟：〈戰後初期臺灣報紙之保存現況與史料價值〉，《臺灣史料研究》第 8 號（1996 年 8 月），頁 89-93、97；臺灣省行政長官公署宣傳委員會編：《臺灣一年來之宣傳》，頁

曾推出戲劇特刊者僅有國防部宣傳處所轄的《和平日報》[35]、駐防臺中七〇整編師政治部的《自強報》[36]、屬國民黨中央宣傳部的《中華日報》[37]等三家分屬軍、黨的報紙及民營的《自由日報》[38]。而直接隸屬長官公署宣傳委員會的《臺灣新生報》從未刊登戲劇特刊倒是特別，尤其新中國劇社由其邀請來臺演出是爲當時劇界大事，或許在副刊編輯方向的定位考量下，此該會機關報在一般報導對其之密集處理和每週六出刊的「電影戲劇」版多有披露，已能滿足讀者所需也是可能。[39]

（一）作者幾為外省文化人

刊文在彼時戲劇特刊上並有署名的作者二十人中，扣除使用筆名且難以查考者，除了知名劇作家于伶是自上海轉發舊稿外，其他作者皆爲來臺的外省籍文化人士。在那個積極進行中國文化重建、本外省人情感尚有隔閡、臺籍人士還不具備中文書寫能力的年代，這個現象似乎不難理解，更屬必然。

當時來臺的文化人大多從事新聞工作，除了通過臺灣各報的介紹、報導大陸文化和實際的情況外，也肩負著向大陸發送臺灣消息的任務，

26-33。

[35] 該報前身為駐防臺中的七〇軍政治部「掃蕩簡報班」，負責人是李上根上校，民國三十五年5月5日創刊，該報結合大陸來臺（王思翔、周夢江、樓憲）及本土（如謝雪紅、楊克煌、林西陸、楊逵）的左翼人士，加上臺中文化界人士的支持，報紙內容水準頗高。二・二八事件後因「事變期間言論反動，煽動叛亂」的罪名被查封。

[36] 創刊於民國三十五年8月6日，報社設於基隆，為駐防臺中第70整編師（原第70軍）政治部的機關報，社長為該師政治部主任周漢儀（周莊伯）少將，主編顧培根。

[37] 創刊於民國三十五年2月20日，報社設於臺南，社長為盧冠群，主編余棘，主筆有丁文樸、林世璋等人，為國民黨中央宣傳部在臺的機關報，隸屬省黨部，意識型態「黨國」、「反共」色彩明顯。

[38] 創刊於民國三十五年12月1日，報社設於臺中，屬晚報性質，負責人為黄悟塵（二・二八事件後遭槍決），主編路世坤（1957年因黄爾尊匪諜案入獄）。

[39] 如新中國劇社演出《鄭成功》之前，《臺灣新生報》的「電影戲劇」版（第29期）即刊有歐陽予倩〈關於「鄭成功」的演出〉、心如〈漫談話劇・觀眾・社會：寫在「新中國劇社」演出之前〉、蔡荻〈歷史劇與「鄭成功〉、見山〈民眾演劇論〉等四篇長文及該劇本事，篇幅佔了該版三分之二。（《臺灣新生報》，1946年12月28日）隔週在《牛郎織女》演出前，第30期的「電影戲劇」版又刊出吳祖光〈夢和現實：「牛郎織女」寫作後記〉、蔡荻〈逃避現實與創造現實〉二文，以及該劇本事及樂譜。

他們是真正背負著交流的重任。[40]這也是爲什麼登文於戲劇特刊上可查考的作者中多爲新聞界人士的原因，如雷石榆、王思翔、周夢江、沈嫄璋、吳宗翰、姚冷等人。

詩人雷石榆（1911-1996）爲廣東台山人，他留學日本時曾參與中國左翼作家聯盟東京分盟，抗戰時主要在昆明、福建等地從事抗敵文藝工作。民國三十五年受邀來臺擔任高雄《國聲報》主筆兼副主編，在戲劇特刊上刊出的三文皆爲此身分所作，於臺灣大學任教及與舞蹈家蔡瑞月結婚則是隔年之事。民國三十五年 9 月因政治迫害遭驅逐出境，回返大陸。在臺籍共產黨人蘇新的眼中，他是「對本地人沒有優越感，不歧視本地人，愛惜本地人，真實地要爲本地文化工作的外省文化人」之一。[41]

王思翔（1922-2011）又名張禹，浙江平陽人，與周夢江（本名周大川）同鄉且是姑表兄弟關係。民國三十五年 3 月一同來臺參與臺中《和平日報》的籌設工作，他們都是對共產黨較有好感且能站在臺灣人民立場發言的國民黨員，[42]創刊後他任主筆，周任編輯主任，王周二人的文章皆是此時之作。二・二八事變後二人恐受牽連，民國三十六年 3 月分別逃離臺灣，在臺時間僅僅一年。

沈嫄璋（1916-1966），福建莆田人，抗戰時期與夫姚勇來（姚隼，福建莆田人）曾參加福建實驗小劇團以及臨時省會永安的劇團活動。因其有記者經歷，民國三十五年秋天來臺後先任《和平日報》記者，並與夫參與了實驗小劇團的重建工作，[43]後任《臺灣新生報》記者，民國五十五年被指爲匪諜死於獄中；吳忠翰（1919-1988），廣東豐順人，受魯迅藝術思想影響而爲木刻畫家，來臺前曾在廈門大學組織中國木刻研究

---

40 橫地剛：《南天之虹：把二二八事件刻在版畫上的人》，頁 129。

41 橫地剛：《南天之虹：把二二八事件刻在版畫上的人》，頁 86、339。

42 周夢江、王思翔：《臺灣舊事》，頁 119；徐秀慧：《戰後初期（1945-1949）臺灣的文化場域與文學思潮》，頁 241。

43 姚勇來來臺後曾擔任省署宣傳委員會幹事（薪俸 200）、新聞室科員等職，後長期擔任《臺灣新生報》編輯，後因白色恐怖受難繫獄 9 年。參見蕭富隆等編：《臺灣省行政長官公署職員輯錄（一）》，頁 292。

會廈大支會，來臺後任《人民導報》副刊編輯，並與吳乃光、黃榮燦等人交往密切，[44]民國三十七年夏回返廈門；《大明報》的記者姚冷，抗戰時期他在東南各省導戲、編劇、演戲，並曾於外聯會演出《雷雨》一劇時擔任舞臺監督及飾演周冲一角，[45]同時，他也是青藝劇團的代表人。

與沈嫄璋同爲實驗小劇團成員的撰稿人尚有姚滄江、居仁和連碧天。姚滄江本名姚少滄（1918-？），江蘇南京人，抗戰前在福州參與實驗小劇團的組建，後至重慶參加教育部劇教三隊宣傳演出，後再回閩工作，[46]民國三十五年冬來臺，擔任省署宣委會電影攝製場幹事，[47]並參與實驗小劇團組建，且於《守財奴》一劇中擔任演員、燈光等職，至遲於民國三十七年返回大陸；居仁則爲陳大禹（1916-1985）的化名，陳爲福建漳州人，抗戰時期參加福建實驗小劇團、浙江中心劇團的巡演，民國三十五年 7 月來臺，11 月組建實驗小劇團並於《守財奴》一劇中擔任臺語組導演，民國三十八年 4 月四六事件後，陳衡量局勢，決定離臺返回中國；[48]連碧天即陳春江，[49]戰後初期來臺後服務於臺電，[50]在實驗小劇團的首部作品《守財奴》中擔任舞台監督及飾演主角阿巴公。

在戲劇特刊上撰文的在臺外省文化人中，何欣（1922-1998）則較爲特殊。他是時任省署教育處國語推行委員會副主任委員何容（1903-1990）的長子，國立西北師範學院英語系畢業。民國三十五年 3 月隨父親來臺後，一直與臺灣文壇關係十分密切，後曾主編《公論報》文藝副刊，並曾任國立編譯館編審、政治大學西語系、臺灣師範大學英語系教授。

---

[44] 橫地剛：《南天之虹：把二二八事件刻在版畫上的人》，頁 137-39。吳乃光、黃榮燦二人於 1952 年底因「吳乃光等叛亂案」被槍決處死。參見李敖審定：《安全局機密文件歷年辦理匪案彙編》，頁 127-129。

[45]《和平日報》，1946 年 11 月 4、27 日；《自強報》，1946 年 11 月 4 日。

[46]《自由日報》，1946 年 12 月 19 日。

[47] 蕭富隆等編：《臺灣省行政長官公署職員輯錄（一）》，頁 291。

[48] 關於陳大禹，可參閱邱坤良：《漂流萬里：陳大禹》一書。

[49] 張南雷：〈雷雨以後的臺灣劇潮〉，《和平日報》，1946 年 12 月 20 日。

[50] 邱坤良：《漂流萬里：陳大禹》，頁 60。

（二）劇本／演出介紹多於劇場批評

民國三十五年12月31日《中華日報》副刊「『鄭成功』演出特輯」的編後語言道，刊出該戲劇特刊的目的在於「向大家盡一番介紹的責任」，[51]這頗能點明戰後初期各報戲劇特刊的主要功能，而刊出戲劇特刊的時間多選在首演日當天，廣告宣傳的意味亦不言可喻。除了主動邀稿或撰稿之外，也有演出團體以私誼拜託撰文以爲宣傳的情形，[52]這樣的文章絕對地淪爲推介性質自屬當然。

戰後國語話劇演出的目的，不外介紹祖國文化、移植祖國優秀文化果實、推行國語、倡導話劇運動、慰問臺胞等，既是如此，面對對祖國文化仍有相當隔閡的臺灣民眾／讀者而言，自然需將「介紹認識」置於首位，並期待透過演出能達到「溝通瞭解」的目的。而且，當時的國語話劇演出多爲來臺外省劇人所組織之業餘劇團、地方之民眾教育單位，甚至是省署宣委會所主辦，[53]演出目的除了介紹祖國文化、推行國語之外，還有爲某單位或災民募款之公益性質，所以，以外省文化人主導的官方報紙相當樂於支持並予專版報導。

當時十一個戲劇特刊中刊有三十一篇專文，介紹劇本、劇團、演員、演出並提出期許的文章就高達二十八篇，僅有一文（周夢江〈評「四姐妹」〉）屬於戲劇文本批評，二文（周夢江〈觀客蕪言——觀「雷雨」上演後〉、星帆的〈「雷雨」演出第一夜〉）屬於戲劇演出批評。在介紹劇本、劇團、演員、演出的文章中，這些外省籍的作家高比例的談到抗戰時期中國話劇的發展，以及這五齣戲在大陸演出受歡迎的情形與在臺灣演出的意義，透過文字得見企圖將中國話劇傳統在臺灣延續，以及亟欲

---

[51]《中華日報》，1946年12月31日。

[52] 1946年12月31日《自強報》的莫槼〈如是我見——謹祝新中國劇社成功〉一文，明確言及該文乃「承新中國劇社感情索稿」而作。

[53] 刊有戲劇特刊的5次演出，演出團體青藝劇團、實驗小劇團、省立臺中民眾教育館戲劇研究社、新中國劇社、臺南市民眾教育館實驗劇團等皆向省署宣委會登記在案，演出劇本除《雷雨》外，《守財奴》、《四姐妹》、《鄭成功》及《國家至上》亦都通過宣委會審核。參見呂訴上：〈光復後的臺灣劇運：臺灣省行政長官公署時期〉，《臺北文物》第3卷第3期（1954年12月），頁78-83。

鼓動起臺灣話劇運動的熱情。而文本及演出批評的嚴重匱乏，實則折射出特定時空中國話劇環境的實貌，在國語話劇的演出尚處起步階段、劇本創作還未開始、難見具備戲劇專業修養人才的彼時臺灣，戲劇批評的風氣的確難以形成。如果說劇評文字並不單單在於幫助讀者理解和評價戲劇演出，更應注入意義價值和藝術見解，並使讀者形成對此一價值見解的認同的話，戰後初期的臺灣話劇劇壇，完全不具備形成此標準劇評的條件。

（三）反應／改造現實的主導原則

民國三十五年，來臺的木刻家黃榮燦（1920-1952）於其〈新現實主義美術在中國〉一文中言：

> 這課題是歷史給予我們的，歷史要我們完成它，而同時，我們也要完成這新現實主義的美術歷史。在這滿目創傷的中國，歷史不允許藝術黑暗時代的野獸派、立體派、未來派在中國存在。歷史卻要新的現實主義的美術在中國茂盛，因為我們應該非服務現實的理想，去改造現實生活中的一切，提高到一個健壯的全體不可。[54]

他的藝術觀點在相當程度上反映出承繼抗戰時期文藝經驗的來臺外省文化人的態度。反應並改造現實的理想與主導原則，在戰後戲劇特刊的文章中享有獨尊的位置，與抗戰時期不同的只不過是從民族安危、國家存亡的時代命運過渡到祖國認同、溝通情感的時代需要而已。

民國三十五年元月，臺南市民教館實驗劇團演出宋之的、老舍的《國家至上》時，就有代表演出單位的李懷紅在戲劇特刊的文章內，將該劇抗戰時強調回漢二族團結共同抗日的題旨，與本外省人情感融合、加深對祖國認同、化解隔閡國家至上等現實問題進行呼應：

> 「國家至上」這次搬上臺灣的舞台來演出，是有著深切的意義

[54] 黃榮燦：〈新現實主義美術在中國〉，《臺灣文化》2（3），1947年3月1日。轉引自橫地剛：《南天之虹：把二二八事件刻在版畫上的人》，頁111。

> 的，在目前溝通本外省人感情的融洽是一件刻不容緩的工作。事實上在本省光復初期，為了語言上的隔閡，以及一部份不法官吏的貪污行為，因而引起臺胞的反感，……把抗戰史實中政治鬥爭最艱鉅最悲壯的一頁，在舞台上再現，使臺胞認識祖國的偉大，與民族性的倔強，以及粉碎法西斯匪徒及其走狗們的挑撥離間的陰謀。……讓「國家至上」做為溝通本外省人情感的橋樑，使臺胞對祖國加深認識，……[55]

而外聯會與青藝劇團於民國三十五年 11 月演出《雷雨》時，《和平日報》編輯周夢江亦將該劇對舊封建的批判，與期許臺胞祖國印象的扭轉、該劇對彼時臺灣的現實意義進行對應：

> 在臺灣，在這剛剛開始接受祖國文化的臺灣，一切舊中國的低級、庸俗的文化，正在這裡找到新地盤開始猖狂的時候，有這麼好的劇本——「雷雨」適時的演出，是有著不可估計的意義的。第一它可以改變本省人過去對祖國文化的印象，不以為中國的文化都是舊垃圾……「雷雨」的演出，總算是提供了中國新藝術的一面，使本省同胞注意並且覺得值得做為榜樣。第二就劇本的內容說，它暴露出中國舊封建家庭的黑暗，很可以給本省同胞做一面鏡子。[56]

當現實主義成爲檢視文藝作品唯一的丈量標準時，當然同時表現了對其他內容形式的排斥。臺中民教館戲劇研究社演出《四姐妹》時，周夢江就對該劇劇本的「脫離現實」提出嚴厲批評：

> 這個故事想得太美了，正如作者對抗戰時期中男女愛情問題很樂觀的看法一樣，……這種美麗的想法和樂觀的看法不是一個身經八年抗戰的人所能想像的，而一個真正參加抗戰的作家，也絕不會這樣去把握主題。……不知道作者是忘記了抑或是故意忽視了這種殘酷的現實，他自我陶醉於美麗的幻想中，設想出這麼一個完全脫離現實的故事。可能的是，作者僅為了使特殊階級得到消

---

[55]《中華日報》，1947 年 1 月 17 日。

[56]《和平日報》，1946 年 11 月 27 日。

> 閑，便不惜以錯誤的主題來歪曲現實，侮辱了艱苦的八年抗戰，並且蒙蔽了麻醉了大多數觀眾。這一點，我們是不能原諒作者的。[57]

《四姐妹》出自上海淪陷時期的劇作家方君逸（吳天）之手，由於特定時代所限，在日本統治下，避開敏感政治而寫通俗喜劇遂成爲當時上海的劇作及演出特色，尤其方君逸的作品，素以熱鬧、風趣、緊湊、輕快的風格著稱而受歡迎。[58]在關注戲劇內容和主題的現實意義、力圖將戲劇與時代相聯繫，並成爲褒貶評價的唯一標準時，[59]原先方君逸劇作的優點都將成爲單一檢視標準下被忽略的缺點。當然，對劇作主題現實意義呼應的過度傾斜，一定會導致難以對演出水平進行藝術要求，在此語境下，難怪當時的戲劇特刊中審美批評有嚴重的邊緣化情形。

五、結語

民國三十五年 11 月至隔年 1 月三個月間五齣國語話劇的演出，是七〇軍政治部劇宣隊的巡演之外，中國話劇在臺灣民間較具規模的正式展示，時間雖短，但每齣戲皆別具意義，如《雷雨》以中國話劇名作範式登臺、《守財奴》是外省劇人以國臺語二組分別演出改譯劇的嘗試、《鄭成功》是祖國話劇藝術代表的來臺首部獻禮、《四姐妹》與《國家至上》則是地方政府民眾教育館推行國語的首選劇目。當時以外省文化人主導的官方、民營報紙對此皆給予相當關注，並多有開闢戲劇特刊專版介紹者，此時間短、密度高的戲劇特刊現象呈現出新政府對國語話劇在新生臺灣的推動力度及新聞界的支持度，話劇藝術因而得到密集宣傳及形象塑造。但又因撰文者多爲外省進步文化人，尤其是其中具備左派背景及福建籍的外省撰稿者之思想和言論，使其輿論空間的公共性得以發揮；而黨／軍／民間不同背景的報紙選擇劇目的標準則看不出來有所差

---

[57] 《和平日報》，1946 年 12 月 19 日。

[58] 錢理群主編：《中國淪陷區文學大系・戲劇卷》，「總序」頁 60、「導言」頁 16-17。

[59] 傅學敏：《1937-1945 國家意識型態與國統區戲劇運動》，頁 178。

異，反而報社因所在地之故更多地關注地方演劇活動是一普遍現象，如臺中的《和平日報》以三個戲劇特刊評介《雷雨》、《四姐妹》在臺中的演出、臺南的《中華日報》則刊出臺南民教館實驗劇團《國家至上》演出的戲劇特刊等。

彼時開闢戲劇特刊最爲積極的是《和平日報》，十一個戲劇特刊中就有六個是該報刊出，此當與該報編輯王思翔、周夢江爲左傾進步文人的背景有關。他們承繼 1930 年代及抗戰時期得到充分發展的現實主義文藝美學並展現在其編輯理念上，[60]多次規劃戲劇特刊除了有祖國文化介紹的目的外，相信此亦是其做爲對臺灣現實進行批判的利器。二・二八事件後，臺灣報紙副刊已不見戲劇特刊的規劃，當然像陳春江於《守財奴》演出時提出「應強化國語話劇、臺語話劇並重的價值」、莫禦在《鄭成功》演出時批評「從內地來臺灣考察者過於浮面而未能真正達到彼此瞭解的目的」等珍貴言論更是難以得見。此後國語話劇演出雖日益活絡，但其相關訊息、評論則多散見在各報的不同版面，話劇演出已難再集中評述及形塑意義了。

本文微觀地對戰後初期臺灣報紙戲劇特刊進行探究，分析並延伸出演劇與傳媒關係、中國話劇藝術傳播、戰後臺灣的文化重建等議題，續予關注，將有助於對臺灣戲劇史、中國話劇史研究的深化。

[60] 徐秀慧：《戰後初期（1945-1949）臺灣的文化場域與文學思潮》，頁 143。

進步文藝的示範
戰後初期曹禺劇作於臺灣演出史探析

一、前言

曹禺爲中國傑出的戲劇家，是中國話劇的奠基人之一，其劇作如《雷雨》、《日出》、《原野》、《北京人》等爲中國劇壇歷演不衰的名作。曹禺劇作演出史的相關研究成果在大陸已多有積累，但在臺灣的部分則一直乏人關注，無論就中國話劇史抑或臺灣戲劇史研究，此部分的補白及其分析實有其必要性與重要性。

戰後初期，[1]臺灣省行政長官公署（以下簡稱「長官公署」）及之後的臺灣省政府，爲達「文化重建」（cultural reconstruction）的目的，[2]引進多個大陸職業話劇團體來臺演出，如新中國劇社（1946）、上海觀眾戲劇演出公司旅行劇團（1947）及國立南京劇專劇團（1948）等，加上來臺之外省劇人所組織之業餘劇社、軍中話劇隊及熱絡的校園演劇活動，大批五四以降及抗戰時期的中國優秀劇作得以展演在臺人面前，這裡面當然包含曹禺的《雷雨》、《日出》、《原野》及《北京人》等作品。據臺灣前輩劇人呂訴上言，他們的演出「是含有『示範』的意謂，使臺灣劇人和觀眾看到符合大陸話劇演出水準的戲。」[3]

曹禺的劇作因戰後初期兩岸的分合際遇及進步文藝的「示範」之姿，曾短暫地於臺灣的舞臺上展露光芒，之後則因兩岸的政治對立隔絕而不爲臺灣民眾所熟知長達四十餘年。本文即以 1945-1949 年爲研究時間段落，以當時各報相關報導、評論爲主要研究資料並參考當代相關研

---

[1] 對於此一歷史段落，臺灣學界普遍認定為 1945 年 10 月 25 日國民政府正式接收臺灣，至 1949 年 12 月國府因國共內戰敗退到臺灣為止的期間。此期間又可以行政組織重編為界，區隔成臺灣省行政長官公署時期（1945-1947）和臺灣省政府時期（1947-1949）兩個階段。

[2] 關於戰後初期國府在臺建立以中國文化為中心的「文化重建」諸多作為的討論，可參閱黃英哲：《「去日本化」「再中國化」戰後臺灣文化重建（1945-1947）》一書。

[3] 呂訴上：《臺灣電影戲劇史》，頁 365。

究成果，試圖釐清當時曹禺劇作在臺灣演出的情形爲何？對臺灣戲劇發展有何影響？當時臺籍劇人、觀眾對曹禺劇作演出的接受情形？彼時之時局與文藝政策對曹禺、左翼劇作得以搬演可能有何作用力？透過曹禺劇作演出的國族想像等諸多問題。期盼透過本文的討論，對臺灣戰後戲劇史、中國話劇史及曹禺研究的補充與深化有所助益。

二、戰後初期曹禺劇作於臺灣演出概況

1945 年至 1949 年的戰後初期四年間，臺灣的戲劇演出活動相對熱絡，除了文化取向的知識分子演劇因劇本審查制[4]及「二二八事件」[5]而受到嚴重的挫折與打擊之外，無論是娛樂取向的民間職業新劇演出、大陸話劇團的旅臺演出、軍中演劇隊演出，以及民間業餘話劇團及校園演劇等相關活動，[6]皆呈現出一種回歸中國後「新生」的蓬勃氣氛。

爲使甫脫離日本殖民的臺灣人能儘早認識祖國文化、學習國語，話劇亦成爲彼時國府在臺文化施政「去日本化」與「再中國化」之「文化重建」的一環與利器。透過來臺之大陸話劇團、業餘劇人及教師、學生，當時大陸知名劇作家如曹禺、田漢、陳白塵、沈浮、黃佐臨、吳祖光、宋之的、楊村彬、阿英（魏如晦）、于伶、顧一樵、李健吾、黃宗江等人的作品，都在戰後四年中被引介來臺演出，並藉校園演劇在高中及大專院校中散播開來。[7]其中，又以曹禺的作品演出比例最高，而其中又以《雷雨》和《日出》二劇最常被搬演，《原野》和《北京人》則有零星的演出紀錄。

[4] 長官公署時期臺灣的劇本審查制度相關討論，可參閱徐亞湘：〈管制下的復甦：臺灣省行政長官公署宣傳委員會的戲曲相關法規分析（1945.11-1947.3）〉，《民俗曲藝》165，頁 5-45。

[5] 1947 年 2 月 27 日因查緝私煙失當而引發的臺灣民變，其根本原因在於國民政府接收臺灣後諸多不當措施所累積的民怨所導致，後隨軍隊的來臺鎮壓，加上其後的綏靖、清鄉，終使二二八事件成為臺灣的政治禁忌及之後島內省籍摩擦的重要源頭。

[6] 戰後初期臺灣現代戲劇的發展概況，可參閱莊曙綺：〈臺灣戰後四年（1945-1949）現代戲劇的發展概況〉，《民俗曲藝》151，頁 185-251。

[7] 相關討論參見徐亞湘：〈戰後初期中國劇作在臺演出實踐探析〉，《戲劇研究》第 12 期（2013 年 7 月），頁 121-164。

（一）搬演次數最多的《雷雨》

曹禺劇作在臺的最初面世其實是電影而非在劇場舞臺。民國三十五年 7 月，有電影《原野》在臺灣短暫上映，[8]不過，當時片名被電影院老板改爲「似是而非，未免有點滑稽的」《脫獄》，而且宣傳看板上竟標上「廣東實事奇怪復仇篇」這樣偏離事實，但又頗合當時臺灣觀眾喜觀改編紀實新聞之戲劇審美趣味的廣告用語。

光復一年以來的臺灣劇界發展，除了聖烽演劇研究會、人劇座各一檔的知識分子演劇之外，[9]餘皆爲娛樂取向的職業新劇團、歌舞劇團之商業巡演及臺語業餘演劇。在當時對臺灣戲劇傳統不甚瞭解的來臺大陸文化人眼中，普遍認爲彼時臺灣的「話劇」發展「沉悶的很，劇壇上也冷冷清清的，荒聊極了」。是故，在民國三十五年 9 月臺北市外勤記者聯誼會[10]（以下簡稱「外聯會」）成立之初，即爲「推動臺灣的話劇運動」、「鼓起臺灣新的劇運浪潮」、「籌募外聯會基金」等目的，[11]而首度將《雷雨》一劇搬上臺灣舞臺。11 月 4-6 日，由新聞界的外省戲劇愛好者聯合外省人所組之業餘劇團「青年藝術劇社」，在臺北市「中山堂」演出三場，這是曹禺之名爲臺人認識、熟悉的開始。

以祖國一流劇作家之代表作，向臺灣人展示祖國話劇藝術堅實的典範，是「外聯會」演出《雷雨》的重要意義所在。時任長官公署宣傳委員會電影攝製場場長的白克[12]即在報端言及：

---

[8] 〈一週影評〉，《臺灣新生報》，1946 年 7 月 27 日。該片導演岳楓（1910-1999），亦曾導過曹禺之另一劇作《日出》，而仇虎、金子由銀幕夫妻王引和袁美雲分別飾演，嚴雯飾焦大媽，韓蘭根飾白傻子。

[9] 1946 年 6 月 9 至 13 日聖烽演劇研究會於臺北市「中山堂」演出《壁》、《羅漢赴會》；1946 年 9 月 29 日至 10 月 3 日人劇座於臺北市「中山堂」演出《醫德》、《罪》。關於此二檔演出之研究，可參閱藍博洲《宋非我》及石婉舜《林摶秋》二書。

[10] 1946 年 9 月 14 日由派駐臺北的外勤記者和本省記者楊靜明、余滌之、姚冷、蔡荻、吳漫沙、林世璋等 15 人為「聯絡情感、研究學術、交換新聞、融合本省外省記者情感」而發起成立。（姚冷：〈外勤記者的大結合〉，《大明報》，1946 年 9 月 23 日）

[11] 〈外聯會演出「雷雨」的意義〉，《和平日報》，1946 年 11 月 4 日。

[12] 白克，1915-1964，福建廈門人，廈門大學畢業，臺灣光復受聘擔任長官公署宣傳委員會專員兼電影攝製場場長，後於電影導演及影評多有表現，1964 年死於白色恐怖。

> 臺灣光復已經一年，話劇運動卻一直貧乏得很，以量說，公演次數不到五回，在質方面，水準實在也太差。一年來，先後從內地來的幹戲朋友已不少，大家談起來，總希望能夠把臺灣沈悶的戲劇空氣攪得熱鬧些，……以「雷雨」這樣一個堅實的戲來和臺灣觀眾見面，實在是件十分可喜的事。[13]

或因參與者的新聞專業背景，或因享譽中國內地的《雷雨》首次在臺演出，當時各公民營報紙競相針對該劇之劇作家、劇本、演員、「外聯會」演出該劇之意義等進行報導，甚至國防部宣傳處發行之《和平日報》還有整版的「雷雨演出特刊」，[14]之後亦有數篇相關劇評登載。[15]「臺北的文化界人士、戲劇愛好者，尤其是外省同胞大享了眼福」，[16]因《雷雨》在臺北的成功演出，接著受臺中市記者公會之邀，於月底赴臺中演出三場，儘管「一般本省人雖以言語（按：國語）不能完全領略」[17]，但演出成績依然不錯而再展延加演一天。

繼外聯會和青藝劇團支援的業餘演出之後，民國三十六年 12 月 26-31 日及隔年 1 月 2-3 日，受臺灣糖業公司邀請來臺的上海觀眾戲劇演出公司旅行劇團（以下簡稱「上旅」），在臺北市「中山堂」演出了第三檔戲《雷雨》。[18]因該團爲抗戰期間國民黨中央宣傳部中央電影製片場的中電劇團（張駿祥領導）與抗戰勝利後之上海苦幹劇社（黃佐臨領導）合組的職業劇團，[19]團中名演員如林，如耿震、沈揚、陽華、路曦（楊

---

[13] 白克：〈開展臺灣的劇運——祝「雷雨」的演出〉，《和平日報》，1946 年 11 月 6 日。（底線為筆者所加）

[14] 〈新世紀〉專欄第八十五期，《和平日報》，1946 年 11 月 25 日。

[15] 夢江：〈觀客蕪言——觀「雷雨」上演後〉，《和平日報》，1946 年 11 月 27 日；星帆：〈「雷雨」演出第一夜〉，《和平日報》，1946 年 11 月 27 日。

[16] 吳克泰：《吳克泰回憶錄》，頁 178。外省同胞大享眼福之因在於該劇的舞臺語言為國語，演出形式為他們熟悉的話劇表演。

[17] 〈「雷雨」演出成績良好/各界要求展期一天〉，《和平日報》，1946 年 11 月 27 日。

[18] 前兩檔戲為《清宮秘史》（編劇楊村彬、導演劉厚生）和《岳飛》（編劇顧一樵、導演洗群、劉厚生），《雷雨》之後該團尚演出《愛》（原名《續弦夫人》，編劇洗群、導演劉厚生）、《萬世師表》（編劇袁俊、導演劉厚生）。另，該團之《雷雨》一劇於 12 月 26 日在臺北市「中山堂」正式對外演出之前，24、25 日兩晚分別為臺灣糖業公司及中國國民黨臺灣省黨部專場演出。（見〈「觀眾」劇團/趕排「雷雨」〉，《公論報》，1947 年 12 月 17 日）

[19] 上海觀眾戲劇演出公司於 1946 年 9 月成立於上海，具體負責人為劉厚生、耿震，後該團轉

露茜）、張立德等，他們精湛的演技讓臺灣觀眾得以一睹《雷雨》的職業水準演出，後爲臺灣廣播劇名導播的崔小萍，即於該劇出演魯侍萍一角。[20]後該團往中南部旅行巡演時，亦將《雷雨》演於臺南的麻豆「電姬館」、車路墘糖廠招待所禮堂及屏東等地，擴大了該劇在臺灣的影響範圍，臺灣前輩劇人呂訴上即曾言該團在臺旅行演出的重大意義乃顯現於此：

> （上旅）又再到中南部虎尾、新營、屏東等地糖廠巡迴公演，深得各地觀眾歡迎，有許多地方尚未看到過大陸的話劇演出，所以看到他們精巧的布景、洗鍊的演技、變換的燈光，深表歡迎，這次旅行演出有重大的意義。[21]

民國三十七年爲《雷雨》在臺演出頻率最高的一年。繼「上旅」在臺北市「中山堂」公演後，4 月初，臺灣省立屏東師範學校（現屏東教育大學）爲推進師教運動，經過短促時間排練並得軍中劇隊——青年軍「新青年劇團」的輔導演出了《雷雨》；[22]緊接著是「上旅」至中南部巡迴的多次演出、6 月「澎湖業餘劇團」演於「澎湖劇場」，[23]以及青年軍 31 軍「新青年劇團」在 8、9 二月分別在高雄「大舞臺」和「臺中戲院」演出該劇。

民國三十八年 5 月，有本地職業新劇團「藝友」演出《雷雨》的紀錄，[24]因該團的演員和演出直接面對的觀眾皆爲臺灣人，所以，該次極

向電臺播音演出，1947 年 10 月，在中共地下黨支持下，就改稱觀眾戲劇演出公司旅行劇團到臺灣旅行演出數月。據劉厚生言，此名是受「中國旅行劇團」（中旅）的啟示而仿行的。（見〈序〉，《話劇殉道者——中國旅行劇團史話》，頁 5；李曉主編：《上海話劇志》，頁 112-113）

[20] 1968 年崔小萍被誣指為匪諜而成為白色恐怖的犧牲者，判刑 14 年，罪證之一即為參與「觀眾劇團」來臺演出左傾劇目，從事為匪宣傳。1975 年蔣介石總統過世大赦，崔獲減刑，坐牢 9 年 4 個月後於 1977 年重獲自由。

[21] 呂訴上：《臺灣電影戲劇史》，頁 363。（底線為筆者所加）

[22] 呂訴上：《臺灣電影戲劇史》，頁 363。

[23] 〈澎湖業餘劇團/排演「禁止小便」〉，《公論報》，1948 年 7 月 6 日。該劇團乃由澎湖縣政府職員、馬公要塞司令部官員及澎湖縣學生所組。

[24] 莊曙綺：〈臺灣戰後四年（1945-1949）現代戲劇的發展概況〉，《民俗曲藝》151，頁 205、207、246。

有可能是使用臺語演出。7月，則有外省劇人所組之業餘「醒獅劇隊」演於「彰化戲院」，[25]是爲國府遷臺前最後一次的《雷雨》演出。

（二）國語的《日出》與臺語的《天未亮》

外聯會演出《雷雨》之後兩個月，曹禺三部曲之二——《日出》亦由在臺北剛成立的業餘「文化交流劇社」於民國三十六年元旦假省立師範學院（現臺灣師範大學）大禮堂演出三天。[26]該劇社是《大公報》來臺記者、臺灣大學兼任講師之詩人孫藝秋[27]，結合臺灣省立師範學院和高中之教職員、學生所組成，因爲是校園演劇，所以在當時並未引起太大的注目。而普遍認知《日出》一劇在臺灣的首演，乃是受長官公署宣傳委員會之邀[28]的新中國劇社於民國三十六年1月22日起的第三檔戲演出。[29]巧合的是，隨行的該劇導演歐陽予倩，同時也是《日出》於民國二十六年在上海首演的導演。[30]

新中國劇社原本安排的第三檔演出劇目爲奧斯特羅夫斯基（1823－1886）的《大雷雨》（*The Thunderstorm*），但到臺灣之後不知何故改成《日出》。[31]此冒險的決定使得該劇的排練時間壓縮到前後僅有八天，

---

[25] 莊曙綺：〈臺灣戰後四年（1945-1949）現代戲劇的發展概況〉，《民俗曲藝》151，頁238。

[26] 張南雷：〈雷雨以後的臺灣劇潮〉，《和平日報》，1946年12月20日。

[27] 河南安陽人，詩人，西北大學中文系畢業後，於1946年以《大公報》記者身分赴臺灣採訪，並於臺灣大學兼課，一年後返回大陸任教於中原工學院、嵩華文法學院，1949年後曾參加解放軍，後任教於蘭州大學、西北民族大學。

[28] 據當時隨團來臺的演員嚴恭回憶，該團於抗日戰爭勝利後從昆明轉移至上海，透過左翼作家于伶，找了在上海孤島時期知名的話劇演員藍蘭並得其協助，與臺灣省行政長官公署宣傳委員會建立起關係。宣委會派員至上海邀請該團赴臺演出，並同意負責往返海運交通，免費提供劇場及減免稅捐。（見《阿英紀念文集》，頁300）

[29] 前兩檔戲為魏如晦（阿英，於上海孤島時期的筆名之一）原著、齊懷遠改編的《鄭成功》（即《海國英雄》）與吳祖光的《牛郎織女》，導演俱為歐陽予倩。《日出》之後，該團尚演出歐陽予倩編導之《桃花扇》。

[30] 《日出》的首演一般認為是1937年2月2日由原「復旦劇社」社員所組之「戲劇工作社」刪除第三幕的演出，亦有論者認為真正的首演為同年6月至7月中國旅行劇團在上海「卡爾登大戲院」完整的四幕演出。二次演出的導演俱為歐陽予倩。（參見黃忠煌：《話劇殉道者——中國旅行劇團史話》，頁126-130、楊新宇：《復旦劇社與中國現代話劇運動》，頁146-151）

[31] 白克：〈「日出」觀後〉，《臺灣新生報》，1947年2月1日。

所幸「由於演員對這個戲並不陌生，加以極度緊張的努力」，這齣長達五個小時的四幕完整演出，最後「演起來相當整齊，並不顯得生硬」地頗受好評，[32]其演後劇評數量也是該團此行帶來的四個劇目中最多的一個。[33]

民國三十七年，臺灣省立師範學院英文系學生蔡德本於學校成立臺語戲劇社，並本著「介紹祖國名作」的心情，[34]著手改編《日出》為臺語劇本《天未亮》（一名《沒有太陽的街》[35]）。為考量演出的可能性，如演員人數、第三幕的複雜性處理、換景，以及能否被其他學生劇團複製演出等諸多問題，蔡德本決定朝向編出一本學生「容易演出，喜歡演出的劇本」的方向努力。[36]最後，較大明顯的更動是因飾演「小東西」一角的女學生難尋和免去換景的技術問題而將第三幕刪除。[37]《天未亮》一劇從民國三十七年2月到隔年1月，以朴子學生聯誼會[38]和省立師院臺語戲劇社的名義至少在朴子、嘉義、臺北有過四回的公演（參見附表），對曹禺劇作在臺的校園演劇及戰後臺語話劇的推動上，該劇是有其重大意義的。

（三）曇花一現的《原野》與《北京人》

曹禺曾指出：「對一個普通的專業劇團來說，演《雷雨》會獲得成

[32] 見歐陽予倩：〈三個戲〉，《文藝春秋》5（1），1947年7月15日。轉引自蘇關鑫編：《歐陽予倩研究資料》，頁330。

[33] 林曙光：〈曹禺「日出」觀後記〉，《國聲報》，1947年1月25日；白克：〈「日出」觀後〉，《臺灣新生報》，1947年2月1日；心如，〈看「日出」以後〉，《臺灣新生報》，1947年2月1日；陳訴：〈「日出」觀後〉，《中華日報》，1947年2月3日；陳熾：〈看「日出」〉，《臺灣新生報》，1947年2月8日。

[34] 藍博洲：《天未亮：追憶一九四九年四六事件（師院部分）》，頁257。

[35] 該名取自日本無產階級作家德永直（1899-1958）1929年的同名小說。

[36] 朱實：〈寫在「天未亮」演出以前〉，《臺灣新生報》，1949年1月15日。

[37] 〈「天未亮」演出座談會〉，《臺灣新生報》，1949年1月23日。

[38] 1947年由本籍嘉義朴子的近60名大學生和100多名高中生在故鄉所組的聯誼團體，會長蔡德本，副會長莊玉坤，會中有多人因加入共產黨而於後被捕或逃亡，1949年「四六事件」後解散。

功，演《日出》會轟動，演《原野》會失敗，因為太難演了。」[39]曹禺三部曲在戰後臺灣的演出命運，似乎呼應了曹禺自己對其劇作商業性演出的評估結果。

相當巧合地，《原野》一劇與曹禺三部曲的創作順序相同，是繼《雷雨》、《日出》之後第三個在臺灣演出的曹禺劇作。民國三十六年 9 月，甫於臺灣復團的福建「實驗小劇團」[40]（以下簡稱「實小」）首次將《原野》搬上臺北市「中山堂」舞臺，導演陳大禹。

該次的演出由臺灣文化協進會[41]主辦，延續該團於民國三十五年 12 月首次搬演莫里哀（Molière，1622-1673）喜劇《守財奴》時分國語、臺語二組的演出模式，為求臺灣觀眾能預先理解劇情，臺語組演出前特別商請聖烽演劇研究會會長宋非我（1916-1992）向現場觀眾說明《原野》劇情。雖然帶著文化人深切的期許[42]及對演員的肯定，很遺憾地《原野》的演出並未得到觀眾的熱烈支持，報載「全劇過於冗長、沈悶」是賣座欠佳的主要原因，[43]而導演陳大禹則自承演出成績的有欠理想，與「主事人的昏庸，把一切事務搞得一團糟」不脫關係。[44]顯然，《原野》

---

[39] 田本相、張靖編著：《曹禺年譜》，頁 43。轉引自黃忠煌：《話劇殉道者——中國旅行劇團史話》，頁 134。

[40] 該團的前身為成立於 1937 年的福州「實驗小劇團」，當時有成員吳英年、陳大禹、王紹清、吳亮、陳新民、姚少滄、鄭秋子、鳳飛等人。抗戰勝利後，陳大禹、姚少滄等「實小」舊團友復員到臺灣，後結合一批從東南各省來臺和臺灣本地的劇友辛奇而重整旗鼓。（見滄江：〈實驗小劇團簡史〉，《自由日報》，1947 年 12 月 1 日；另，關於「實驗小劇團」在臺演出情形，可參閱邱坤良《陳大禹》一書）

[41] 成立於 1946 年 6 月 16 日，理事長為臺北市長游彌堅，以「聯合熱心文化教育之同志及團體，協助政府宣揚三民主義，傳播民主思想，改造臺灣文化，推行國語國文」為宗旨，發行有機關誌《臺灣文化》，該會為臺灣省行政長官公署推動其戰後臺灣文化重建工作與建立新的文化體制之重要外圍機構。

[42] 長期支持贊助「實小」的臺北文化人、「山水亭」主人王井泉和一讀者殷冲認為，該團《原野》的演出，勇於在「二二八事變」後突破戲劇滯悶的狀態，令人不禁對戲劇演出又燃起一線希望（王井泉：〈我的感想〉，《臺灣新生報》，1947 年 9 月 19 日；殷冲：〈寫在「原野」演出之前〉，《臺灣新生報》，1947 年 9 月 19 日）；一投書報紙的觀眾鄭鐵民亦言，在當時通俗劇場充斥「大俠」、「飛金剛」、「豔舞」等節目內容的情況下，《原野》的演出是一件值得興奮的事（鄭鐵民：〈看「原野」〉，《臺灣新生報》，1947 年 9 月 24 日）。

[43] 〈影劇壇〉，《中華日報》，1947 年 9 月 29 日。

[44] 陳大禹：〈破車胎的劇運——三十六年元旦到三十七年元旦〉，《臺灣新生報》，1948 年 1 月 1 日。

在製作、演出及票房方面並不順利。

同年 12 月 14 日，「實小」在臺灣藝術劇社的主催下，再度於臺北市「新世界」戲院演出該劇。據目前資料顯示，「實小」的《原野》演出，是臺灣戰後四年中第一次也是唯一一次的演出。

與《原野》相同，曹禺於民國二十九年創作的《北京人》在戰後四年的臺灣，亦僅見省立臺北女子師範學校（現臺北市立教育大學）於民國三十七年 12 月 2-3 日在臺北市「中山堂」的一次演出。不過，早在民國三十五年 4 月 4 日，直屬國民黨中央宣傳部的臺南《中華日報》即曾於其日文版文藝欄刊出朱有明介紹《北京人》的文章。[45]省立臺北女子師範學校的《北京人》做為該年臺灣省博覽會演出節目之一，乃由「上旅」留臺演員金姬鎦擔任導演。[46]

三、戰後初期曹禺劇作於臺灣演出意義分析

戰後四年儘管短暫，但卻是近百年來兩岸戲劇交流史上極其重要的關鍵。日治時期的臺灣，除了上海文明戲曾對其有過短暫的影響之外，[47]「五四」以來中國話劇的劇本亦曾透過留學中國的學生及《臺灣民報》零星地被引介到臺灣，[48]中日戰爭之前，知識分子演出的文化劇也曾以臺語搬演過胡適的《終身大事》、田漢的《火之跳舞》、歐陽予倩的《潑婦》及侯曜的《復活玫瑰》等作品，[49]當時中國話劇對臺灣的影響實則

---

45 黃仁：《臺北市話劇史九十年大事記》，頁 33。

46 莊曙綺：〈臺灣戰後四年（1945-1949）現代戲劇的發展概況〉，《民俗曲藝》151，頁 243。金姬鎦，杭州人，為國立戲劇專科學校第十一屆高職部畢業生，留臺後曾於臺中育幼院教書、省政府農林廳任職，後因崔小萍事件被牽連，判刑 12 年，亦為白色恐怖受難者。

47 1921 年 6 月上海文明戲班「民興社」受聘來臺演出，臺灣受其影響有過臺灣民興社、黎明新劇社等兩個文明戲班的短暫演出。

48 據臺灣戲劇史學者石婉舜的整理，《臺灣民報》刊載轉載自中國報刊的劇本有《終身大事》（胡適）、《說不出》（陳大悲）、《我不自由》（桃心）、《新時代的男女（一）～（四）》（汪靜之）、《溪邊——野外的故事一》（胡也頻）、《平民的天使（上）（下）》（吳江冷）、《蜜月旅行（上）（下）》（炎華）等七個。（石婉舜：《搬演「臺灣」：日治時期臺灣的劇場、現代化與主體性》，頁 219）

49 呂訴上：《臺灣電影戲劇史》，頁 298-314。

有限，且具民間性、侷限性的特色。而 1949 年底兩岸分治後，隨著戒嚴令的實施，[50]臺灣除了民間流行的臺語通俗新劇之外，國語話劇相當程度上爲反共抗俄的右翼戲劇所主導，所有在大陸的劇作家，尤其是有加入共產黨者的作品一概被歸爲「左」、「紅」而在禁止之列，此一割裂現象，造成民國七十六年臺灣解嚴前數十年臺灣民眾對於中國話劇的陌生與無知，但也因此發展出臺灣自身的現代戲劇特色及脈絡。

曹禺可以說是戰後四年臺人相對較爲熟悉的中國劇作家，其三部曲及《北京人》皆曾於臺搬演，其中尤其以《雷雨》的演出頻率最高，而《日出》和《原野》二劇更曾被改編及使用臺語演出，對於臺語話劇發展曾經發揮過階段性的刺激作用。

（一）中國話劇藝術典範的有限展示

戰後曹禺劇作的引入臺灣及演出，實際上，主要是透過行政機關及來臺之外省劇人、教師、學生、劇團所促成，此可算是大陸話劇活動的在臺延續與展示。而其背後的支撐力量則主要是彼時國府在文化施政上「去日本化」、「再中國化」的文化重建思維結果。

鑑於臺灣人已久爲日本文化所「奴化」，將此毒素清除並注入中國文化是重塑臺灣唯一的規範，也是回歸祖國後必然的施政作爲。於是，把祖國優秀的文化藝術果實展示於臺人面前，以增進對中國文化的認識瞭解並進而產生尊榮感，這是當時來臺接收臺灣的國府官員及文化人士普遍的認知與作爲之一，這其中實則隱含了某種程度的優越感與指導性。福建籍的白克一席話很具代表性：

> 臺灣遭受日本軍閥統治了五十一年，對祖國的文化完全隔膜，不用說五千年傳下來的文化，不會得到研究和瞭解的機會，即使中國新文化的啟蒙運動——「五四」以後的一切文學作品，臺灣青年朋友們也極少有閱讀的機會。光復以後的臺灣，我們文化工作

[50] 1949 年 5 月 20 日臺灣省戒嚴令頒佈實施，1987 年 7 月 15 日蔣經國宣布解除長達 38 年的戒嚴令。

> 者的唯一中心任務應該是刷除半世紀來根深蒂固的日本文化，以拓荒的精神，把祖國優秀的文化果實移植過來。[51]

在戲劇方面，既對臺灣過往的戲劇發展缺乏理解，而又尚未得見祖國優秀的話劇在臺演出，外省文化人自然會對臺灣的「戲劇空氣」、「話劇運動」感到沈悶與荒聊，而亟欲「想要把臺灣沈寂的戲劇空氣攪得熱鬧些」和「推動臺灣的劇運」。其實，當時臺灣的劇場裡自有其臺語新劇與文化劇的戲劇演出傳統，再加上當時臺灣人仍以日語及臺語為主要生活語言的現實，[52]如果無視於此時代背景與戲劇現況，而僅僅徒具藝術熱情，必然無益於在臺灣的話劇藝術推動及增進臺灣人對中國文化的認識。

《雷雨》即是在上述的背景下，以祖國話劇藝術典範之姿登上了臺灣的舞臺。當民國三十五年 11 月「外聯會」演出該劇時，臺中《和平日報》記者周夢江即表達了他對《雷雨》一劇在臺灣演出意義的看法：

> 第一它可以改變本省人過去對祖國文化的印象，不以為中國的文化都是舊垃圾，……「雷雨」的演出，總算是提供了中國新藝術的一面，使本省同胞注意並且覺得值得作為榜樣。第二就劇本的內容說，它暴露出中國舊封建家庭的黑暗，很可以給本省同胞做一面鏡子。[53]

身為中國話劇代表的曹禺劇作在臺演出，是否達到了預期文化交流、典範展示的實質目的是令人存疑的，其中主要原因還在於語言所衍生的接受度問題。日治時期的臺灣人對於文化劇、新劇的接受度，不若歌仔戲、京戲、福州戲等戲曲劇種的觀賞來得高，後於戰爭期雖有青年劇、皇民化劇的觀賞經驗，但其為日語為主、臺語為輔的舞臺語言模式，

---

[51] 白克：〈開展臺灣的劇運——祝「雷雨」的演出〉，《和平日報》，1946 年 11 月 6 日。（底線為筆者所加）

[52] 二戰結束前臺灣的日語普及率約為 70%，當時臺灣的人口約 600 萬，因此日語的使用人口保守估計亦達 420 萬。（黃英哲：《「去日本化」「再中國化」戰後臺灣文化重建（1945-1947）》，頁 38）「實小」演出《原野》為便利臺人理解，節目冊之本事為中文、日文對照。

[53] 夢江：〈觀客蕪言——觀「雷雨」上演後〉，《和平日報》，1946 年 11 月 27 日。（底線為筆者所加）

對於戰後方見的國語話劇，其語言、劇情內容及文化背景其實是極其陌生的。當時在上海領導上海劇藝社的左翼作家于伶（1907-1997）在新中國劇社出發來臺演出前，於報端上表達祝福之意的同時，曾對該團提出了對臺人語言使用及觀劇習慣等問題的善意提醒：

> 你們預備帶去給臺胞的戲，要是由於他們的語言，他們過去所接受的藝術是「東寶」歌舞，民間故事影片及單調的閩劇，而不能馬上接受內地大眾尚在模糊中的舞臺藝術時，你們將如何做第二步打算？這我不是洩氣，我希望你們能夠想得多一點，準備得更多一點，只能成功，願你們勝利，凱旋回來！[54]

雖然于伶對當時臺灣人廣義的戲劇喜好有認知上的侷限性，但他能注意到臺灣重歸中國之初的話劇交流必須嚴肅面對語言、文化差異的問題，已屬難得。事實上，外聯會《雷雨》和「上旅」《日出》的演出，觀眾皆以在臺外省人（包括公務員及其家屬、教師、學生等）為主而較少是本省人，[55]但是，「實小」的臺語版《原野》、蔡德本改編自《日出》的臺語本《天未亮》的多次搬演和「藝友」新劇團的臺語《雷雨》演出，則將曹禺劇作真正地介紹給了一定數量不（尚未）具備國語能力的臺灣觀眾，實質地將中國話劇藝術的典範——曹禺劇作，展示在本省觀眾面前並對臺灣劇界有過短暫的影響。

（二）對臺語話劇實驗的刺激

想要透過國語話劇達到宣揚祖國文化、介紹祖國國情，並進而增強民族意識、廓清「奴化」思想的目的，對於當時尚不甚解國語的臺灣人而言，是單求速效、不切實際的做法，因為理解情節及背後文化的媒介——國語的能力程度是為關鍵。[56]所以，少數來臺的職業劇團雖有商業

---

[54] 于伶：〈壯「新中國」臺灣之行〉，《和平日報》，1946年12月31日。

[55] 星帆：〈「雷雨」演出第一夜〉，《和平日報》，1946年11月27日；錢塘江：〈一點小希望〉，《中華日報》，1947年1月13日。

[56] 當時亦有一讀者於報紙表達藝術表現可超越語言限制，並鼓勵臺灣人進劇場學習國語的看法。（陳知青：〈請您不要說：「國語話劇我們聽不懂」〉，《臺灣新生報》，1946年12月

票房支持而僅能點狀式演出，外省業餘劇團的屬性及演出頻率亦使影響變得有限，比較能起作用者反而是本地職業、業餘劇團和校園演劇的臺語話劇演出。

戰後初期臺灣人學習國語是積極熱情的，而長官公署的國語推行政策亦採提倡恢復本省方言與學習國語並進的方式進行，主張以臺灣話與國語的對照比較做爲國語的學習入門，此將收事半功倍之效。[57]民間關心戲劇者，亦有同此之呼聲，對使用國語、臺灣話演出以爲劇運之推動視爲同等重要：

> 為了介紹國家文化，貫通民眾與政府間的感情，臺灣的劇運是迫切期待推行，無論以閩南語演出也好，以國語演出也好，都有它的重大價值。以閩南語演出，一般臺胞均聽得懂，在劇本中所要傳達的意識全部可以接受。以國語演出可以使當前正在學習國語的臺胞，做一冊活動的國語課本，而引起他們學習與運用的興趣。[58]

民國三十五年底成立的「實小」，自創團作《守財奴》起所實行的國語、臺語二組演出制，更在實際作爲上呼應了官方的語言政策，而此作法受到本外省劇人的歡迎：

> 他們真是絕頂的聰明，會想到國語臺灣話並用，分日夜場演出。這不但在票房價值上有精明的打算，也可以使熱心學習國語的臺籍同胞，先看了日場再往晚場，聽聽國語，這在有意對臺胞更親密的外省人也是一樣。[59]

曾讚譽「實小」是「基礎建立在臺灣民眾身上」的臺灣劇界前輩王井泉，在肯定該團臺語《守財奴》的同時，更期待即將以臺語演出的「國內著名曹禺先生的傑作『原野』」：

21日）

[57] 黃英哲：《「去日本化」「再中國化」戰後臺灣文化重建（1945-1947）》，頁49-62。

[58] 陳春江：〈談此時此地的劇運〉，《和平日報》，1946年12月19日。（底線為筆者所加）

[59] 張南雷：〈雷雨以後的臺灣劇潮〉，《和平日報》，1946年12月20日。（底線為筆者所加）

> 這是臺灣文化再生的呼喚，由於這次演出，我們又生發了無限的希望，因為所謂文化交流，絕不是把自己任人沖洗的解釋，我們必須要有說明自己存在的機會，這種機會，主要的是維繫在繼續不斷的表現上，……讓臺灣文化在祖國文化的懷抱裡發揚光大，這才是我們最希望的。[60]

由該團本省劇人使用臺語演出曹禺的名作，是王井泉認爲能達到文化交流與再生目的的良策，亦即唯有把握創作的主體性，經過文本、表演等方面詮釋消化後舞臺實踐的藝術「言說」過程，再使用與省民溝通無礙的臺語演出，這才能在當時更爲有效的發揚臺灣文化與認識祖國文化，而這其中所起橋樑作用者恰爲曹禺的《原野》。

省立師範學院「臺語戲劇社」社長蔡德本的臺語話劇改編本《天未亮》的演出，更是曹禺劇作《日出》對臺語話劇實踐更進一步的影響。僅管蔡德本當時還是一名大學生，戲劇編導經驗也還有限，但他能對「祖國名劇」《日出》批判性的接受，盱衡實際演出的可能性與觀眾的接受度，在盡可能把握劇旨的同時對文本進行必要的刪節與調整，讓《日出》得以在地化成爲臺語話劇的重要里程。

> 演員全部由臺灣學生擔任，……這不是改良戲，也不是所謂新劇，是臺語話劇，可說是現代劇，因為係寫實主義的技法、內容、布景、道具、布置、對白語調以至演技等，無不與向來的新劇有所不同。……演員雖是業餘的，但全部都是大學生，當時大學不多，素質都很優越，使人耳目一新場場爆滿。有人稱讚說：「這是第一次以寫實主義手法演出的臺語話劇。」[61]

除了獲得本省觀眾的歡迎，因爲這個劇本是描寫貧富差距、階級問題的悲劇，屬於無產階級文學，聽說當時校內的左傾學生還大爲叫好。[62]雖然我們現在無法得見曹禺劇作改編爲臺語話劇的劇本、圖像等相關資料，但不可否認的，當時《原野》、《日出》二戲確實在臺語話劇的發

---

[60] 王井泉：〈我的感想〉，《臺灣新生報》，1947 年 9 月 19 日。（底線為筆者所加）

[61] 林曙光：〈難忘的回憶——記臺語劇運先驅蔡德本〉，《文學臺灣》19，頁 20。

[62] 蔡德本：《蕃薯仔哀歌》，頁 45。

展歷程中有過正面的刺激作用。

（三）現實意義的呼應

儘管曹禺的三部曲以迄《北京人》的發表集中在 1934-1941 年，劇作描述皆爲中國一地封建社會背景下之階級、人性等諸多問題。但是，戰後曹禺「四大名劇」——《雷雨》、《日出》、《原野》、《北京人》的在臺演出，觀眾仍在觀劇的同時找到了與臺灣現狀的現實呼應，並加深了藝術的感染力，此在觀劇當下超越時空的情感對話、思想交流，亦間接證明曹禺劇作的普世價值。

「外聯會」於臺中演出《雷雨》後，當地《和平日報》記者「夢江」隨即於該報發表他對該劇在臺演出的意義及觀後感，尤其他在憂心舊中國的低級、庸俗文化在新生地臺灣找到新地盤並開始猖狂時，《雷雨》一劇的適時演出尤顯其不可估計的意義：

> 它暴露出中國舊封建家庭的黑暗，很可以給本省同胞作一面鏡子。因為本省雖曾走上了資本主義的殖民地化的道路，就是因為殖民化的緣故，到今天仍舊還殘留很多的封建家庭和封建道德。[63]

民國三十六年就讀於省立師範學院史地系兼高雄《國聲報》臺北通信員的林曙光（1926-2000），經歷了前一年「聖烽演劇研究會」第二次在臺北市「中山堂」公演《壁》一劇被禁事，[64]當他在同一地點觀賞了「新中國劇社」所演的《日出》時，見戲中因階級造成「被壓迫」與「絕望」的情節，不禁使他聯想並感觸深刻：

> 從前在臺北發生了「壁」禁演的事件，而這個壁是本省現狀的反映、中國社會的表現，所以今般在「壁」禁演的中山堂，能夠觀「日出」是很有意義，又有此地此時的感覺，……我們怎麼能不

[63] 夢江：〈觀客燕言——觀「雷雨」上演後〉，《和平日報》，1946 年 11 月 27 日。

[64] 《壁》為簡國賢所著，首演於 1946 年 6 月，對於當時社會貧富差距提出嚴厲的批判，7 月再演時被禁。關於《壁》的創作、演出、禁演事宜，可參閱鍾喬：《簡國賢》一書。

悲哀，不痛心呢？而能夠不奮起，不慷慨呢？[65]

而在經歷了日本五十年殖民後的臺灣，當「實小」在「二二八」悲劇事件發生後六個月演出《原野》時，亦有讀者將劇中仇虎受壓迫的抗爭、復仇行動與臺灣的歷史命運相連結：

> 沒有任何任何跡象，說今天人們依然停留在落後的，如同「原野」中的焦閻王的壓迫世代；但有各種理由，說明今天依然要求著如同「原野」中的仇虎，在原始的蠻強所支持的反封建意志下的抗爭。那麼，「原野」的演出，在經歷五十年來日本的奴役統治的臺灣，顯然具有深刻的意義：民族的解放應當以人性的解放為終點。……在經歷「二二八」事件的臺灣，這裡也將不能不是提供了大的意義。[66]

四、結語

戰後四年兩岸的統一狀態，使得中國 1930 年代以迄抗戰勝利的優秀話劇作品得以大量地在臺灣演出，其中即以曹禺的作品被搬演的次數最多，最爲臺人所熟悉，亦因其爲中國劇作範式的地位，被官方及民間積極地引介及舞臺實踐，甚至高比例地被改編以臺語演出，對臺語話劇藝術曾有過短暫的刺激作用。

雖然曹禺的四大名劇皆曾在戰後初期的四年間演出，但是，對於彼時臺灣人或劇界影響較大的是《雷雨》及《日出》二劇。首先，《雷雨》帶來的是中國話劇藝術的典範意義，可惜，因爲彼時國語尚不爲臺人所熟悉，以致影響相對有限，但仍有走通俗商業路線的新劇團「藝友」曾嘗試演出該劇，這表示其劇情編排及人物刻劃有其藝術魅力及潛在的商業價值，而「上旅」的全臺巡演，則擴大了該劇的影響範圍。其次，《日出》被改編爲臺語的《天未亮》，是臺語話劇實踐的關鍵之一，更是曹

---

65 林曙光：〈曹禺「日出」觀後記〉，《國聲報》，1947 年 1 月 25 日。

66 殷冲：〈寫在「原野」演出之前〉，《臺灣新生報》，1947 年 9 月 19 日。（底線為筆者所加）

禺所代表的中國話劇經典在移植到臺灣的過程中本土化嘗試的重要經驗，同樣可惜的是，隨著政局的丕變，由此延伸的諸多可能因此中斷。

戰後初期臺灣的劇團管理及劇本審查雖然嚴格，但依據民國三十五年 8 月頒行的「臺灣省劇團管理規則」規定，只要不違反三民主義、不違反國民政府政令、不違背時代精神及不妨害風化等四項原則，[67]對於上演劇目的限制其實並不大。所以，民國三十八年 12 月國府遷臺前，之後長期被禁的曹禺及左翼作家的劇作皆可在臺演出。在此戰後四年，先是百花齊放後則漸漸緊縮的短暫中國話劇在臺演出史中，曹禺的劇作無論在祖國進步文藝的展示，抑或藉此欲形塑的國族想像與認同，還是對於臺語話劇發展曾經有過的正面刺激等方面，都曾對臺灣有著不凡的意義。

[67] 徐亞湘：〈管制下的復甦：臺灣省行政長官公署宣傳委員會的戲曲相關法規分析（1945.11-1947.3）〉，《民俗曲藝》165，頁 33。

附表：戰後初期（1945-1949）曹禺劇作在臺灣演出一覽表

劇目	演出團體	演出日期	演出地點	導演及主要演員	備註
雷雨	臺北市外勤記者聯誼會	1946.11.4-6（7：00pm）	臺北市中山堂	導演：蔡荻 舞監：姚冷 魯貴：艾俚（新生報記者） 四鳳：白鳳（青藝劇團演員） 周冲：姚冷（大明報記者） 繁漪：藍星（青藝劇團演員） 周萍：巴侖（青藝劇團演員） 周樸園：席另（和平日報記者） 魯侍萍：凱尼（青藝劇團演員） 魯大海：燕樹（青藝劇團演員）	・青年藝術劇社（青藝劇團）協助演出。 ・該次演出目的為該聯誼會籌募基金。
雷雨	臺北市外勤記者聯誼會	1946.11.25-28	臺中	同上	臺中市記者公會邀演
日出	文化交流劇社	1947.1.1-3	省立師範學院大禮堂		《大公報》記者、臺灣大學兼任講師孫藝秋，結合師院及高中的教職員所組之業餘劇社。
日出	新中國劇社	1947.1.22 起（7：00pm）	臺北市中山堂	導演：歐陽予倩 陳白露：蘇茵 方達生：費克 張喬治：席以文 福升：趙一誠 小東西：吳梅 潘月亭：高博 黄省三：許秉鐸 顧八奶奶：李苓華	票價為 20、40、60、100 元四種
原野	實驗小劇團	1947.9.19-24（19-22 夜場國語組演	臺北市中山堂	導演：陳大禹 仇虎：莊鏡賢、蘇乙民（前為國語組、後	・臺灣文化協進會主辦。 ・分國語、臺語二組

		出、20、21日場、23、24夜場臺語組演出）		爲臺語組） 焦大星：石山、蔡啓東 金子：悄泛、徐麗娜 焦母：盧理齊、周萍 常五：劍秋、賴文進 白傻子：郭輔義、李葉	演出。 ‧該劇爲實驗小劇團推出的第二檔戲（第一檔爲1946.12.17-19之莫里哀《守財奴》）。
原野	實驗小劇團	1947.12.14	臺北市新世界戲院	導演：陳大禹	臺灣藝術劇社主辦
雷雨	上海觀眾戲劇演出公司旅行劇團	1947.12.26-31 1948.1.2-3	臺北市中山堂	導演：冼群 魯貴：陽華 四鳳：洪緯 周冲：田廣才 繁漪：路曦、支溪澤 周萍：耿震 周樸園：張立德 魯侍萍：崔小萍 魯大海：王傑	‧該團受臺灣糖業公司邀請來臺。 ‧冼群（第一屆）、耿震、陽華（第三屆）、崔小萍（第六屆）、沈揚等俱爲爲國立劇專畢業生，張立德曾任中國旅行劇團副團長。
日出（天未亮）	朴子學生聯誼會「青雲劇社」	1948.2	嘉義朴子榮昌戲院	導演、改編：蔡德本（省立師範學院臺語戲劇社社長、朴子學生聯誼會會長） 黃省三：蔡德本	‧該次演出爲遊藝會性質，表演合唱、舞蹈、戲劇等節目，戲劇演出除《天未亮》外，尙演出田漢之《南歸》。演出盈餘充作貧困兒童之救濟金。 ‧該劇以臺語演出《日出》，改編後稱爲《天未亮》或《沒有太陽的街》。 ‧該次演出經當地警察局核備，劇本事先並送檢閱
雷雨	臺灣省立屏東師範學校	1948.4初	屏東		青年軍新青年劇團予以輔導演出
雷雨	上海觀眾戲劇演出公司旅行劇團	1948.4.27-28	臺南麻豆電姬館	同前	臺灣糖業公司總爺糖廠主辦
雷雨	上海觀眾戲劇演出公司旅行劇團	1948.5.2	臺南車路墘糖廠招待所禮堂	同前	臺灣糖業公司車路墘糖廠主辦
雷雨	上海觀眾戲劇演出公司	1948.5	屏東	同前	屏東市業餘戲劇研究會於5／7於屏東

	旅行劇團				第七酒場禮堂舉行茶話會招待該團，劉厚生、張立德、耿震並針對演出發表談話。
雷雨	澎湖業餘劇團	1948.6	澎湖劇場		該劇團由縣政府職員、馬公要塞司令部官員及澎湖縣學生所組。
日出（天未亮）	朴子學生聯誼會「青雲劇社」	1948 暑假	嘉義中山堂	導演、改編：蔡德本 黃省三：蔡德本	‧臺語演出 ‧該次演出經當地警察局核備，劇本事先並送檢閱
雷雨	青年軍31軍新青年劇團	1948.8.7 起（8：00pm）	高雄大舞臺	導演：東山	為籌募《巨人月刊》基金而演
雷雨	青年軍31軍新青年劇團	1948.9.3	臺中戲院	導演：東山	
北京人	臺灣省立臺北女子師範學校	1948.12.2-3（7：30pm）	臺北市中山堂	導演：金姬鎦（上海觀眾戲劇演出公司旅行劇團留臺演員）	「臺灣省博覽會」演出節目之一。
日出（天未亮）		1948.12	臺灣大學法學院	導演、改編：蔡德本 黃省三：蔡德本	臺語演出
日出（天未亮）	臺灣省立師範學院臺語戲劇社	1949.1.15-16	師院大禮堂	導演、改編：蔡德本 黃省三：蔡德本	‧臺語演出 ‧該次演出經過該校訓導處及警察局核備
雷雨	醒獅劇隊	1949.7.7	彰化戲院	導演：朱冠一	

資料來源：《大明報》、《公論報》、《國聲報》、《自由日報》、《中華日報》、《和平日報》、《自強報》、《臺灣新生報》、《天未亮》、《臺灣電影戲劇史》。

參考資料

專書

《劇專十四年》編輯小組編。1995。《劇專十四年》。北京：中國戲劇出版社。

三澤真美惠。2002。《殖民地下的「銀幕」》。臺北：前衛出版社。

方君逸。1943。《四姐妹》。上海：光明書局。

王安祈。2002。《臺灣京劇五十年》。宜蘭：國立傳統藝術中心。

———。2006。《為京劇表演體系發聲》。臺北：國家。

王宏濤編。1992。《葉子》。北京：北京十月文藝出版社。

王育德。2002。《王育德全集 11：創作與評論集》。臺北：前衛出版社。

———。2002。《王育德全集 15：王育德自傳》。臺北：前衛出版社。

王嵩山。1988。《扮仙與作戲：臺灣民間戲曲人類學研究論集》。臺北：稻鄉。

王櫻芬。2008。《聽見殖民地：黑澤隆潮與戰時臺灣音樂調查（1943）》。臺北：臺灣大學圖書館。

中國話劇運動五十年史料集編委會。1958。《中國話劇運動五十年史料集》第一輯。北京：中國戲劇出版社。

中國戲曲志編輯委員會。1993。《中國戲曲志・廣東卷》。北京：中國 ISBN 出版社。

中國戲曲志編輯委員會。1996。《中國戲曲志・上海卷》。北京：中國 ISBN 出版社。

井出季和太。1997。《興味の臺灣史話》。臺北：林本源中華文化教育基金會。

石　曼。1995。《重慶抗戰劇壇紀事》。北京：中國戲劇出版社。

石光生。2008。《跨文化劇場：傳播與詮釋》。臺北：書林出版有限公司。

矢內原忠雄著、陳茂源譯。1952。《日本帝國主義下之臺灣》。臺中：臺灣省文獻委員會。

左　萊主編。1994。《中國話劇史大事記》。北京：中國藝術研究院話劇研究所編印。

田　禽。1944。《中國戲劇運動》。重慶：商務印書館。

田本相。2008。《中國話劇藝術通史》。太原：山西教育出版社

田本相主編。1996。《臺灣現代劇場概況》。北京：文化藝術出版社。

田本相、石曼、張志強編著。2005。《抗戰戲劇》。開封：河南大學出版社。

———。2010。《搬演「臺灣」：日治時期臺灣的劇場、現代化與主體型構（1895-1945）》。臺北：國立臺北藝術大學戲劇系博士論文。

申列榮、石曼主編。2009。《戲劇的力量：重慶抗戰戲劇評論選集》。重慶：西南師範大學出版社。

江武昌。1990。《臺灣的傀儡戲》。臺北：臺原出版社。

江武昌主持。2000。《聽到臺灣歷史的聲音：1910-1945 臺灣戲曲唱片原音重現》。臺北：傳統藝術中心籌備處。

朱德蘭。2001。《崔小萍事件》。南投：臺灣省文獻委員會。

朱肇洛編。1931。《近代獨幕劇選》。北平：文化學社。

朱雙雲。1940。《平壤孤忠》。重慶：中國戲曲編刊社。

呂　恩。2006。《回首：我的藝術人生》。北京：中國戲劇出版社。

呂訴上。1961。《臺灣電影戲劇史》。臺北：銀華出版部。

呂紹理。1998。《水螺響起——日治時期臺灣社會的生活作息》。臺北：遠流出版公司。

呂赫若。2004。《呂赫若日記》。臺南：國家臺灣文學館。

李　曉主編。2002。《上海話劇志》。上海：百家出版社。

李　濤。2011。《大眾文化語境下的上海職業話劇》。上海：上海書店。

李天祿口述、曾郁雯撰錄。1991。《戲夢人生：李天祿回憶錄》。臺北：遠流出版社。

李孝悌。2002。《戀戀紅塵：中國的城市、欲望與生活》。臺北：一方出版。

李浮生。1980。《春申梨園史話》。臺北：自印。

李獻廷。1971。《梨園瑣談》。臺北：自印。

宋之的、老舍。1978。《國家至上》。臺北：國語日報社。

汪朝光。2011。《1945-1949：國共政爭與中國命運》。香港：中和出版社。

阿　英。2003。《阿英全集（十）》。合肥：安徽教育出版社。

吳　昊。2004。《古裝・俠義・黃梅調》。香港：三聯書店。

吳克泰。2002。《吳克泰回憶錄》。臺北：人間出版社。

吳祖光。2003。《吳祖光談戲劇》。南昌：江西高校出版社。

吳辰海等選編。1987。《戲劇運動（上）》。桂林：廣西人民出版社。

吳紹蜜、王佩迪。1999。《蕭守梨生命史》。臺北：國立傳統藝術中心籌備處。

吳濁流。1994。《臺灣連翹》。臺北：前衛出版社。

邱坤良。1992。《日治時期臺灣戲劇之研究》。臺北：自立晚報社文化出版部。

———。1997。《臺灣劇場與文化變遷：歷史記憶與民眾觀點》。臺北：臺原出版社。

———。2001。《陳澄三與拱樂社：臺灣戲劇史的一個研究個案》。臺北：國立傳統藝術中心籌備處。

———。2006。《漂流萬里：陳大禹》。臺北：行政院文化建設委員會。

———。2007。《移動觀點：藝術・空間・生活戲劇》。臺北：九歌出版社。

林進發編。1924。《臺灣官紳年鑑》。臺北：民眾公論社。

林滿紅。1994。《四百年來的兩岸分合：一個經貿史的回顧》。臺北：自立晚報社文化出版部。

林鶴宜、蔡欣欣。2004。《光影、歷史、人物：歌仔戲老照片》。宜蘭：傳統藝術中心。

林獻堂。2001。《灌園先生日記（二）一九二九年》。臺北：中研院臺史所籌備處。

邵玉珍。2002。《留住話劇歷史的表演藝術家》。臺北：亞太圖書出版社。

邵迎建。2011。《抗日戰爭時期上海話劇人訪談錄》。臺北：秀威資訊科技股份有限公司。
———。2012。《上海抗戰時期的話劇》。北京：北京大學出版社。
周夢江、王思翔。1995。《臺灣舊事》。臺北：時報出版。
胡　叠。2009。《上海孤島話劇研究》。北京：文化藝術出版社。
洪忠煌。2004。《話劇殉道者：中國旅行劇團史話》。杭州：浙江大學出版社。
洪惟助主持。1996。《桃園縣傳統戲曲與音樂錄影保存及調查研究計畫報告書》。桃園：桃園縣立文化中心。
若林正丈、吳密察主編。2000。《臺灣重層近代化論文集》。臺北：播種者文化有限公司。
岩崎潔治。1912。《臺灣實業家名鑑》。臺北：臺灣雜誌社。
約翰・史都瑞（John Storey）著、李根芳、周素鳳譯。2004。《文化理論與通俗文化導論》。臺北：巨流圖書有限公司。
范揚坤。2005。《雙桂長春：王慶芳生命史》。苗栗：苗栗縣文化局。
施懿琳。2000。《從沈光文到賴和——臺灣古典文學的發展與特色》。高雄：春暉出版社。
桂林市政協文史資料委員會編。1991。《駝鈴聲聲——新中國劇社戰鬥歷程》。桂林：漓江出版社。
徐亞湘。2000。《日治時期中國戲班在臺灣》。臺北：南天書局。
———。2001。《長嘯——舞臺福祿》。臺北：博揚文化。
———。2006。《日治時期臺灣戲曲史論：現代化作用下的劇種與劇場》。臺北：南天書局。
———。2006。《史實與詮釋：日治時期臺灣報刊戲曲資料選讀》。宜蘭：國立傳統藝術中心。
———。2012。《老爺弟子：張文聰的客家演藝生涯》。桃園：桃園縣文化局。
徐亞湘主編。2005。《日治時期臺灣報刊戲曲資料彙編（1-5）》。宜蘭：國立傳統藝術中心。

徐秀慧。2007。《戰後初期（1945-1949）臺灣的文化場域與文學思潮》。臺北：稻鄉出版社。

秦瘦鷗。1946。《秋海棠》。重慶：百新書局。

———。2011。《秋海棠》。臺北：新經典圖文傳播有限公司。

夏　衍。1996。《夏衍自傳》。南京：江蘇文藝出版社。

曹　禺。1993。《雷雨》。臺北：遠東圖書公司。

———。1988。《日出》。臺北：文帥出版社。

曹駿麟。1997。《氍毹八十》。臺北：自印。

崔小萍。2001。《天鵝悲歌：資深廣播人崔小萍的天堂與煉獄》。臺北：天下文化。

陳　銓。1943。《野玫瑰》。重慶：商務印書館。

陶　熊。1942。《反間諜》。重慶：青年出版社。

連　横。2002。《雅言》。南投：臺灣省文獻委員會。

陳正祥。1997。《臺北市誌》。臺北：南天書局。

陳兆熙等著。2010。《陳儀的本來面目》。臺北：印刻出版社。

陳芳明。2004。《殖民地摩登：現代性與臺灣史觀》。臺北：麥田出版。

陳柔縉。2005。《臺灣西方文明初體驗》。臺北：麥田出版。

郭晉秀（1992），《丑角生涯》。北京：中國戲劇出版社。

許雪姬總策劃。2004。《臺灣歷史辭典》。臺北：行政院文化建設委員會。

黃　仁。1994。《悲情臺語片》。臺北：萬象圖書。

———。2002。《臺北市話劇史九十年大事記》。臺北：亞太圖書公司。

———。2011。《王珏九十年的人生影劇之旅》。臺北：秀威資訊科技股份有限公司。

黃宗江。2001。《黃宗江》。石家莊：河北教育出版社。

黃英哲。2007。《「去日本化」「再中國化」戰後臺灣文化重建（1945-1947）》。臺北：麥田出版。

黃富三編著。1995。《臺北建城百年史》。臺北：臺北市文獻委員會。

黃俊傑。2000。《臺灣意識與臺灣文化》。臺北：正中書局。

傅　謹。2005。《二十世紀中國戲劇的本土化與現代化》。臺北：國家出版社。
傅學敏。2010。《1937-1945：國家意識型態與國統區戲劇運動》。北京：中國社科會科學院出版社。
賀　蕭（Gail Hershatter）著、韓敏中、盛寧譯（2003），《危險的愉悅：20世紀上海的娼妓問題與現代性》。南京：江蘇人民出版社。
張麗俊。2004。《水竹居主人日記（一～十）》。臺北：中研院近史所、臺中縣文化局。
董　健編。1987。《陳白塵論劇》。北京：中國戲劇出版社。
賈亦棣、封德屏總編輯。1999。《劇專同學在臺灣》。臺北：中華文化復興運動總會。
楊新宇。2006。《復旦劇社與中國現代話劇運動》。桂林：廣西師範大學出版社。
葉龍彥。1998。《日治時期臺灣電影史》。臺北：玉山社。
愛德華・薩依德著、王志弘等譯。2003。《東方主義》，臺北：立緒出版社。
趙祐志。1998。《日據時期臺灣商工會的發展（1895-1937）》。臺北：稻鄉出版社。
臺灣省行政長官公署宣傳委員會編。1946。《臺灣一年來的宣傳》。臺北：臺灣省行政長官公署宣傳委員會。
臺灣經世新報社。1994。《臺灣大年表》。臺北：南天書局。
臺灣總督府警務局編。1986。《臺灣總督府警察沿革誌》上卷。東京：綠蔭書房。
歐陽予倩。1947。《桃花扇》。臺北：新創造出版社。
蔡欣欣。2008。《月明冰雪闌——有情阿嬤洪明雪的歌仔戲人生》。臺北：臺北縣文化局。
蔡德本。1997。《蕃薯仔哀歌》。臺北：遠景出版社。
劉美枝。2012。《回首四平風華：古禮達與莊玉英的演藝人生》。桃園：桃園縣文化局。
蔣　瑜執行編輯。1996。《臺糖五十年》。臺北：臺灣糖業股份有限公司編印。
潘孑農、洪 謨。1947。《裙帶風》。上海：作家書屋。
曉 光主編。2000。《阿英紀念文集》。北京：中國戲劇出版社。
横地剛。2002。《南天之虹：把二二八事件刻在版畫上的人》。臺北：人間。
錢理群主編。1999。《中國淪陷區文學大系‧戲劇卷》。南寧：廣西教育。
盧漢超著、段煉、吳敏、子羽譯。2004。《霓虹燈外——20 世紀初日常生活中的上海》。上海：上海古籍出版社。
鍾 喬。2006。《簡國賢》。臺北：行政院文化建設委員會。
薛月順編。1999。《臺灣省政府檔案史料彙編：臺灣省行政長官公署時期（三）》。臺北：國史館。
蕭友山、徐瓊二。2002。《臺灣光復後的回顧與現狀》。臺北：海峽學術出版社。
蕭富隆等編。2005。《臺灣省行政長官公署職員輯錄（一）》。南投：國史館臺灣文獻館。
謝燕子編著。1935。《戲曲甲選》。上海：群眾圖書公司。
濱田秀三郎編。1943。《臺灣演劇の現狀》。臺北：丹青書房。
藍博洲。2000。《天未亮：追憶一九四九年四六事件（師院部分）》。臺北：晨星。
———。2006。《宋非我》。臺北：行政院文化建設委員會。
———。2015。《臺灣學運報告 1945-1949》。臺北：印刻。
蘇關鑫編。1989。《歐陽予倩研究資料》。北京：中國戲劇出版社。
蘇桂枝。2003。《國家政策下京戲歌仔戲之發展》。臺北：文史哲出版社。
顧正秋。1997。《休戀逝水：顧正秋回憶錄》。臺北：時報出版。
顧仲彝。2004。《顧仲彝戲劇論文集》。北京：中國戲劇出版社。

學位論文

石婉舜。2010。《搬演「臺灣」：日治時期臺灣的劇場、現代化與主體型構（1895-1945）》。臺北：國立臺北藝術大學戲劇系博士論文。
林永昌。2005。《臺南市歌仔戲的發展與變遷》。臺南：國立成功大學中國文學系博士論文。
柯美齡。2005。《一段女性表演史研究——以日治時期臺灣藝姐戲與查某戲爲論述中心》。臺北：中國文化大學藝術研究所碩士論文。
柯佳文。2004。《日治時期官方對廣播媒體的運用（1928-1945）》。臺北：淡江大學歷史系碩士論文。
高美瑜。2007。《戰後初期來臺上海京班研究——以「張家班」爲論述對象》。臺北：中國文化大學藝術研究所碩士論文。
翁聖峰。2002。《日據時期臺灣新舊文學論爭新探》。臺北：輔仁大學中文研究所博士論文。
謝昌益。2006。《臺灣本地京調票房之研究——兼論其本地化發展的文化意義》。臺北：臺灣藝術大學表演藝術研究所碩士論文。

期刊論文

于善祿。2008。〈影視京話：從臺灣看曹禺劇作的斷層與折射〉。《美育》163，頁 70-77。
李子聯、范揚坤。1999。〈棚前、棚頂——番仔聯與他的戲曲經歷〉。《彰化縣口述歷史》4、5，頁 70-142。
呂訴上。1954。〈光復後的臺灣劇運：臺灣省行政長官公署時期〉。《臺北文物》3（3），頁 74-89。
何義麟。1996。〈戰後初期臺灣報紙之保存現況與史料價值〉。《臺灣史料研究》8，頁 88-97。
———。2007。〈戰後初期臺灣之雜誌創刊熱潮〉。《全國新書資訊月刊》民國 96 年 9 月號，頁 18-22。
沈嫄璋。1947。〈新中國劇社的成長〉。《臺灣月刊》3、4 合刊，頁 115-118。
林永昌。2004。〈從商品經濟看臺灣內臺歌仔戲的變遷——以《中華日報》戲院廣告爲對象〉。《民俗曲藝》146，頁 113-156。

林曙光。1994。〈難忘的回憶——記臺語劇運先驅蔡德本〉。《文學臺灣》19，頁 15-24。
邱坤良。2001。〈半世紀的臺灣國劇〉，《表演藝術》108，頁 101-103。
———。2001。〈臺灣近代戲劇/電影發展及其關係---以臺北「永樂座」爲中心〉。《民俗曲藝》131，頁 169-202。
胡星亮。1993。〈陳銓與德國浪漫派戲劇〉，《中國話劇研究》6，頁 121-136。
范揚坤。2000。〈穿梭北管亂彈與京劇——玉如意許嘉鼎先生的早年追憶〉。《彰化藝文》7，頁 25-31。
徐亞湘。〈寶島第一京班——被遺忘的「宜人園」〉。《表演藝術》28，頁 50-52。
———。2002。〈日治時期臺灣內臺戲班考〉，《華岡藝術學報》6，頁 111-139。
———。2004。〈試論臺灣早期商業劇場——以日治時期臺北市淡水戲館（新舞臺）、艋舺戲園及永樂座爲例〉，《民俗曲藝》146，頁 51-111。
———。2004。〈試解「禁鼓樂」——一段戰爭期的戲曲命運〉，《戲曲研究通訊》2、3，頁 66-78。
———。2009。〈管制下的復甦：臺灣省行政長官公署宣傳委員會的戲曲相關法規分析（1945.11-1947.3）〉。《民俗曲藝》165，頁 5-45。
———。2012。〈進步文藝的示範：戰後初期曹禺劇作於臺灣演出史探析〉。《戲劇學刊》16，頁 37-56。
———。2013。〈戰後初期中國劇作在臺演出實踐探析〉。《戲劇研究》12，頁 121-164。
———。2013。〈一個戲劇的公共輿論空間：試析戰後初期臺灣報紙的戲劇特刊〉。《戲劇研究》12，頁 51-72。
徐瑞雄。1977。〈由本省人組演平劇的宜人京班〉。《新萬象》12，頁 64-68。
翁柏偉。2001。〈革新 VS./逼死 傳統——談臺灣京劇音樂發展面臨的危機與困境〉。《2001 年中華民國民族音樂學會青年學者學術研討會論文集》，頁 45-60。
夏濤聲。1947.01.10。〈一年來的宣傳工作〉。《臺灣月刊》3、4 合刊，頁 40-42。
陳慧珍。2004。〈日治時期臺灣藝妲之演出及其相關問題探討〉。《民俗曲藝》146，頁 219-261。
莊曙綺。2006。〈臺灣戰後四年（1945-1949）現代戲劇的發展概況〉。《民俗曲藝》151，頁 185-252。
歐陽予倩。1947.01.10。〈關於「鄭成功」的演出〉。《臺灣月刊》3、4 合刊，頁 102。
鍾肇政。1995。〈歌仔戲到宜人京班——一個頑童的傳統戲劇經驗〉。《臺灣的聲音——臺灣有聲資料庫》2（3），頁 6-12。

報紙

《臺灣日日新報》
《臺南新報》
《臺灣民報》
《臺灣藝術新報》
《大明報》
《公論報》
《國聲報》
《臺灣新生報》
《中華日報》
《和平日報》
《自強報》
《自由日報》
《全民日報》
《民報》
《中央日報》

《民聲日報》
《天南日報》
《華報》
《大公報》

其他資料

1994.8.5 訪羅秀鑑之錄音資料。
1994.8.5、2006.3.22 訪徐仁光之錄音資料。
2005.3.9 訪張文聰之錄音資料。
2005.6.9 訪李玉蓮之錄音資料。
2005.7.12 訪李純蓮之錄音資料。

國家圖書館出版品預行編目資料

徐亞湘臺灣史研究名家論集/徐亞湘　著者. -- 初版. -
臺北市 : 蘭臺, 2016.8
面 ;　公分
ISBN 978-986-5633-42-4 (精裝)
1.臺灣史 2.文集

733.2107　　105010488

徐亞湘臺灣史研究名家論集

著　　者：徐亞湘
主　　編：卓克華
編　　輯：高雅婷
封面設計：塗宇樵
出 版 者：蘭臺出版社
發　　行：蘭臺出版社
地　　址：台北市中正區重慶南路 1 段 121 號 8 樓之 14
電　　話：(02)2331-1675 或(02)2331-1691
傳　　真：(02)2382-6225
E—MAIL：books5w@gmail.com 或 books5w@yahoo.com.tw
網路書店：http://bookstv.com.tw/、http://store.pchome.com.tw/yesbooks/、
http://www.5w.com.tw、華文網路書店、三民書局
經　　銷：成信文化事業有限公司
電　　話：(02)2219-2080　　傳 真：(02)-2219-2180
地　　址：台北市中正區重慶南路 1 段 121 號 5 樓之 11 室
劃撥戶名：蘭臺出版社　帳號：18995335
網路書店：博客來網路書店 http://www.books.com.tw
香港代理：香港聯合零售有限公司
地　　址：香港新界大蒲汀麗路 36 號中華商務印刷大樓
C&C Building, 36,Ting, Lai, Road, Tai,Po, New,Territories
電　　話：(852)2150-2100　　傳真：(852)2356-0735
總 經 銷：廈門外圖集團有限公司
地　　址：廈門市湖裡區悅華路 8 號 4 樓
電　　話：(592)2230177　　傳 真：(592)-5365089
出版日期：2016 年 8 月初版
定　　價：新臺幣 2000 元整　（全套新台幣 28000 元正，不零售）
ISBN：978-986-5633-42-4